浙江省教师教育基地(宁波大学)资助出版

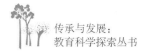

传承与发展：
教育科学探索丛书

新文化运动中"儿童的发现"

王 浩 著

中国社会科学出版社

图书在版编目(CIP)数据

新文化运动中"儿童的发现"／王浩著．—北京：中国社会科学出版社，2012.11

(传承与发展:教育科学探索丛书)

ISBN 978 – 7 – 5161 – 1527 – 5

Ⅰ.①新… Ⅱ.①王… Ⅲ.①儿童教育—研究—中国—近代 Ⅳ.①G619.29

中国版本图书馆 CIP 数据核字(2012)第 229203 号

出 版 人	赵剑英	
选题策划	田 文	
责任编辑	郭 鹏	
责任校对	李 梅	
责任印制	李 建	

出 版	中国社会科学出版社	
社 址	北京鼓楼西大街甲 158 号 (邮编 100720)	
网 址	http://www.csspw.cn	
	中文域名:中国社科网	010 – 64070619
发 行 部	010 – 84083685	
门 市 部	010 – 84029450	
经 销	新华书店及其他书店	

印 刷	北京君升印刷有限公司
装 订	廊坊市广阳区广增装订厂
版 次	2012 年 11 月第 1 版
印 次	2012 年 11 月第 1 次印刷

开 本	710×1000 1/16
印 张	14.25
插 页	2
字 数	235 千字
定 价	45.00 元

总　　序

　　教育是什么，它能做什么，又该怎样做？对这些教育最本质的问题，人们试图从不同的视角给出确切的答案，但这些答案如同回答"人是什么"一样扑朔迷离，因为教育研究的对象是活生生的人；而对人的研究，正如爱尔维修所言，人是摆在不同人们眼前的一个模特儿，每一个教育家或教育工作者都可以从不同的立场和视角考察人有关教育的某些方面，谁也不能确定是否确证了教育的全部本质与全部内涵。人是自然存在物与社会存在物的统一，无论是作为自然存在物，还是作为社会存在物，人都是一个未完成的存在。这就意味着人具有与生俱来的生成性本质。而教育的终极关怀与根本宗旨就在于：确立人在教育中的崇高地位，让教育融入人的生命与心灵发育成长的过程，让人行走在自我成长的路上，进而发展为富有个性的理想自我。人的未完成存在与教育价值追求的定在，决定培养人的教育只能是创造性的，决定教育学学科理论、知识不是先在的、现成的、制作的，只能是在教育理论和实践的探索中萌发、发展、建构的。

　　海德格尔认为，我们每个人都走在路上，而且是走在林中布满荆棘的路上。教育的世界里也有许多路，有通衢大道，有羊肠小道；有在场之路，也有不在场之路。教育与教育研究的魅力恰恰在于此：每条路各行其是，无论你选择什么样的道路，采取什么样的态度，信奉什么样的信念，教育只有走在崎岖的探索路上，徜徉于教育的山水之间，沉湎于教育的画卷之中，你才可以领略教育的殊异风景，领悟隐匿于丰富多彩之中的教育真谛；才有可能把准教育内在因素与外在因素的辩证关系，把握教育教学工作规律的脉搏；才会发展人的自然禀赋与潜藏的善性，促使受教育对象行走在自我成长与发展的路上。

　　"田庐弥望，海桑苍苍。"三江汇流的宁波，背依赤堇山，面朝大海。独特的地理环境孕育独特的人文精神：在行走中实践，在实践中进取。追溯前人的脚步：七千年前的河姆渡祖先刀耕火种，开创了中华民族新石器时期农耕文明的先河；八百年前的唐代祖先涉江过海，开凿了沟通"黄土文明"与"海洋经济"对接的通道；百年来的中国近代、现代灿如星河的"宁波帮"儒商更是以家乡、中国、世界为起航的港口，创造了一个又一个叱咤风云的商海奇迹。历世缅邈，宁波地域文化尽管不断注入时代的源流活水，其精神也逐渐演变为爱家兴邦的互助精神、张扬个性的开拓精神、锲而不舍的务实精神、信誉至上的诚信精神和兼容并蓄的开放精神，宁波人勇于探索的生命底色永远不变。

宁大人承继这种生命的底色，秉承"实事求是，经世致用"的校训，发扬"兼容并包、自强不息、务实创新、与时偕行"的宁大精神，在众多海内外"宁波帮"和"帮宁波"人士的大量帮助和广泛支持下，不断探索既适应学生长远发展需要，又满足地方发展需求的人才培养模式，使宁波大学成为一所具有鲜明特色的综合性的教学、研究并重的地方大学。作为一所地方综合性大学，历史的传统与现实的需要决定其教育学的发展必须以宁波区域教育为探索的出发点与立足点，其教育学人首先必须成为宁波区域教育田园栖居者。坚持高校为地方社会、经济、文化服务，是宁波大学的办学宗旨，同样也是宁波大学教育学学科建设的重要使命。而实现这个崇高的使命的重要途径就是行走与实践。近十年来，宁波大学教育学科一大批教授、博士紧跟前人的步伐，深入学校、深入中小学课堂，或兼职中小学副校长，或与中小学教师互换角色，不仅在宁波区域教育田园行走，而且勇于从实践中探索教育新理念、实践教育新途径和新方法，努力做到服务地方与学术研究的统一，取得了比较丰硕的教育教学和科学研究成果。为了不断推出富有原创性、继创性、可操作性的教育理论与实践成果，不断深化区域教育研究的力度、广度、深度，经过相关教育学人的认真组织、评审，决定推出"传承与发展：教育科学探索丛书"系列学术专著。这些著述都是宁波大学教育学人多年行走与实践的心血之作。他们或纵观几代天骄的教育历史，挖掘深埋其中的教育意义；或横跨一方厚土的教育田野，实践蕴育表里的教育真谛。

科学研究与学术创新的历史性特征，常常是在我们回顾探索者行走过的道路所产生的生命感动与灵魂震颤中感受到的。这些学者的学术研究起始于教育现实中的问题，承继了宁波教育先贤"行走与实践"的治学品质。行走，能够从多种因素、多个侧面、多个视角审视师与生、教与学等区域教育系统中多种矛盾对立的内容；实践，能够增长学术生命的活力与学术研究的效度与信度。风帆正举，在向"两个文明"建设进军的伟大变革中，在迎接海洋经济发展的历史机遇与挑战中，期待我们的学校，我们的老师，尤其是宁波大学教育学人，责无旁贷地肩负起历史的、时代的、职业的神圣使命，在区域教育中行走并实践，发出有特色、有影响的教育声音。是为序。

聂秋华

序

王浩的博士学位论文即将出版，我在这里向他祝贺。王浩在学位论文选题时，想针对新文化运动中的"儿童的发现"这一主题进行研究。我是支持的。

从逻辑上说，"人的发现"的逻辑路径必然带来"儿童的发现"，因为童年是人生的重要组成部分。没有对"儿童的发现"，那么"人的发现"就难以走向深入或最终完成。对儿童的发现，是人类自我发现的重要成果。

历史发展（事后）的结果表明，"人的发现"确实就如以上逻辑那样逐步展开的。这是"逻辑的与历史的是一致的"这一辩证逻辑首要原则的一个例证。（需要说明的是，这个逻辑是客观的，这个历史也是客观的，二者是一体的，无分别的。但是人可以在头脑中将逻辑和历史进行二分，以反思这种历史和逻辑，探寻历史发展的逻辑和轨迹。但是，人反思而来的历史概念和逻辑概念已经是主观的，是对客观的历史/逻辑的主观反映。"逻辑的与历史的是一致的"，本身就是辩证逻辑，所以不能单单以形式逻辑来认识此处的"逻辑"和"历史"。在这个问题上，会有各种不同的看法。）

"人的发现"与"儿童的发现"是现代政治社会理论萌生和发展的基础和前提。现代教育学与现代政治社会理论是血肉相连的。教育学的现代观念是在文艺复兴、宗教改革、启蒙运动这样的历史进程中产生的，他们都是在"人的发现"、"儿童的发现"的基础上或前提下出现的。

"儿童是成人之父"，这类观念强调童年是人生的本、根，这在童年研究中非常重要。不只是教育应当以儿童为本，整个文化也应当以儿童为本，所以我曾经强调，儿童本位不只是一个教育学原则，而且是一个政治学原则。①

老子认为万物复归其根，孟子认为大人者不失其赤子之心，李贽提出童心说，罗汝芳认为童心是人的本根、社会的根本，王国维所谓大词人皆有赤子之心，直至周作人、丰子恺等人关于童年的思想，都是值得研究和发扬的。当前儿童本位的主张，依然是中国童心思想史这棵老树在21世纪新发的花朵。

"人的发现"与"儿童的发现"是伴随西方现代化进程出现的。"人的发现"与"儿童的发现"其实就是"人"概念的发展，是人类自我意识的觉醒和壮大，从而，具有中世纪观念的人变成了具有现代观念的（现代）人，并且人类的内在力量得到充分展示。于是，西方政治制度、宗教思想、意识形态为之一新；西方哲学、人文社会科学相应实现现代转型，并得到前所未有的繁荣；现代自然科学在欧洲诞生，并催生现代技术及其应用，从而生产力得到极大发展，导致世界列强诞生。马克思说工业就是心理学，其实就是说事情都是人干的，再大的事儿也是人干的。可见，人是本、根，其他的相比之下则是干、枝、节、末。

"以人为本"看起来应当是常识，但在20世纪中国极"左"政治下却是谈"人"色变，直到新的世纪之交，"人权"概念、"以人为本"原则才渐渐获得身份。

在西方世界已经现代转型的背景里，中国依然处于"中世纪"的王朝专制统治下。这种政治及其治下的人其心灵受到管制、抑制，这种政治治下的科学、技术、文化、社会的自主创新和繁荣昌盛的空间被牵制、压抑，其劣势是显而易见的。当此时，与中国有相似文化传统的近邻日本，有福泽谕吉等人主张在思想和文化上"脱亚入欧"，日本朝野一心图变求强，抓住了历史机遇，从而迅速成为亚洲第一个现代国家。所谓"脱亚入欧"的说法，是挣脱传统束缚、思想求取解放的谋略和方法，日本不可能在地理上脱亚入欧，日本还是地理上的那个日本，但在精神文化上发生了质变。这与中国思想界直到今天在文化建设上时常囿于本体之争的情

---

① 刘晓东：《论儿童本位》，载《教育研究与实验》2010年第5期。

况是非常不同的。①

由于"人的发现"与"儿童的发现"最早是在西方现代化进程中出现的，因而在某种程度上，新文化运动中的"人的发现"与"儿童的发现"是对西方现代化进程的某种复演。即便中国的文化按照某种人或某种理论所说多么具有中国特色，但依然难以想象，中国能够脱离或跨越西方"人的发现"与"儿童的发现"这些成就，而开启或推动现代化进程。也就是说，现代化进程确实有一些规定现代化本质属性的内核，或者说，确实有一些普适或普遍的原则、规则、价值、内容。中国的现代化不能只强调国情的"特殊"、中国现代化的"特殊"，而且还要强调中国特色的现代化也得体现现代化的"一般"，更不能回避乃至敌视现代化的内核而相悖于现代化的"一般"。

新文化运动中的"人的发现"与"儿童的发现"是对西方现代化进程的某种复演，但这种复演是创造性的，不是生搬硬套，是中国人在特殊的历史情景中与西方思想互动中发生和推进的。这与一批先进中国人变革图强的心愿、对世界发展大势的认识以及对中国未来面貌的憧憬相关，历史会证明他们的路向是正确的。

"人的发现"和"儿童的发现"是新文化运动最重要的成果，是新文化运动的灵魂和精髓。但之所以有这种文化成就，是因为有蔡元培主张的"讲学自由"、"兼容并包"的学术原则、政治原则作为前提。没有这种前提，就只能停滞不前，不可能出现当时百花齐放、百家争鸣、思想解放、创见新见喷涌而出的学术生态和思想局面。

兼容并包、"人的发现"、"儿童的发现"，等等，这一切是新文化运动留给中国的珍贵遗产。然而，从何时起，谈"人"色变？从何时起，"童心说"和"母爱教育"受到批判？从何时起，"兼容并包"被打入冷宫？

---

① 明治维新时期有的学者主张日本要进行"从火变水"一般的彻底变革。福泽谕吉（1835—1901）就曾说过："今天我国的文明，将是一种所谓从火变水，从无到有的突变，这种变化似乎不应单纯叫作革新，而应称为首创。"（福泽谕吉：《文明论概略》，北京编译社译，商务印书馆1995年版，第23页）这种主张日本文化所谓从火变水，从无到有的突变，与当时清朝士大夫"中学为体，西学为用"的主张是截然不同的。当然变革的结果也不同，日本成功变革后成为亚洲第一个现代国家，并在甲午战争中大胜中国。参见刘晓东：《论道德教育的文化使命》，载《南京师范大学学报》（社会科学版）2005年第6期。

最近十几年来，随着解放思想、改革开放的深入，"以人为本"已成国策，童年研究渐成热点。这也是今天王浩这篇博士学位论文之所以得以写作的时代背景。

中国如果能成功地将童年研究、教育研究与新文化运动中"人的发现"、"儿童的发现"对接起来，深入下去，中国的儿童教育、基础教育的现代转向就能找到立论的前提和基础。这也是王浩研究新文化运动中"儿童的发现"的初衷，也是这本书的学术价值和现实意义所在。

作为学人，一个人静静地思考，在内心跟自己的那个更深度更本色的我交谈，对自己的学术成长是很重要的。但在上课的时候，在与学生交流的时刻，我时常会受到某种激励和启发，时常会发现，有的学生的想法前几天还深埋地下，今天已然破土而出，甚至有学生的思想之树眼看即将花蕾满树。我希望他们将来硕果累累。

王浩在南京学习三年，质朴、勤勉、好学。祝愿他写出更多的好作品。

刘晓东

2011 年 10 月

写于纽约哥伦比亚大学访问期间

目　　录

绪论　儿童被中国发现了吗

一　研究缘起

在新文化运动中，饱受痛苦煎熬和经受世道混乱折磨的中国出现了以群体的形式来关注儿童、思考儿童问题、感怀儿童命运、创作儿童文学与艺术作品、探讨儿童文学理论以及研究儿童与儿童教育的繁荣景象，这形成了中国历史上的一股"儿童热"。眼光敏锐的新文化运动主将胡适在当时就注意到了其中"儿童文学"这一勃然兴起的景象，正如他在一篇文章里所言："近来已有一种趋势，就是'儿童文学'——童话、神话、故事——的提倡。"①

事实上，单就"儿童文学"备受人们关注这一现象而言，其前提是儿童或儿童问题首先受到了人们的关注与思考。换句话说，人们提倡儿童文学首先是从关注儿童、思考儿童问题与探讨儿童是什么样的等一系列的观念开始的。儿童、儿童观或儿童问题是人们思考与创作儿童文学的逻辑起点与认识依据。历史显示，在这股"儿童热"的激流中，人们不仅从认识角度对儿童是谁，儿童是什么，儿童有什么样的价值，儿童在社会、学校、家庭甚至在人类中享有什么样的地位等进行了深入广泛的探讨，同时在实践层面还"出现了一批为儿童写作的作品（冰心的《寄小读者》、叶圣陶的《稻草人》是其中最出色的代表作），童话、神话、故事，且儿歌的搜集、整理研究工作风行一时。彼时世界上家喻户晓的和经典的儿童文学作品，诸如格林、王尔德、安徒生、爱罗先珂、望蔼覃的童话，都在

---

① 胡适：《儿童文学的价值》，转引自《1913—1949 儿童文学论文选》，少年儿童出版社1962 年版，第 481 页。

这一时期被先进知识分子们介绍到了中国"①。不仅如此,当时流行于西方和日本的一系列儿童心理学、儿童学、儿童教育学、儿童图书馆学等书籍与学术著作也相继被翻译和介绍到国内;中国一些学者们所撰写的儿童心理学、儿童学、儿童教育学、儿童图书馆学等著作在此期间也相继出版问世;成人阅读的报纸杂志和期刊定期刊登大量反映儿童以及儿童问题的文章;服务于儿童精神成长与发育的儿童报纸、儿童期刊也纷纷破土而出并刊登了为数不少的适宜儿童身心发展特点的儿童文学与艺术作品。

可以说,在中国漫长的历史中,从来没有哪一个时代能够像新文化运动时期这样,儿童会一度成为人们思考问题的中心和关注的焦点,成为时人尤其是思想先进的知识分子们最受宠爱的对象之一。历史还显示,在这股"儿童热"的背后,举凡关注、支持、响应和参与新文化运动的先进知识分子,以前所未有的姿态在对以儒学为核心的阻碍儿童身心发育和精神健全成长的封建传统文化、僵化专制的教育展开激烈的批判和对中国封建社会文化中陈旧的儿童观在采取追问深究态度的同时,站在各自的立场,以西方先进的理论为基础,从不同的角度与层面,就他们深感兴趣与热切关心的问题出发,对儿童、儿童教育、儿童文学、儿童艺术等相关理论与实践问题提出了丰富多元的见解和充满时代特色的观点。与此同时,先进知识分子们还积极开展与从事了大量与儿童生命成长和儿童精神幸福相关的各种活动与工作,从儿童精神生活健康成长的层面初步改善了儿童的生活并提高了儿童的家庭、学校与社会地位。可以说,在新文化运动中,先进知识分子们披荆斩棘的努力与呕心沥血的付出,初步拉开了中国历史上发现儿童的序幕,吹响了"儿童解放"的号角。众多先进知识分子对于儿童理解与认识的丰富论述,以及他们服务于儿童生活的各种实践活动与具体工作本身,体现着"儿童的发现"的同时,也标志着以"儿童为本位"的教育观念在中国的初步确立。而本课题主要研究的就是新文化运动中先进知识分子们所提出的儿童思想观念以及与此相关的言语与行为。

关注这个问题,首先源于笔者近几年来在阅读媒体或网络所披露出来的几则与儿童死伤有关的新闻报道。其一是 2008 年举国震惊的"三鹿奶

---

① 钱理群:《周作人论》,上海人民出版社 1991 年版,第 147 页。

粉事件"①；其二是 2009 年底让人扼腕叹息的 "南京徐宝宝死亡事件"②；其三是让人感慨深思的河北邯郸 "三名学生死亡事件"③；其四是让人痛心的广西爆竹作坊爆炸致 "13 名童工死伤的事件"④；其五是 "山东潍坊临朐县初一学生冻死事件"⑤；其六是 "女童遭致父母的'烙刑'事件"⑥；其七是最近不久出现的 "甘肃省正宁县幼儿园校车事故"⑦。除此之外，教育领域中被披露出来的一些事件、被发掘的一些现象也引起了笔者的思考与关注。例如，成都的一对年轻夫妇，因不满于学校教育的浅薄，亲力亲为要将 8 岁的女儿塑造成优秀的女人⑧；北京 "创才公司" 的创立者攸武，仅仅根据自己培养儿子的个人经验，就成功说服 200 来个家长把孩子送到其公司接受教育，以便被加工成通晓中外文化的 "天才"⑨；成都在前些时日出现了一家全日制私塾，其中有 5 个孩子在此进行学习和生活，每天就是背诵英文经典和诵读国学经文。私塾创办人夏先生曾对来

① 2008 年 3 月，南京儿童医院把 10 例婴幼儿泌尿结石样本送至该市鼓楼医院泌尿外科专家孙西钊处进行检验，三鹿问题奶粉事件浮出水面。据悉，凡喝过三鹿毒奶粉（三聚氰胺超标）的婴幼儿，都不同程度的患肾结石病，个别幼儿因此失去年幼的生命。到目前为止，三鹿劣质奶粉已造成全国上千名儿童死伤。见叶铁桥《"三鹿事件" 真相大曝光》，《中国青年报》2009 年 1 月 1 日。

② 2009 年 11 月 3 日中午，一名 5 个月大的患儿，因患眼眶蜂窝组织炎入住南京市儿童医院，医生因为玩游戏而失职，错过了最佳的治疗时间，结果导致该儿童死亡。见万祖凤《南京婴儿死亡事件真相查明》，《扬子晚报》2009 年 11 月 14 日。

③ 河北邯郸市永年县的龙凤学校餐厅被多年不遇的大雪压塌，3 名小学生身亡，20 多人受伤。见许冬晖《河北邯郸：暴雪压顶，学校食堂三个垮俩，砸死三名学生》，《南方都市报》2009 年 11 月 18 日。

④ 2009 年 11 月 12 日，广西贺州市发生一起爆竹作坊爆炸事故，造成 13 名小学在校生死伤。据介绍，这些死伤的孩子全部是 "留守儿童"，事发当日，孩子们正在爆竹作坊 "利用课余时间" 加工爆竹，广西爆竹作坊爆炸，13 名童工死伤事件。见 http：//www. e23. cn 2009 年 11 月 15 新华社。

⑤ 近日，潍坊临朐县一初一学生 "意外" 死在宿舍后面的沟里。对于学生的身亡，校方坚称是一起意外事故。有知情人爆出惊天内幕，这个孩子被老师罚站，而老师忘记这回事，最终他冻死在寒夜里。见孙银峰《14 岁男生冻死宿舍外》，《鲁中晨报》2009 年 12 月 22 日。

⑥ 贵州省毕节市一 6 岁女孩赵婷婷因未好好做作业，被父母用烧红火钳烙伤，臀部、嘴唇等部位遭到不同程度烫伤。相关负责人表示女孩父亲已被行政拘留 5 天。见段修健《贵州一 6 岁女童长期遭父母 "烙刑"》，《新京报》2009 年 11 月 10 日。

⑦ 2011 年 11 月 16 日上午 9 点 40 分左右，甘肃省庆阳市正宁县榆林子镇下沟砖厂门口，一辆大翻斗运煤货车与正宁县榆林子小博士幼儿园学生接送面包车相撞，致 5 人当场死亡，15 人在送往医院抢救途中死亡。见《甘肃正宁县幼儿园校车事故已致 20 死 44 伤》http：// news. sina. com. cn/c/p/2011－11－16/165023476727. shtml。

⑧ 《成都 8 岁女孩退学专修全职太太》，新华报业网，2004 年 10 月 25 日。

⑨ 《"天才" 是怎样批量制造的》，新浪网，2005 年 5 月 25 日。

访的人员振振有词地说，教育的本质是传授学生知识，只要娃娃们学到的东西能满足将来的需要，那就不成问题。同时他不无自信地宣称，经过学习，私塾里的孩子参加应试教育也是不成问题的①；最后是一个私营的幼儿园对前来接送孩子的家长发出的温馨提示：今天家庭作业。小班：拼音"b"、"p"、"m"、"f"各写 10 遍；中班："人"、"口"、"天"各写 20 遍；大班："锄禾日当午，汗滴禾下土"写 10 遍，拼音"ao、ou、iu"写 20 遍。②

现实生活当中，类似这样的生命伤亡案例、教育事件或教育现象可谓不胜枚举，层出不穷。而这样的儿童生命伤亡案例、教育事件或教育现象的存在与延续在让笔者深刻感慨儿童珍贵的生命没有得到保障、儿童自身的生命价值没有得到合理确认、儿童没有受到应有的尊重、没有得到正确的对待、儿童没有真正享受到属于他们所特有的生命尊严与快乐、幸福的童年生活时，也不得不让笔者去思考一系列很严峻以及深层的认识问题，即中国的社会、家庭、学校与幼儿园有没有从儿童的立场出发，真正做到珍惜儿童鲜活的生命？尊重儿童童年期的生活？遵循儿童成长与发展的基本规律？有没有真正发现儿童，在生活和教育中做到以"儿童为本位"？毫无疑问，从上面诸多的案例、事件与现象中可以判断：中国的社会、家庭、学校与幼儿园还没有从充分认识到儿童是与成人完全不同的人，还没有充分认识到儿童期有其独立存在的意义和价值，还没有认识到儿童独特的身心发展规律与学习特点，还没有从根本上做到发现儿童、尊重儿童以及树立起近现代的儿童思想以及以儿童为中心的现代教育观念。"人已经发明了飞行，发现了原子能，但他还未能发现自己。"③ 上述蒙台梭利在 70 多年前有关人未被发现的感慨在今天的中国依然没有过时。因为在现今的中国，人不仅没有真正地发现自己，认识自己，也没有真正发现儿童，认识儿童。笔者上面所列举的案例、事件与现象清晰而又深刻地反映出，儿童是被当作赚钱的对象来被部分利欲熏心的成人予以考虑与利用的，是被当作小大人来认识与对待的，是被当作会说话的工具来断然加以使用的。如果把上述成人对待儿童的行为与中国历史上成人对待儿童的行

---

① 汪玲：《私塾五弟子语文学论语，英语读萨翁》，《成都商报》2009 年 12 月 22 日。

② 陶金玲：《私营幼儿园的问题与对策》，2005 年南京师范大学硕士学位论文，第 49 页。

③ ［意］蒙台梭利：《童年的秘密》，马荣根译，单中惠校，人民教育出版社 2006 年版，第 7 页。

为作一简单比较与分析后，我们可以发现，这种对待儿童的观念和方式与中国封建专制社会中对待儿童的观念与教育儿童的方式又是何其的相像与雷同，甚至当今一些成人对待儿童的方式、做法远远比古人对待儿童的方式、做法还残酷甚或变态。这些情况的存在不能不让人们为儿童的生存、儿童的命运、儿童的利益、儿童的生活与儿童的健全成长与发展感到担忧、心痛与深思。而在深思的同时，笔者想到了新文化运动时期这一段儿童备受关注与青睐的历史，想到了这段历史中的被先进分子思考与探索过的儿童。确切地说，是现实让笔者回到了历史当中。这正如意大利著名历史学家克罗齐所曾言说的那样，"只有现在生活中的兴趣方能使人去研究过去的事情"。①

第一，是源自内心的一些好奇或困惑。困惑之一，即为什么是在新文化运动时期，而不是在别的历史阶段，会有那么多的先进知识分子关心儿童、研究儿童并由此而形成了一股"儿童热"？"儿童的发现"与新文化运动时期的历史背景或是之前的背景究竟有何千丝万缕的联系？哪些先进的知识分子为"儿童的发现"作出了重要贡献以及作出了什么样的贡献？他们把儿童从被成人所遮蔽的黑暗中发现出来、使其凸显起来有什么特别的意图或现实与长远的考虑？困惑之二，就是对刘晓东先生所著《儿童文化与儿童教育》一书中的他就中国当今儿童教育反思而生成的几多疑问。在该书的前言中，他在总结了中国当前社会现实生活中儿童教育的一些错误观念和错误行为后得出结论，认为"中国迄今缺少儿童教育的近现代立场和观念"。② 不仅如此，他还认为"儿童教育的近现代观念是中国文化的盲点"。③ 如果说"儿童教育的近现代观念是中国文化的盲点"，那么，"儿童观"也必然被包括在内，儿童观念的现代化至少也是中国文化的盲点之一。然而，反观中国近现代历史，在一个视传统文化改造、新文化建设为时代迫切需要的五四时期，在一个以"立人——个性的突起与张扬"④ 为主要特点和内容之一的新文化运动时期，在一个"人的发现"与"人的解放"为精神兴奋点的时代，在人的观念逐渐走向现代化并开始确立的时代，先进知识分子们有关儿童和儿童问题的丰富论述与见

① ［意］克罗齐：《历史学的理论与实际》，商务印书馆 1982 年版，第 2 页。
② 刘晓东：《儿童文化与儿童教育》，教育科学出版社 2006 年版，第 3 页。
③ 同上书，第 145 页。
④ 袁洪亮：《近代人学思想史》，人民出版社 2006 年版，第 210 页。

解，是否在一定程度上改变与突破了这一盲点？如果说有所改变与突破，结果是什么样的？如果没有改变与突破，原因又在何处？这一系列困惑是引发笔者对这个问题深感兴趣的外部原因之一。

第二，从学前教育学研究的历史来看。学前教育学发展的历史，在很大程度上是儿童观念不断变迁与发展的历史，儿童观的变革与发展在一定程度上决定与制约着学前教育学理论的变革与发展。由此角度而言，学前教育学的研究如果能以儿童为思维的中心，以儿童为研究的中心，我们便会更深刻全面地把握这一历史。与此同时，我们也可以清晰地看到，无论在历史发展的任何时代，中外教育家或幼儿教育家，他们也从没有离开过对儿童的密切关注与深切思考，无论这思考是形而上或是形而下的。研究儿童，关心儿童的地位与命运、思索儿童的生活、儿童的发展特点与教育，探索儿童身心成长的奥秘甚至构成了他们一生的任务、目标或者梦想。正是在对儿童持续观察、探索、思考与分析的过程中，他们形成了独具个性化的儿童观。从他们个人教育思想的总体来看，这也是其中极其重要而精彩的一部分内容。不仅如此，纵观和综观世界范围内的儿童教育思潮，其分歧的内核在一定程度上而言，是对于儿童认识的差异。这在学前教育发展的历史上有着鲜明的体现。例如，夸美纽斯认为，人是造物中最崇高、最纯粹、最卓越的，儿童身上天然地存在着学问、德行与虔信的种子。在此基础上，他提出了教育史学著名的"园丁说"；举世公认的卢梭的自然主义教育理论，就是建立在"儿童生来是向善"、"儿童有自己的独立情感、思想与认识"的这一哲学认识背景之下；杜威关于儿童四种本能的论述，即儿童有谈话或交际方面的本能，探索或发现方面的本能，制造东西或建造方面的本能，以及艺术表现方面的本能的见解是他进步主义教育立论的逻辑起点。

世界学前教育学发展的历史告诉我们，研究儿童是多么的重要。不研究儿童，我们既不可能理解已有的学前教育学历史，也很难创造前人未曾创造过的新的学前教育学历史。而且，从现实情况来看，中国的学前教育正处在一个不断变革与快速发展的关键时期，儿童观作为学前教育观念中的一个重要组成部分，同样随着时代的发展与社会文化的变迁而发生着相应的变化。尽管中国的学前教育变革在今天还主要以西方近现代的儿童观念作为重要的思想来源，尽管中国还处在不断向西方深入学习的阶段，尽管西方的儿童研究、童年研究以及儿童思想观念比中国超前，但我们不能以此为由而对民族文化中被迫或自觉生长起来的、具有现代色彩的儿童观念虚无处之，更不能厚彼薄此。因为新文化运动中的先进知识分子曾集中、深入地研究与探讨过儿童、儿童观、儿童文学与儿童教育等问题，而且他们对儿童的见解也符合了现代儿童观的内涵，其言说毫无疑问会对今天的儿童研究以及学前教育变革具有重要的启示和借鉴意义。

第三，笔者之所以对这个问题有兴趣，还在于笔者在导师刘晓东先生的引导下，比较系统的通读了夸美纽斯、卢梭、裴斯泰洛齐、福禄贝尔、杜威、蒙台梭利、苏霍姆林斯基、马拉古奇等人的儿童教育学著作，对西方近现代的儿童教育观念与立场有了初步的理解、体认与把握。与此同时，在阅读的过程中，笔者也深深地被他们热爱儿童、关心儿童、研究儿童与儿童教育以及他们对儿童与社会、儿童与人类发展关系关心的情怀所感染。在不断深入学习儿童教育理论与研究儿童教育的过程中，我因受到他们的感染也逐渐养成了关心儿童、关注儿童的命运、关注儿童的生存与发展、关注儿童与社会发展的深切情感。不仅如此，作为学前教育专业的学生，通过对学前教育专业近十年的学习与研究，笔者认为自己在教育领域中逐渐转变成了一名"儿童本位"的坚定拥护者和倡导者。而"儿童本位"的观念恰恰又是在新文化运动时期初步形成的，从新文化运动兴盛受到西方思想有关这一历史情况来看，这是否与这一运动中从西方传输过来的"儿童中心"教育思想有着某种历史的关联。这也激发起了我的兴趣。另外，作为一名"儿童本位"的坚定拥护者与倡导者，笔者对当下中国教育和社会生活中出现的一些事关儿童生命尊严受到践踏、儿童健康成长受到严重阻碍的重要事件（如前所述）感到无比的愤懑、心痛与悲哀，同时也对儿童成长与生活的社会环境深感忧虑与担心。因此，在上述基础上，笔者极力想从历史的角度来探明一下"儿童的发现"的具体内容、"儿童本位"的真正含义，以期通过对这段历史的考察、发现、梳理与研究，以期对生活在当下中国儿童生命与价值尊严的维护、对儿童健康成长的保障、对儿童生活环境的改善作出自己的一点点贡献，哪怕这一点点的贡献是如何的微不足道！

第四，研究新文化运动中"儿童的发现"，还出于笔者对历史的深切关注与强烈爱好，也出于笔者对新文化运动时期这一短暂历史的内在兴趣与热情。因为笔者深信，历史当中蕴涵着有待进一步挖掘的精神宝藏与思想矿藏，更蕴涵着有待进一步发现的鲜活生命与充满活力的思想。同样，笔者还认为，新文化运动这一时期的历史中也蕴藏着精神宝藏与蕴涵着鲜活的生命以及思想。落脚到儿童这一点上，就是儿童这个宝藏以及其特有的朝气蓬勃的生命与思想有待于进一步的挖掘与探寻，而通过挖掘与探寻，使其重见天日，给今天的儿童研究者带来思想上的启迪与借鉴。

除此之外，一个有趣的现象是，在民国初期，虽战争连年不断，经济凋敝颓废，政治腐败，社会黑暗，民不聊生，但思想、文化却随着时间的推移而不断变新、进步，教育也在动荡的社会中不断向前发展，以"儿童为本位"的教育观在理论上也逐渐得以确立，并在当时的教育实践中有所体现。对此现象，笔者不禁深感好奇的是，在世道混乱之际，国家危急之秋，启蒙与救亡并置的时刻，"儿童的发现"的真实动因又在哪里？"儿童的发现"的具体内容又是什么？带着诸多的疑问与兴趣，笔者将尽力追溯历史，探明"儿童的发现"的动因，梳理"儿童的发现"的内容，将历史深处蕴涵的宝藏与鲜活生命的儿童思想挖掘出来，从而与宝藏与生命相会，与"儿童"、"童年"相逢。

第五，到目前为止，系统、深入、全面地研究新文化运动中"儿童的发现"的成果还不是很多，且过于偏重叙述，鲜有对"儿童的发现"的内容以及由此而体现的这一历史现象作出多元的分析与评价。这不但从中很难看到一些重大的历史现象、事件或其他因素对"儿童的发现"产生的重要深刻影响，而且一些与"儿童的发现"有关的问题还没有得到深入的展开以及探讨，更少有就"儿童的发现"对当今儿童教育研究以及儿童教育实践所具有的现实启示、对传统文化中儿童观的转型与改造、对当今中国儿童保护所具有的作用作出全面深入的分析、探讨与研究，这也是笔者选择该课题的一种学术考虑。

二　概念界定

在《意识形态与乌托邦》一书中，曼海姆曾强调："我们首先应当意识到这样的一个事实，同一术语或同一概念，在大多数情况下，由不同境势的人来使用时，所表示的往往是完全不同的东西。"① 维特根斯坦曾经也指出："当哲学家使用字词——'知识'、'存有'、'主体'、'我'、

---

① ［德］曼海姆：《意识形态与乌托邦》，商务印书馆1982年版，第108页。

'命题'、'名称'——并且想抓住事情的本质时，我们必须时时问自己：这些字词在一种语言中，在它们自己的老家中是否真的这样使用？——我们要做的是把字词从形而上学的用法带到日常用法"。① 由此可见，概念或语言的理解与使用往往要视具体的语境或情况而定，视个人研究问题的情况而定，而一旦使用不当就会语义纷呈，给读者的理解带来诸多的不便。因此，在研究初始，对本书涉及的相关概念进行清晰的界定和阐释也就显得尤为必要。

（一）新文化运动

"'新文化运动'这个名称在 1919 年 5 月 4 日以后的半年内开始流行。那年 12 月，《新潮》编者在答读者问时，指出他们的运动是'新文化运动'。到 1920 年年初，这个运动已变得十分流行。"② 由此可见，"新文化运动"作为一种现象是历史发展的产物，而且，从概念解析的角度而言，它具有明确的指向。本书既然把"儿童的发现"放置在"新文化运动"这一历史背景下进行研究，那么，首先就需要对"新文化运动"这一术语进行清晰明确的界定，这也是本研究的一项初始内容。

这里，笔者以时间为参照系统，来梳理一下历史和现实中不同学者对"新文化运动"的理解。在此基础上，就他们对"新文化运动"的理解作一简单分析，随后对本研究所要采用的这个概念作一明确交代。

首先就亲自参与新文化运动的先进知识分子对这个名称的解释和说法作一说明。《新青年》杂志创刊的第 5 个念头，也就是 1919 年 12 月 1 日，胡适在《新青年》上发表了《新思潮的意义》一文。在此文中，他在批评彼时一些文化人士对新思潮解释太琐碎或太笼统的基础上，提出了新思潮至少包含四个方面的内容——"研究问题；输入学理；整理国故；再造文明"③，与此同时他还旗帜鲜明地指出新思潮的态度——"我以为现在所谓'新思潮'，无论怎样不一致，根本上同有这公共的一点——评判

---

①　[英] 维特根斯坦：《哲学研究》，汤潮、范光棣译，生活·读书·新知三联书店 1992 年版，第 116 页。

②　[美] 周策纵：《五四运动：现代中国的思想革命》，周子平译，江苏人民出版社 1996 年版，第 265 页。

③　胡适：《新思潮的意义》，《新青年》1919 年第 7 卷第 1 号。

的态度。"① 实际上，胡适的这篇文章，是对新文化运动的一种反思，故此，上文中胡适对"新思潮"的评说，也即胡对"新文化运动"的理解。

仅仅过了几个月后，也就是在 1920 年 4 月 1 日，陈独秀也在《新青年》上发表了《新文化运动是什么》一文。在此文中，陈独秀首先从理解"文化"的具体概念入手，随后表达出了他心目中理想的新文化运动模式与内容——"新文化运动，是觉得旧文化还有不足的地方，更加上新的科学、宗教、道德、文学、美术、音乐等运动。"② 同时，他还着重指出，理解新文化运动应注意三件事情，"一是新文化运动要注重团体的活动；二是新文化运动要注重创造精神；三是新文化运动要影响到别的运动上"③。

历史发展到 1928 年，受新文化运动影响的平民教育家晏阳初先生在《平民教育概论》一文中也提及了他对于"新文化运动"的理解。他说："就我国的新文化运动来说，所谓新文化运动，都是少数学者的笔墨运动，和多数平民真是风马牛不相及。"④

我们再来观照一下 20 世纪 30 年代伍启元先生对"新文化运动"的理解。他认为："'新文化运动'始于戊戌维新运动，但到'民五'才正式的提倡。新文化运动的范围很广阔，文学革命运动也不过是它的一部分。它的根本意义，就是一方面根本承认中国旧有文化的缺陷，同时提倡接受西洋的文化。新文化运动以来，学术思想上的最重要的事业，如文学革命，如实验主义的提倡，辩证法唯物论的引进……都是新文化运动范围以内的东西。所以说，新文化运动是现代学术思想史上最重要的运动。"⑤

"新文化运动"，在著名史学家余英时先生看来，指的是"'五四'的新文化运动，它是中国近代史上第一次具有明确的方向的思想运动，即所谓民主与科学，且民主、科学是新文化运动的主要内容"⑥。

除却上述几人对"新文化运动"的理解外，再来了解一下我国著名哲学家冯友兰先生对"新文化运动"的理解。在冯友兰看来，"新文化运

---

① 胡适：《新思潮的意义》，《新青年》1919 年第 7 卷第 1 号。
② 陈独秀：《新文化运动是什么》，《新青年》1920 年第 7 卷第 5 号。
③ 同上。
④ 宋恩荣编：《晏阳初文集》，教育科学出版社 1989 年版，第 26 页。
⑤ 伍启元：《中国新文化运动概观》，黄山书社 2008 年版，第 33—34 页。
⑥ 王跃、高力可编：《五四：文化的阐释与评价——西方学者论五四》，山西人民出版社1989 年版，第 213 页。

动是中国现代革命发展的一个重要环节。简单地说，新文化运动把新文化归结为两件事：民主与科学。民主，并不是专指一种社会制度，而是一种人生态度和人与人的关系；科学，并不是指一种学问，而是一种思想方法。它所要求的实际上是一种比较彻底的思想改造，要求人们把封建主义世界观和人生观改变为资产阶级的世界观和人生观，这就是所谓'攻心'与'革心'的真实意义"①。

在《中国文化的深层结构》一书中，研究中国文化的学者孙隆基对"新文化运动"也提出了自己的理解。他认为："'新文化运动'是一个全盘西化的运动，提出了'科学'与'民主'等概念，以及个性解放的要求——这些因素显然是与传统文化对立的——至于当时的马列主义也是这股西化思潮的一部分。"②

历史学学者陈旭麓认为："新文化运动是辛亥革命在文化思想领域中的继续，是资产阶级新文化反对封建旧文化的一次激烈的战斗，目的是救国救民。它的兴起以 1915 年 9 月陈独秀创办的《青年杂志》为标志，其主要内容是提倡民主与科学。"③

从以上不同学者对"新文化运动"的解释来看，胡适的理解具有一定的高度和概括性，而陈独秀的理解具体全面；晏阳初先生从运动参与者的身份出发，认为新文化运动是知识分子的事情。然而，由他字里行间中透露出的情感不难看出，他对"新文化运动"的评价并不高。相比前三者，伍启元是从思想史的进步角度来高度评价五四运动的，也具有高度的概括性；余英时与伍启元一样，认为新文化运动侧重的是思想观念，只是他更确认五四与新文化运动的关联。同下面冯友兰和孙隆基一样，余英时也认为民主与科学是其主要内容。冯友兰和孙隆基则重点突出了新文化运动的"民主"与"科学"内容，所不同的是冯友兰认为它是中国现代革命的一部分，而孙隆基更强调它的个性解放内容，两者的理解虽具有高度的概括性，但也更为具体；陈旭麓的理解突出了新文化运动的历史性与连续性，并指明了它的目的与兴起的标志。

由以上的简要分析不难看出：作为一种历史现象的"新文化运动"，

---

① 冯友兰：《中国现代哲学史》，广东人民出版社 1999 年版，第 45 页。
② ［美］孙隆基：《中国文化的深层结构》，广西师范大学出版社 2009 年版，第 297 页。
③ 陈旭麓：《中国近代史》，高等教育出版社 1987 年版，第 362 页。

在其出现之后，人们对它的解读与诠释可以说是众说纷纭，见仁见智。不仅如此，对它的定义、解读和分析也随着时间的推移发生着相应的变化。尽管"新文化运动"在不同时期、不同的学者与思想家那里存在着不同的理解，但其作为一种现代性的思想运动却是被大家所共同理解与认可的，而它在中国历史发展进程中所具有的作用是明显的，其所起到的影响也是积极的。这一点正如杜威在对"新文化运动"作了长篇的分析后所得出的结论那样："人们可以断言，（新）文化运动尽管不够成熟和左右摇摆，但是它为中国未来的希望打下了坚实的基础。它虽然不能取代更好的交通手段——铁路和公路，没有这样的交通手段中国就不能统一，因而也不能强盛，但中国也需要一种统一的思想，而没有新思想运动，要做到这一点是不可能的。"①

考虑到本书中"儿童的发现"是一个多维度、立体性且丰富的概念，本书在此主要以陈独秀的界定为分析的依据（并参考其余几人对"新文化运动"的界定），来分析新文化运动与"儿童的发现"之间的关系。

（二）儿童

在不同的历史发展时期，无论古今或是中西的人们曾从不同的角度对儿童进行过不同的界定与说明。

在中国古代的社会中，仅仅"儿"字就有多种的解释。例如，在《吴越春秋中》有"右手若抱儿"的提法，这里"儿"的意思是小孩和婴幼儿。不仅如此，"儿"通常还被理解为"儿子"、"父母称子女"与"年轻女子自称"② 等。而"童"字，在古代常被用作"僮"，如"书僮"③。在古代汉语中，"儿"与"童"两个字合在一起用的现象极其少见。

在英语中，儿童一词是用 Child 来表示的。在《柯林斯 COBUILD 英语词典》中，Child 有两种解释。其一，儿童是人，而非成年人；其二，儿童是指某人的孩子，即或儿子或女儿。④

---

① 杜威：《新文化在中国》，转引自周策纵《五四运动：现代中国的思想革命》，江苏人民出版社 1996 年版，第 267 页。

② 《中华古汉语字典》编写组编：《中华古汉语字典》，上海人民出版社 1997 年版。

③ 同上。

④ 《柯林斯 COBUILD 英语词典》，上海外语教育出版社 2000 年版，第 272 页。

在《联合国儿童权利公约》中，儿童系指 18 岁以下的任何人，除非对其适用之法律规定成年年龄低于 18 岁。

在心理学家看来，人的一生的发展可以划分为不同的阶段，依据次序为胎儿、乳儿期（0—1 岁）、婴儿期（1—3 岁）、幼儿期（3—6 岁）、童年期（6—12 岁）、少年期（12—15 岁）、青年初期（15—18 岁）、青年中期（18—25 岁）、青年后期（25—35 岁）、中年期（35—50 岁）、壮年期（50—60 岁）、老年期（60 岁以后）。这其中，18 岁是一个具有特殊意义的年龄。18 岁以前的叫未成年人，而 18 岁以后的叫成年人。18 岁是儿童期的上限，将 0—18 岁的未成年人，统称为儿童。①

由上可见，这里的"儿童"，是与"成人"相对应的。一般而言，将人类划分为"儿童"与"成人"两个群体，所依据的根本标准是人的生理与心理发展的成熟与否。故此，本研究中使用的"儿童"，是泛指 0—18 岁的未成年人。

（三）发现

《现代汉语词典》是这样来定义"发现"一词的：动词。一种意思是经过研究、探索等，看到或找到前人没有看到的事物或规律：发现新的基本粒子，有所发明，有所发现，有所创造；另一种意思是发觉：这两天，我发觉他好像有什么心事。② 由上可以判断，"发现"的两层意思有着本质的区别。前者是需要付出努力和行动，甚至是长时间的艰辛劳动之后，才可能有所收获。例如，牛顿对万有引力定律的发现就是如此。这也正如周作人所言："新旧这名称，本来很不妥当，其实'太阳底下何尝有新鲜的东西'？思想道理，只有是非，并无新旧。要说是新，也单是新发见（现）的新。新大陆是在十五世纪中，被哥仑布发见（现），但这地面是古来早已存在。电是在十八世纪中，被弗阑克林发见（现），但这事物也是古来早已存在，无非以前的人，不能知道，遇见哥仑布与弗阑克林才把他看出罢了"③；而后者更强调的是"觉"，即觉知、意识到、知道。例如，等到火扑灭之后，他才发现自己受了伤。考虑到两者的区别和本研究

---

① 本研究这个划分可以参阅朱智贤的《儿童心理学——儿童心理发展的年龄阶段性》一书，该书由北京教育科学出版社 1980 年出版。

② 《现代汉语词典》（第五版），商务印书馆 1996 年版，第 368 页。

③ 周作人：《艺术与生活》，止庵校订，河北教育出版社 2003 年版，第 8 页。

的实际状况，本书所表达的正是第一层意思。

(四) 儿童的发现

关于"儿童的发现"，可以表述为儿童的"发现"或者是"发现儿童"。笔者查阅文献发现，人们使用和阐释较多的是"儿童的发现"。

"儿童的发现"，是由"人的发现"迁移或套用而来的。关于"人的发现"，周作人在1918年《人的文学》里曾说，"欧洲关于这'人'的真理的发见（现），第一次是在十五世纪，于是出现了宗教改革与文艺复兴两个结果。第二次成了法国大革命，第三次大约便是欧战以后将来未知事件了。女人与小儿的发见（现），却迟至十九世纪，才有萌芽"①。这是笔者目前接触到最早的与"人的发现"有关的文献。而且，在这里，"发现"一词还没有被使用，而是用的"发见"。之所以这样，原因可能是在新文化运动时期，白话文刚刚提倡，文白相间的情况不可避免，或者"发现"一词的运用还处在萌芽阶段。但是，在周作人的这段话里，"小儿的发见（现）"，也即"儿童的发现"是确定无疑的。同样确定无疑的是，"儿童的发现"是在"人的发现"之后，而且，"人的发现"并不完全等同于"儿童的发现"，否则，周作人是不会将其二者分开加以使用和论述的。

蒋风、韩进认为，所谓"儿童的发现"，完整的表述应该是"儿童的被发现"，它表明这样一种社会儿童观的确立：儿童是具有独立人格的完全的个人。这有两层意思：其一是说儿童是"人"，他有着与成人一样的独立人格；其二是说儿童不是"小大人"，他有着与成人不一样的内外两面（精神与物质）的生活，儿童期在一生成长的过程中有其独立的价值和意义。②

在《儿童教育新论》中，刘晓东用"启蒙时代的儿童观——'儿童的发现'"为标题来专门谈论和评述卢梭的儿童观。他说，卢梭已经否定了儿童期仅仅是为将来的成人生活作准备这一观念，而指出儿童期亦有独立存在的价值。这一观念在儿童观演变史以及儿童教育史上具有重大的意义。历史发展到卢梭的那个时代，终于认识到儿童独立存在的价值。所

---

① 同上书，第9页。

② 蒋风、韩进：《中国儿童文学史》，安徽教育出版社1998年版，第43页。

以，人们往往把"儿童的发现"与卢梭联系在一起①。由此可见，刘晓东对"儿童的发现"的理解与蒋风、韩进的理解是相似的。

儿童文学研究者孙建江虽没明确阐释什么是"儿童的发现"，但他就中国的"儿童的发现"给出了一个大致的时间。他在其大作《二十世纪中国儿童文学导论》中明确指出，在中国，儿童的真正"发现"，应该说是十九世纪末二十世纪初的事情。②

研究历史的学者吴效马认为，"儿童的发现"，也即儿童个性的解放和儿童文化的重建。③ 而在张丽看来，"儿童的发现"实质就是成年人儿童观的转变问题。④ 张琰则认为"儿童的发现"是指"儿童社会性和个性的发现"。⑤

由上可以判断，"儿童的发现"一语，在中国同样是众说纷纭、仁者见仁智者见智的。在不同研究者的视野中，有着不同的语言表达形式和各自所强调的重点。从历史发展的角度而言，自从 1918 年周作人在《人的文学》一文中首次提出"小儿的发见（现）"以来，对它的定义和解读就随着时间的推移不断发生着变化，而且，究竟是"儿童的发现"还是儿童的"发现"，这在语言运用实际表达方面还存在着一定的差异与分歧。因此，要在本书中给它下一个比较严格的定义，笔者认为是有一定难度的。

但这并不意味着本书中所使用的"儿童的发现"就是笼统或没有边界的。虽然"儿童的发现"在不同时期、不同的学者那里有着不同的理解，但它的基本内涵则是得到了大家一致的认同。

首先，"儿童的发现"是相对于儿童的未被发现而言的。

其次，它表达和承认了儿童以及与儿童有关的各个方面的存在，确认了儿童是儿童、儿童是完全的个人、儿童有其独特的精神、思想与情感、儿童期有其独立存在的意义与价值的现代儿童观念。这无疑也是一种新型的儿童观，与中国封建专制社会中主流的"儿童是缩小的成人"、"父母

---

① 刘晓东：《儿童教育新论》，江苏教育出版社 1998 年版，第 10 页。

② 孙建江：《二十世纪中国儿童文学导论》，江苏少年儿童出版社 1995 年版，第 92 页。

③ 吴效马：《五四"儿童的发现"与中国教育的近代化》，2005 年版，第 7 页。

④ 张丽：《儿童的发现与中国现代小说创作》，2002 年南京师范大学硕士学位论文，第 1 页。

⑤ 张琰：《论儿童的"发现"与二十年代中国新诗》，2008 年南京师范大学硕士学位论文。

的私有财产"等落后陈旧的儿童观有着本质而鲜明的区别。

在笔者看来,"儿童的发现"更是一个多维度的、立体性的概念,它不仅包括上面大家所认可的基本内涵,"儿童的发现"所包括的具体的儿童观内容,即儿童是独立的个体,完全的个人;儿童有独立的人格、思想与情感;童年期在人一生成长的过程中有其独立的意义和价值等。而较为重要和根本的是,"儿童的发现"是一种历史、文化现象,也是一场有一定影响的社会思潮。在"儿童的发现"的这股历史思潮中,产生了上述大家所言说的关于儿童理解与认识的丰硕成果。当然,这也是从发展的角度来理解与看待"儿童的发现"的,也就是说,作为一种历史、社会、文化现象,"儿童的发现"所产生的儿童观是现代文明社会的一种产物,在一定程度上,这些对儿童较为科学的见解或认识也是中国现代化进程的一种体现。因为现代化,最根本的是人的观念的现代化,儿童观念的现代化才是最本质的现代化,也是最彻底的现代化的一种体现。从以上的分析中,笔者想明确交代的是,"儿童的发现"作为儿童观的一种体现和作为一种历史、文化现象、一种社会思潮是辩证统一在一起的。这也是笔者对"儿童的发现"的一种理解。

最后,需要明确指出的是,本研究所运用的"儿童的发现",即不是指作为独立个体的或群体的儿童的发现了什么,也不是指作为独立个体或群体儿童的"发现"是什么内容或对象等。而无论是"儿童"的发现、儿童的"发现"哪一种表达方式,在笔者这里,都以"儿童的发现"这一表达方式来统一使用或运用。

三　文献综述

按照笔者目前收集到的资料来看,有一定数量的与"儿童的发现"研究相关的著作和文献,但在"儿童的发现"的时间限制与背景认定方面,大多所用的是五四时期。总之,这些文献或明或暗,或简或详地提及"儿童的发现"的原因、内容,并就"儿童的发现"的意义与价值方面提出了各自的观点与见解。依据呈现方式的不同,笔者首先对具体的文献作出如下简单的整理,然后在此基础上对文献作一简要综述。

（一）各类期刊

笔者以"儿童的发现"为主题，在中国期刊网上共计检索到自 1980 年到 2009 年所发表的 6 篇文章。分别是《从"儿童的发现"到"儿童的文学"——周作人儿童文学思想论纲》（韩进，1993），《儿童的发现——卢梭的儿童观述评》（黄希尧，2000），《五四"儿童的发现"与中国教育的近代化》（吴效马，2005），《"儿童的发现"与安徒生童话在中国的"发现"——读李红叶〈安徒生童话的中国阐释〉》（董翔薇，2006），《论儿童的发现与"五四"中国新诗》（张琰，2007），《现代性与"儿童的发现"——试论五四时期"儿童的发现"与意义》（高少月，2008）。

以"儿童观"为题，共检索到文章 70 篇。但与本研究相关的论文共有 24 篇，按照不同的标准，笔者将这些文章分为下面几类。

第一类，对某位历史人物的儿童观所开展的专门研究。它们分别是《论鲁迅后期的儿童观》（杜一白，1982），《鲁迅的儿童观：儿童文学视角》（朱自强，1989），《周作人儿童教育观》（郭玉芳，1990），《西方人类学派与周作人的儿童文学观》（方卫平，1990），《鲁迅的儿童观》（刘铭璋，1990），《〈社戏〉与鲁迅早期儿童观》（张家松，1996），《论鲁迅的儿童观》（李夫泽，1998），《论鲁迅的儿童观》（朱晶，2000），《启蒙者的儿童观》（周恰、沈冰俏，2003），《论鲁迅儿童观与儿童文学观》（罗莉芳，2004），《鲁迅的儿童观和他的童话翻译》（刘少勤，2005），《理解儿童、指导儿童、解放儿童——论鲁迅儿童教育思想及其当今启示》（钟昭会、唐智松，2006），《周作人儿童教育思想浅论》（黄新，2009），《重温鲁迅作品，感受鲁迅儿童观》（周杏坤，2009）。

第二类，对不同历史人物的儿童观进行的比较研究。分别有《我对鲁迅、周作人儿童观的几点看法》（汤山土美子，1988），《鲁迅和周作人儿童与儿童文学观比较》（宋其蕤，2005），《周作人与方定焕：中韩早期现代儿童观形成之个案研究》（张美红，2008）。

第三类，整体上介绍五四运动前后儿童观、儿童观与儿童文学关系的研究文章。它们分别是《儿童观的演变——从奴才观到主人观》（段镇，1990），《儿童本位论与中国现代儿童文学的诞生》（何群、吕家乡，1991），《"儿童本位论"的历史考察与反思》（冯乐堂，1997），《儿童观的转变与 20 世纪中国儿童文学的三次转型》（王泉根，2003），《五四时期以儿童为本的教育思想》（屈彩霞、丰向日，2008），《童年：一种思想的方法和资源》（朱自强，2008），《中国近代儿童观的嬗变——以1870年至1930年间的文献资料为例》（刘珍珍，2009）。

（二）学位论文

笔者以"儿童的发现"和"儿童观"为题，进行博、硕论文检索，共检索到14篇学位论文。硕士学位论文共10篇。分别为《儿童的发现与中国现代小说创作》（张丽，2002），《中西儿童观的历史演进及其在教育维度中的比较》（周红安，2003），《周作人早期儿童观与儿童文学观研究》（刘冰，2005），《从儿童的"发现"到儿童的"遮蔽"》（颜士静，2005），《鲁迅笔下的儿童形象及对现代教育的启示》（王玲，2006），《文化学视角下的中国传统儿童观及其现代化》（魏卿，2006），《儿童观的嬗变与中国近现代文学》（符丽，2007），《发现儿童与教育儿童》（周冬，2007），《鲁迅的儿童教育思想》（尉红梅，2007），《论儿童的"发现"与二十年代中国新诗》（张琰，2008）。博士论文4篇，分别是《儿童的发现与中国现代小说创作》（王黎君，2004），《儿童生活与儿童教育》（侯莉敏，2006），《发现与解放——中国近代儿童观研究》（陆克俭，2007），《儿童文化研究》（钱雨，2008）。

（三）儿童文学著作

著名儿童文学研究者王泉根曾指出，"儿童文学发展的历史，在很大程度上是人类社会'儿童观'演变的历史"[①]。所以，在目前国内出版的儿童文学著作中，儿童观毫无争议地构成了儿童文学理论探讨时所必然要面对的一个重要内容，且大多在中国现代儿童文学理论探讨之前被作者加以全面的分析与论述，而不少研究者的这一论述的历史起点大都集中在新文化运动时期的"儿童的发现"方面。

20世纪80年代初，浙江少年儿童文学出版社出版了王泉根的《周作人与儿童文学》[②]，这也是新时期以来第一本对周作人的儿童观以及儿童文学观进行研究的书籍。在此书中，王泉根首先对周作人与中国现代儿童

---

① 王泉根：《现代中国儿童文学主潮》，重庆出版社2004年版，第5页。
② 王泉根编：《周作人与儿童文学》，浙江少年儿童出版社1985年版。

文学的关系进行了全面、详细、深入的分析与说明，在肯定周作人对中国现代儿童文学有所贡献的基础上，号召人们重新认识周作人的儿童思想。然后，在遵循"力求完整地反映周作人的儿童文学观"① 原则的基础上，他几乎辑录了周作人所有的与儿童有关的文章。不仅如此，在《现代中国儿童文学主潮》② 一书中，王泉根在清晰地阐明儿童的发现与儿童文学的发现的关系之后，对五四时期"儿童观"的转变与中国儿童文学的现代转型作了较为全面的探讨。另外，在《前艺术思想——中国当代少年文学艺术论》一书中，班马从"二十世纪中国儿童学艺术思想的迁变"与"周作人的'前艺术'的儿童美学观念"两个论题出发，对世纪之交（19 世纪末 20 世纪初）的中国早期儿童观与五四儿童观的两面性进行了简明而深刻的分析，在此基础上，他认为"今天的中国儿童文学界，在对儿童精神和儿童意义的把握上，尚可悲地不及五四时代的先驱者"③。

蒋风、韩进在《中国儿童文学史》④ 一书中，就西学东渐与中国"儿童的发现"之间构成的关系进行了初步的梳理和分析，随后得出结论，认为"西学东渐"是导致中国"儿童的发现"的重要而直接的原因。在《中国发生期儿童文学理论本土化进程研究》⑤ 一书中，李利芳独辟蹊径，不从"儿童"入手，而是别开生面地从"童年"楔入，论述了"发现童年"对现代中国儿童文学理论的发生所具有的重要意义与价值。与上面几位研究者的研究不同，在《二十世纪中国儿童文学导论》⑥ 一书中，孙建江从儿童的"发现"的外部环境与内部条件入手，论述了儿童的"发现"与儿童文学观之间的变化关系，认为儿童的"发现"是导致科学的儿童观的产生与形成的必要条件。另外，在《中国儿童文学理论发展史》⑦ 一书中，方卫平从"人的解放"对新的儿童观的产生所具有的作用作了明确详细的阐述。而在众多儿童文学理论研究的著作中，目前较引人注目并能给人带来思索与启迪的当属朱自强的《中国儿童文学与现代化

---

① 王泉根编：《周作人与儿童文学》，浙江少年儿童出版社 1985 年版，第 216 页。
② 王泉根：《现代中国儿童文学主潮》，重庆出版社 2004 年版。
③ 班马：《前艺术思想——中国当代少年文学艺术论》，福建少年儿童出版社 1996 年版，第 311 页。
④ 蒋风、韩进：《中国儿童文学史》，安徽教育出版社 1998 年版。
⑤ 李利芳：《中国发生期儿童文学理论本土化进程研究》，中国社会科学出版社 2007 年版。
⑥ 孙建江：《二十世纪中国儿童文学导论》，江苏少年儿童出版社 1995 年版。
⑦ 方卫平：《中国儿童文学理论发展史》，少年儿童出版社 2007 年版。

进程》① 一书，在此书中，他将中国的儿童文学放置在世界现代化进程的历史中加以思考，通过对中国儿童文学与西方儿童文学的比较、分析与探讨后得出这样的研究结论：中国的儿童文学是现代化进程的产物，中国儿童文学只有"现代"而没有"古代"。在此分析与探讨的过程中，他站在儿童文学的立场上，以大量的文献资料，详细比较了周作人与鲁迅的儿童观，并阐述了周作人五四时期的"儿童本位"理论的现代性、超前性和当代意义，赋予了周作人在中国儿童文学发展史上所具有的重要意义与价值。

（四）儿童教育学著作

在当下的儿童教育学著作中，虽然对新文化运动时期"儿童的发现"的研究为数不多，但是，也有涉及"儿童的发现"的理论探讨与历史分析。如"儿童的发现"的背景，儿童的发现的具体内容，儿童的发现的意义等。另外，在一些学者的儿童教育学著作中，有专门对新文化运动时期的某个知识分子的"儿童观"进行研究和剖析的内容，也有个别研究者通过分析儿童观以及儿童观的转变而带来的意义研究等。考虑到本研究要分析新文化运动时期"儿童的发现"的内容、特点以及意义等，所以，所有这些研究中的观点和结论对于本研究同样具有借鉴和指导意义，故在这里特别交代。

在《儿童教育新论》② 中，刘晓东从"儿童观"入手，对古今中外儿童观的演变内容作了系统的梳理、总结和概括。在此书第一章中，他专辟一节，对"儿童观在中国文化中的演变及其现代化问题"作了细致的梳理、分析与探讨，并就儿童观的现代化途径给出了学术性的思考与建议，与此同时，在谈到中国近现代的儿童观时，他专门对丰子恺的儿童观进行了解剖。不仅如此，在《儿童文化与儿童教育》一书中，他还专门从文化的角度就新文化运动时期鲁迅的"救救孩子"的呼唤进行了深入分析，在此基础上给出了"如何救救孩子"的建议。③ 王春燕在《中国学前课程百年发展与变革的历史研究》④ 中，对影响中国 20 世纪初学前课

---

① 朱自强：《中国儿童文学与现代化进程》，浙江少年儿童出版社 2000 年版。

② 刘晓东：《儿童教育新论》，江苏教育出版社 1998 年版。

③ 刘晓东：《儿童文化与儿童教育》，教育科学出版社 2006 年版。

④ 王春燕：《中国学前课程百年发展与变革的历史研究》，教育科学出版社 2004 年版。

程发展与变革的原因之一——新文化运动时期的儿童观的变革进行了简明
扼要的分析与概括，并就儿童观的变化对学前课程的变化所产生的影响作
了简要的论述，她认为新的儿童观念的出现是学前课程变革的先导。高岚
在《学前教育学》① 中，对西方儿童观的演变作了简要的梳理与分析，但
论述到新文化运动时期的儿童观时，则一笔带过，没有进行详细的说明。
虞永平在《学前教育学》② 一书中，对儿童观的形态、儿童观的结构、科
学儿童观的内涵和儿童观的演变作了清晰的阐述与说明，为人们加深理解
儿童观提供了更为细微的角度。另外，在《儿童观及其时代性转换》③ 一
书中，姚伟对不同历史时期、不同哲学背景下的儿童观进行了详尽的阐
释，并对儿童观转变的原因作了简要的分析。

（五）研究文献的简要述评

就以上的研究现状而言，笔者认为，目前我国"儿童的发现"的研
究呈现出以下几方面的特点：

第一，在当前我国儿童文学研究领域和儿童教育研究领域，"儿童的
发现"的概念还不是很明确，可谓见仁见智。既没有对"儿童的发现"、
"'儿童'的发现"、"儿童的'发现'"作出较为准确的界定和清晰的说
明，也没有对"儿童的发现"、"'儿童'的发现"、"儿童的'发现'"作
出相应的比较与区分。所以，到目前为止，新文化运动时期的"儿童的
发现"研究还比较模糊，缺乏一个清晰全面的理论解释。笔者在前面进
行概念界定的时候已有解释，这里不再赘述。

第二，目前整体上关于新文化运动时期"儿童的发现"研究的理论
化取向不强，也不够明显，尤其在儿童教育学和儿童文学领域。尽管有一
些著作对"儿童的发现"进行过相关理论探究与建构的尝试，但多数研
究还是一笔带过，没有进行深入的探讨，且大多用一章、一节来展开较为
宽泛的论述，鲜有专题或著作的形式出现来研究这一课题。

第三，"儿童的发现"内容之特点的研究方面显得欠缺和单薄。尽管
新文化运动时期"儿童的发现"的内容（儿童观）已被一些研究者所梳

---

① 高岚：《学前教育学》，广东高等教育出版社2001年版。
② 虞永平：《学前教育学》，苏州大学出版社2001年版。
③ 姚伟：《儿童观及其时代性转换》，东北师范大学出版社2007年版。

理和提炼，但是，"儿童的发现"的内容体现出何种鲜明的特点或时代特色，与传统文化中儿童观相比又有什么本质的区别等，研究者对此并未作深入的分析。而这里，某种程度上又勾连与牵扯到儿童观研究的方法以及方法论问题。

第四，从目前的研究内容和结果来看，多数论者研究五四新文化运动时期的"儿童的发现"，着墨的重点都集中在周氏兄弟（鲁迅与周作人）身上，而对同一时期其他思想家、教育家、心理学家、文学家、艺术家等的儿童言论以及行为的关注还不够，也缺乏深入系统的研究，这给人一种走马观花、蜻蜓点水之感。而从社会进步或文化转型的角度来谈"儿童的发现"的意义方面，基本上仍是空白，由此可见研究视界的不宽与研究领域的相对狭窄等。

第五，"儿童的发现"作为一种历史现象或过程的实质是什么？它为何会走向低落？"儿童的发现"的前后过程对今天的儿童教育研究和实践有何启示？这一历史现象对传统文化中儿童观的改造有何启示？或者说如何评价"儿童的发现"，与这一组问题相关的研究中涉及的也是不多，或者基本上没有得到系统的论述与探讨。

总之，新文化运动时期的"儿童的发现"是一个信息异常丰富的载体，通过对它的解剖能够观察到当时的思想、文化、教育、文学、哲学、民族、国家甚至是中国现代化进程等诸多问题。因此，这仍是一个值得深入研究的历史现象。

四 研究内容

本书基于对新文化运动的理解与把握，在探讨"儿童的发现"勃然兴起的原因的基础上，依据文献相对完整地梳理出"儿童的发现"中有关儿童的具体内容，在此基础上，着重分析"儿童的发现"具体内容所反映的特点，然后归纳出"儿童的发现"的实质。紧接着，借助文献分析与总结"儿童的发现"的历史贡献以及"儿童的发现"的历史局限性。最后阐述"儿童的发现"对现今中国儿童教育研究、儿童教育实践以及传统文化中儿童观的当代转型所具有的启迪意义。在前面梳理、分析与研究的基础上，就中国发起一场新的"儿童的发现"运动作一简单粗浅的构想。

五　研究方法

本研究从时间维度上来看，主要是历时性的，从研究的主要对象来看又涉及观念层面。它是一种历史研究，也是一种观念研究。因而，选择研究视角与研究方法应与这两种研究的特点相适宜，为此，笔者选择历史分析与思辨研究作为本研究的主要分析方法。

对于历史，爱弥儿·涂尔干明智地提醒过人们，"我们不仅有能力更好地理解现在，还有机会重新回顾过去本身，将那些我们很必要予以认识的失误揭示出来，因为继承这些失误的正是我们自己"①。历史分析的方法强调回到具体的历史中去，客观地评价与阐释历史事实与现象，研究它们的发展状况，以获得历史问题的答案。关于历史研究，意大利著名历史学家克罗齐曾说，"不管进入历史的事实有多么悠远，实际上它总是涉及现今需求和形式的历史，那些事实在当前形势下不断震撼"②，他的意思是说，研究历史必须只想当下，对当下的生活有意义，历史研究才有价值。柯林伍德则认为，"史学有史学的义理，既不能用考据本身代替义理，也不能以考据的原材料讲义理，只有通过思想，历史才能从一堆枯燥无生命的原材料中形成一个有血有肉的生命"③。柯林伍德强调历史研究的思想性，历史是思想的生成而不是无用材料的堆积，只有通过思想的连接，历史才能鲜活起来。按照柯林伍德的理解，一切历史都是思想史，历史上也就没有什么纯粹的"事件"，每一历史事件即是一种行为，也表现着行为者的思想。所以，他说，"一切历史研究的对象都必须通过思想来加以说明"④。同样关于历史和历史研究，爱因斯坦曾表明过这样的意见："历史有两种，一种是内部的或者直觉的历史，还有一种是外部的或者文献证明的历史。后者比较客观，但前者更有趣。使用直觉是危险的，但在所有的各种历史工作中却都是必须的。"⑤ 爱因斯坦的话语又告诉我们，

---

①　[法]爱弥儿·涂尔干：《教育思想的演进》，李康译，上海人民出版社 2003 年版，第 21 页。

②　[意]克罗齐：《作为思想和行动的历史》，中国社会科学出版社 2005 年版，第 6 页。

③　[英]柯林伍德：《历史的观念》，商务印书馆 1997 年版，第 26 页。

④　同上书，第 27—28 页。

⑤　《爱因斯坦文集》第一卷，商务印书馆 1976 年版，第 622 页。

历史的研究不仅离不开内部的直觉，也离不开外部的文献。这就提醒我们，将二者统一起来，从而写出以"有文献证明"为基础的"内部的或直觉的历史"应该是可能的。本研究正是坚持三者观点相统一的原则，不仅重视新文化运动时期的"儿童的发现"研究的思想性，使人们在了解历史事实的基础上，进一步明白"儿童的发现"背后的原因，还立足于"儿童的发现"的当下价值，通过研究以使人们加深对当下儿童以及儿童教育观念的进一步理解与认识。

总之，本研究本着历史与逻辑相统一的原则与方法去思考和认识"儿童的发现"产生的背景、成因，结合现有的文献资料，运用历史分析的方法梳理"儿童的发现"的内容，依据具体的历史事实来分析"儿童的发现"的实质以及"儿童的发现"的历史价值，并从历史的实际来分析"儿童的发现"的历史局限性，运用哲学思辨的方式并结合新文化运动时期的思想状况来概括和总结出儿童"发现内容"的特点。最后，以史为主，以史带论，史论结合，并简要阐明新文化运动时期"儿童的发现"的历史研究的多元启示与现实意义。

六　相关问题

（一）研究资料问题

作为一项历史研究，本书尽量采用第一手资料，力求充分挖掘涉及新文化运动中的"儿童的发现"历史中的原初资料。本书所参阅的资料主要有《新青年》、《教育杂志》、《中华教育界》、《教育世界》、《新教育》、《教育通讯》、《儿童教育》、教育史资料汇编等；再有就是各个时期相关人物的日记、信件、回忆录、自传等。在第一手资料的基础上，以第二手资料为补充，如相关人物的全集、选编、传记，等等。

（二）字词行文问题

首先，众所周知，在新文化运动蓬勃发展的时期，也是白话文作为一种新兴文体刚刚兴起的时期，作为一种新兴的文体，白话文的写作在当时还不是十分成熟，与此对应的表现就是，在一些学者和知识分子的文章中，文白相间和夹杂的情况会同时出现，在一些文章中甚至会出现一定的纰漏或存在一些错误的字词等。所以，在涉及原始资料中的错字、别字、古体字或繁体字时，一般依照原本照录，并尽量加以注明，对于在今天看来是明显的别字，笔者保持原貌并在其后的括号里加以改正。而如果原始文章中没有加标点符号的，引用时一般由笔者来依据自己的理解加以相应的补充与完善。

其次，由于生活的时代背景和社会状况与条件不同，作为今人的笔者在研究这样一个关于新文化运动时期的历史课题时，稍不留心，就会有以"前人"就"我"的危险。所以，针对于此，笔者试图超越非此即彼的二元对立思维方式，融入思想发展、文化发展和社会发展多个观察角度，力求客观真实地把新文化运动时期的"儿童的发现"放置在当时的中外历史场景中，从史料中追寻与分析当事人有关儿童以及儿童教育等诸多方面的所思、所想、所感、所求，探明一些具体而又真正有价值的问题，以求真正触摸历史，进入新文化运动中。

再次，在论文中，笔者用的较多的一个词汇是先进知识分子。原因就在于，在笔者看来，面对新文化运动时期中国的特殊现状，先进知识分子体现出了关怀社会进步、关心民族国家命运、关注人民安危的责任担待与悲悯情怀。而这种责任担待与悲悯情怀，是西方学界认定的公共知识分子对社会负责的一种独特精神体现。不仅如此，笔者还认定，中国历史的发展，社会的进步，文化的传承与理论的创新，都离不开知识分子的特殊贡献。由此角度而言，新文化运动时期的先进知识分子的责任担待与悲悯情怀，在一定程度上推动了中国历史的发展，社会的进步，文化的传承与理论的创新。抚今追昔，尽管先进知识分子和他们的行为语言与言说已成历史，但事实上，他们的付出与努力以及理想、诉求也远远超越了历史本身，一直活跃在今天，活跃在笔者的笔下。而这种理想与诉求，也活在真正关心儿童、关心民族国家命运、关注人民安危的每个有良知的知识分子心中。

最后，需要明确交代的是，本书将时间跨度初步限定为1915—1927年。因为，从学界来看，一般以1915年9月陈独秀在上海创办的《青年杂志》作为新文化运动开始的标志。这是因为"《新青年》，世纪性的名刊，划时代的最强音，中国新文化的象征"①，且"文化阶段作为'五四'新文化运动的基本特性，它表现为一系列新观念的探险和精神冲动。

---

① 王中江、范淑娅选编：《新青年》，中州古籍出版社1999年版，第1页。

而这都是通过《新青年》表现出来的"①。不仅如此，"她（《新青年》）
开辟了文化和价值的多元时代，使中国重新分享到了思想多样性的蜜
果"②。正是在这样一个文化和价值多元的时代背景下，以先进知识分子
构成的群体不仅在新文化运动中开展了形式多样与内容丰富的文化活动，
而且还对当时人们的思想以及社会生活产生了深刻与广泛的影响。当然，
这里，用"新文化运动"来代表这个时间段或许会有些粗糙和不确切。
但是，将下限延至到 1927 年是中国近现代思想文化史研究常用的分界点，
如郭湛波于 1934 年所著的《近五十年中国思想史》③、李泽厚于 1987 年
所著的《中国现代思想史论》④、余英时于 1989 年所著的《中国思想传统
的现代诠释》⑤、费正清于 1993 年所编的《剑桥中华民国史》⑥ 等著作一
般都是这样来划分的。另外，作这样的一个时间段划分还在于，北洋军阀
政府与南京国民政府的更替时间虽短，但在一定程度上也极大地冲击了思
想文化的发展，而思想文化发展的内在线索在此间隙发生了剧烈的变化，
开始朝着单一化的方向发展，即辩证唯物主义（马克思主义）的盛行。
且在较长的一段时间内，社会问题成为比文化问题更能吸引思想文化界人
士的注意。当然，考虑到"儿童的发现"出现的背景与论述者思想的历
史连续性以及作为一种历史现象影响的长远性，本书文献材料的选取可能
会超出这个时间段的限定，因此会向前回溯和向后延伸，在此特作说明。
不仅如此，笔者还想说明一点的是，尽管本书的时间段是指向历史的，但
思考却没有离开当代，而是关联着当下的中国现实。

① 同上书，第 3 页。
② 同上书，第 22 页。
③ 郭湛波：《近五十年中国思想史》，上海古籍出版社 2005 年版。
④ 李泽厚：《中国现代思想史论》，东方出版社 1987 年版。
⑤ 余英时：《中国思想传统的现代诠释》，江苏人民出版社 1989 年版。
⑥ 费正清：《剑桥中华民国史》，中国社会科学出版社 1993 年版。

第一章 "儿童的发现"的勃然兴起

在中国历史上，"儿童的发现"即以"儿童为本位"观念的最初形成，是以周作人在新文化运动期间发表的《儿童的文学》一文中所直接提出来的儿童观为标志的，而与他生活在同一时期的鲁迅、叶圣陶、胡适、郭沫若以及稍后的陈鹤琴、凌冰、陶行知等人所提出的儿童观，则是对"儿童本位"观念进一步的补充与完善。那么，由此而引申的问题则是，中国为什么会在新文化运动时期出现一股关注儿童的热潮并由此而形成了新型的"儿童本位"的教育观？故此，本章试图以前面的追问来考察"儿童的发现"的勃然兴起。考察"儿童的发现"的勃然兴起，不仅可以勾勒出"儿童的发现"的历史脉络以及历史的相对完整性，探究作为一种历史文化现象的"儿童的发现"在后来发展变化的根源，同时也可以逐步解决和呈现本书所要研究的一些关键问题。因此，考察"儿童的发现"的勃然兴起便是本书需要解决的第一个重要问题。

马克思曾指出："一切划时代的体系的真正内容都是由于产生这些体系的那个时代的需要而逐步形成起来的。所有这些体系都是由各国的整个发展为基础的，是以阶级关系的历史形成及其政治的、道德的、哲学的以及其他的后果为基础的。"① 徐复观在论述中国人文精神的状况时，也表达过类似的思想。他说："任何思想的形成，总要受某一思想形成时所凭借的历史条件之影响。历史的特殊性，既成为某一思想的特殊性。没有这种特殊性，也或许便没有诱发某一思想的动因，而某一思想也就失其担当某一时代任务的意义。"② 由上可见，任何理论体系、思想或观念，都是特定时代背景在人们心理上的反映，也是人们努力在意识或精神层面对时

---

① 《马克思恩格斯全集》第 3 卷，人民出版社 1974 年版，第 544 页。
② 徐复观：《中国人文精神之阐扬》，中国广播电视出版社 1996 年版，第 229 页。

代所作出的积极回应。同样,"儿童的发现"的兴起、"儿童本位"观念的产生以及以"儿童为本位"的新型的教育观念在中国的初步形成,也不例外,它们也正是在时代发展与社会需要的推动下,以现存的社会历史、思想、文化条件为基础和背景而逐渐酝酿与发展起来的。这主要体现在以下几个方面。

一 民族国家意识的觉醒

漫长的封建专制社会历史和近代中国多舛的命运在一定程度上决定了中国"儿童的发现"的过程是曲折与艰难的。而冲破传统"儿童是小大人"、"儿童是缩小的成人"的传统儿童观和"长尊幼卑"、"父为子纲"之不平等的成人与儿童关系思想的束缚,打破"成人本位"观念对儿童的限制,萌发新的"儿童本位"的儿童观,在勃然兴起的时候,是以民族国家意识的觉醒①为前提和基础的。换句话而言,近代民族国家意识的觉醒为中国"儿童的发现"的勃然兴起提供了最基本的也是潜在的外部条件和现实基础。

"民族国家的理念,发生于欧洲,是当时各族对天主教教廷体制的反动。"② 由此可见,民族国家理念的产生,是一种对外部教权束缚、限制的反动和与其斗争而产生的结果。实际上,民族国家理念在中国发生的情况也不例外,也是与外部环境变化而对中国产生的消极影响、列强对中国的控制以及中国思想启蒙者对外部控制的反抗分不开的。这一点正如许倬云所言:"中国很特别,天下意识出现很早,而且四周没有很大的挑战者,所以从东周起(东周列国时代,几乎有民族国家的走向,但没有走下去),很快就过渡到普世的世界,这一普世规则,就是儒家的思想。因为它没有有形的教堂,所以就和文化结合在一起。中国走向天下意识、文化意识的时间,比其他国家早很久,如果中国没有碰上民族国家的问题,中国跟今天天下一世的观念很容易契合,但在十八、十九、二十这两个半

---

① 本书运用"民族国家意识的觉醒"这一论题来概括和分析"儿童的发现"兴起的因素,实则是综合了学者梁启超、金耀基、许倬云、刘再复、列文森等中外学人对近代中国认识的基础上而推演出来的,这里略作交代。

② 许倬云:《万古江河——中国历史文化的转折与开展》,上海文艺出版社 2007 年版,第 316 页。

世纪里，我们一步一步地把民族国家意识接收过来了。本来普世的天下，变成有限的国家社群。"① 实际上在此之前的 1901 年，梁启超在论述中国历史的时候，首次就提出了"中国民族"的概念，并把中国史划分为"中国的中国"、"亚洲的中国"以及"世界的中国"三段。"第一段为上世史，自黄帝以迄秦之统一，是为中国之中国，即中国民族自发达、自竞争走向团结之时代；第二段为中世史，自秦一统至清代乾隆之末年，是为亚洲之中国，即中国民族与亚洲各民族交涉频繁竞争最烈之时代；第三段为近世史，自乾隆末年以至于今日，是为世界之中国，即中国民族合同全亚洲民族，与西人交涉竞争之时代。"② 由以上许倬云和梁启超二人关于中国民族国家思想的论述可以判断，在清朝以前，确切地说，在乾隆以前，"民族国家"的意识在中国还是阙如的。当时中国的统治者还认为，围绕在中国边界的各邦依然是需要向天朝上国纳贡交税的蛮夷。因此，"虽然中国已是亚洲之中国，中国人自我投射的身份意识，却停滞在'中国之中国'的境界。自我认同的身份与实际扮演的角色，其实已经脱节"③。由此可见，在与亚洲其他各国交流来往时，中国还没有充分意识到自己是作为一个民族国家的实体与其他民族国家处在生存与竞争的环境中。如果我们把这一时期的中国比作一位儿童的话，那么"中国"这个儿童还处在儿童心理学上描述的"自我中心"阶段。中国还处在一种主体和客体没有分化的现象。而这种现象的改变，只是到了近世时代，中国才真正意识到天下并非全部都是自己的，发现天下还有其他国家的存在。

从历史发展的实际过程来看，中国这种天下意识的转变即中国"民族国家"意识观念的产生是一个渐进深化的过程。鸦片战争，尤其是在甲午中日战争以后，中国的民族国家意识一下子就觉醒并高涨起来了。原因就在于，甲午中日战争，"中国不是被西方'列强'所打败，而是被我们向来并不放在眼里的'蕞尔'小国——日本所打败，这是民族极大的屈辱"④。这种因被日本战败以及随后的签战败条约、割地、赔款等一系列丧权辱国的事实而产生的屈辱感，一时间，导致了爱国人士民族国家意识的喷涌而出。他们的一些诗文当中充分体现出了这一点。例如，近代爱

---

① 许倬云：《风雨江山》，天下文化公司出版公司 1991 年版，第 151 页。
② 梁启超：《饮冰室文集点校》，云南教育出版社 2001 年版，第 1620—1627 页。
③ 许倬云：《风雨江山》，天下文化公司出版公司 1991 年版，第 151 页。
④ 刘再复、林岗：《传统与中国人》，安徽文艺出版社 1999 年版，第 8 页。

国诗人黄遵宪的《悲平壤》、《哀旅顺》、《哭威海》、《度辽将军歌》和陈玉树的《甲午乙未感事诗二十八章》等,都表达出了他们强烈的民族国家的意识与情怀。除去诗人的一些诗文外,康有为、梁启超等领导的渴望国家通过变革实现富强的"公车上书"也是民族国家意识觉醒后爱国激情的充分体现。这一点,正如美国学者列文森所表述的那样,即"到了十九世纪和二十世纪之交,在许多中国人看来,中国正在失去作为一种文化荣耀的'天下'之头衔,他们极力主张放弃那种毫无希望的要求,通过变革文化价值来增强政治努力,并从作为'天下'的中国的失败中取得作为'国'的中国的胜利"①。

中国近代的思想先驱们,因战争而引发的民族耻辱感、危机感,以及在"知耻而后勇"的文化精神砥砺下,开始了对中国战败的深刻反省与探寻。通过反省与探寻他们意识到:中国仅仅是一个大国而已,与西方列强和近邻日本比较起来,中国不是一个强国,而是一个弱国。在此基础上,他们又进一步努力探寻中国弱势的真正原因所在。在这一点上,梁启超的贡献在当时是无人可比的。通过将中国的实际与西方列强以及同日本等国的实际进行比较,他给出了颇有见地的思索与探究结果,在《中国积弱溯源论》中,他写道,"爱国心薄弱,实为积弱之最大根源"②,在此基础上,他认为导致国人"爱国心薄弱"的三方面原因:"一曰不知国家与天下之差别也";"二曰不知国家与朝廷之界限也";"三曰不知国家与国民之关也"。③ 在此分析的基础上,他认为,这三者"实为中国弊端之端、病源之源"④。从中我们可以看出,梁启超在此划清了"国家与天下的界限、国家与朝廷的界限、国家与国民的关系"三项重大的范畴界限与关系,这充分说明了民族国家意识已经作为一种成熟的意识开始登上中国的历史舞台,而这是以中国与列强交锋后中国的失败结局为其前提和基础的。这在一定程度上印证了社会存在决定社会意识的道理。

然而,尤为引人注目的是,在梁启超关于国家与国民关系的思想中,他极其鲜明地确认了国民是国家的主体,并把国民放在国家系统的核心位

---

① 〔美〕列文森:《儒教中国及其现代命运》,郑大华译,中国社会科学出版社2000年版,第84页。

② 梁启超:《饮冰室文集点校》,云南教育出版社2001年版,第671页。

③ 同上书,第671—672页。

④ 同上书,第672页。

置上。由此我们就不难看出，梁启超以及当时的思想启蒙者在后来所极力鼓吹的"鼓民力"、"开民智"、"新民德"、"兴民权"等口号以及要求改变"治人者有权而受治者无权"状况的时代强音，是挽救国家危亡，寻求强国之道的充分体现。而要挽救国家危亡，寻求强国之道，关键还在于国民，在于"新民"。所以，梁启超在《新民说》中明确指出，"新民"乃是中国更新的"第一急务"，唯有新民才有"新政府"与"新国家"。而之所以要"新民"，则在于梁启超认为，中国人由于缺乏爱国心、独立心、公德心、自治力等"人道必不可缺之德"①，因而人是非人，国是非国。这里，可以看出，梁启超已经认识到，现代化的基本条件之一，在于人的思想观念的现代化。而所有这一切都离不开民族国家意识的充分觉醒。

由此可见，从民族国家意识的觉醒到把国民放在国家系统的核心位置上以及提出"新民"的构想，再到"少年中国说"的提倡，古老的封建专制思想观念已经开始发生了动摇，儿童在思想启蒙者的努力探寻下即将呼之欲出。而这无疑是"儿童的发现"勃然兴起的不可缺少的一步。由此也就不难发现，人们对儿童问题的关注，或者说，"儿童的发现"的勃然兴起是与思想启蒙者们探寻中国的失败而密切联系在一起的，也是伴随着西方列强与日本的入侵给中国带来深重的灾难后果等紧密地联系在一起的。可以说，思想启蒙者在讨论儿童问题的初始是伴随着强烈的爱国主义情怀和激昂的民族主义情感的。实际上，这也是时代情绪和精神的一种反映。这里，如果把"儿童的发现"作为一种思想现象来加以对待的话，我们就不难理解伍启元先生在《中国新文化运动概观》里对当时中国思想现状所明确概括的一句话了。他说："'多难兴邦'虽未必是金玉良言，但至少国家的多难，社会的转变，其有益于思想的发展实是不少。"② 至此，我们也在反思与遥想，历史是否通过这样一种比较残酷而又略带悲情的方式在含蓄委婉地告诉时人和后来者："儿童的发现"在中国的初步形成也绝非是一帆风顺的事情。中间也必然伴随着某种看不见但可以深刻感受到的苦难？

① 梁启超：《饮冰室文集点校》，云南教育出版社 2001 年版，第 703 页。
② 伍启元：《中国新文化运动概观》，黄山书社 2008 年版，第 24 页。

二 已有历史的传承与延续

新文化运动中，"儿童的发现"的初步形成毫无疑问是时代发展的需要，因而不可避免地带有时代的特点。但是，作为新文化运动本身的一部分，它的发生发展，绝非是突如其来的，同时也绝非某位先进思想分子的一时突发奇想或是即兴之作，而是有其发展变化的过程。这正如恩格斯在论述意识形态产生时所指出的那样，他说："任何意识形态一经产生，就同现有的观念材料结合而发展起来，并对这些作进一步的加工。"① 同样，新文化运动时期"儿童的发现"的某些思想也借助了晚清以来维新派的相关儿童见解，它是对前代思想启蒙者的儿童思想的进一步强化，也是对戊戌以来儿童思想的一切合理因素和优秀成果的继承和发扬。从历史的发展的实际进程来看，戊戌变法、"五四新文化"等运动之间存在着一定的传承关系。这种传承，我们可以从"儿童的发现"思想的演变轨迹上来进行初步的把握。

审视近代"儿童的发现"思想演变的轨迹，不难发现，新文化运动时期的"儿童的发现"是对戊戌以来社会中儿童思想的强化和发展。一般而言，"儿童的发现"的勃然兴起，或者说是萌芽，是从梁启超的"少年中国说"开始的。这一点我们可以从梁启超的思想变化中找到相应的历史轨迹。如前所述，民族国家意识的觉醒导致了"新民"、"新国家"等思想的产生，而要建成"新国家"，其主体"新民"则是必不可少的内在条件，与此同时，还要实现对国民的改造，即实现人的观念的现代化。而这，其实都是源于救亡图存的时代需要。同样，在变法维新、富国强民、呼吁新国民的时候，以梁启超为代表的思想启蒙者们就特别强调"强国"、"强种"的需要。"强种"方面，儿童作为新生的国民无疑自然而然地落入到了他们的视线中。于是，他们对寄托着国家未来之希望的"少年"——新国民报以了极大的热情与欢呼。不仅如此，他们已经深刻意识到，在华夏民族闭关之世已经被打破、中国寻求富强和独立、实现"新民"的首要途径，是将儿童从传统的"三纲五常"与"父为子纲"的封建伦理道德的束缚中解放出来。对他们而言，这在当时已经是迫在眉

---

① 《马克思恩格斯全集》第 4 卷，人民出版社 1972 年版，第 250 页。

睫和再也不能等待的事情。

于是，在中国近代历史上，思想启蒙者首先对束缚儿童的传统礼教展开了激烈的攻击与批判，他们的攻击与批判是从给儿童带来危害的"三纲五常"这一方面着手的。例如，在谭嗣同看来，"以名为教，则其教已为实之宾，而决非实也。又况名者，由人创造，上以制其下而不能不奉之，则数千年来，三纲五伦之惨祸烈毒由是酷焉亦。君以名桎臣，官以名轭民，父以名压子，夫以名困妻，兄弟朋友各挟一名相抗拒，而仁尚有少存焉者得乎……三纲之慑人，足以破其胆，而杀其灵魂。"① 在这种纲常伦理的严密控制与笼罩之下，个人所享有的基本权利都被以"名"的名义而无情地被剥夺干净了，而被剥夺者却不自知，而对于年幼的儿童，从小生长在这样的环境中，耳闻目睹，熏陶渐染，自然也就成了"名"的受害者与牺牲品。毫无疑问，这对于"建设新国民"非但是不利有害的，而且对儿童还是一种严重的束缚。因此，谭嗣同高呼，必须要"冲决伦常之网罗"，给予人或儿童以最基本的权利。不仅如此，在《卢梭学案》中，梁启超在对卢梭的"民约论"和天赋人权作了一番明澈的分析与比较后认为，在中国，儿子（儿童）也是人，他有作为人享有的自由权利，作为父亲是没有权利也没有资格剥夺儿子所享有的自由权利。"彼儿子亦人也，生而有自由权，而此权，当躬自左右之，非为人父者所能强夺也。"② 在此基础上，他还对父亲强行代替儿子行使权利的行为给予了无情的解构与批判。认为父亲的这种做法不但违背了"天地公道"，而且是文明的世界所不能容忍的。"是故儿子当婴孩子不能自存之时，为父者虽可以代彼约束各事，以助其生长，曾其福利，若夫代子立约，举其身命而与诸人，使不得复有所变更，此背天地之公道，越为父之权限，文明之世所不容也。"③ 在批判父亲越俎代庖的行为以及连带着否定背后的思想观念后，梁启超还通过对少年与老年各自的特点的对比分析，认为少年在各方面都优于老年，胜于老年，未来的中国是属于少年的。从他对老年人所持有的贬抑与否定的态度中，从他对少年热情洋溢的讴歌与赞美中，我们可以鲜明深刻地感受到这一点。"老年人常思既往，少年人常思将来；老

---

① 加润国选注：《仁学——谭嗣同集》，辽宁人民出版社 1994 年版，第 17—72 页。
② 梁启超：《饮冰室文集点校》，云南教育出版社 2001 年版，第 385 页。
③ 同上。

年人如夕照，少年人如朝阳；老年人如瘠牛，少年人如乳虎；老年人如僧，少年人如侠……"① 是故，民族的希望，国家的未来全都维系在少年的身上。"故今日之责任，不在他人，而全在我少年。少年智则国智，少年富则国富。少年强则国强，少年独立则国独立，少年自由则国自由，少年进步则国进步，少年胜于欧洲，则国胜于欧洲，少午雄于地球，则国雄于地球。"② 此言一出，在当时就是一种宣言，一种昭示，一面旗帜，这些包含着激情、兴奋、梦想、热望的思想与推崇少年的强烈情感出现在渴望变革的时代，真的如同"红日初升"，自然地就鼓舞了那些关注国家与民族命运的社会各界人士。正如梁启超在后来所言："有《少年中国说》……激民气之暗潮。"③ 由批判传统礼教对人、儿子的束缚、折磨，到批判父亲作为长者对于儿子的控制、压迫，再到批判老年人的朽气、无望，最后到讴歌充满希望、如同"红日"、"河流"、"潜龙"、"乳虎"、"鹰隼"、"奇花"的少年，儿童渐渐地从封建纲常礼教的遮蔽中显现出来，被发现出来。不仅如此，在民族国家意识觉醒的前提下，儿童作为未来新国民的价值也逐渐浮出水面，儿童对于未来民族国家的重要性开始逐步进入思想启蒙者的视野。这里，我们可以援引蒙台梭利关于"儿童能动性"的一些言论，来表达儿童对于人类而言的重要性，尽管蒙台梭利主要是从儿童的立场出发，与谭嗣同、梁启超等人所秉持的儿童立场还有某种本质的区别。但这对我们理解梁启超等人关于儿童探索方面具有的价值是有启示意义的。蒙台梭利说："儿童的真正的建设性能力，即能动性，几千年来一直被忽视。就像人类一直在地球上生息耕作却没有注意到在地球深处埋藏着巨大的宝藏一样，我们今天的人们在文明生活中取得了一个又一个成就却没有注意到埋藏在幼儿精神世界中的宝藏……今天我们已开始认识到这些未经采撷的果实的价值。它们比金子更珍贵，因为它们是人类本身的精神。"④ 儿童的价值、儿童的重要性，尽管被附着在民族国家这个厚重的载体上，承载了思想启蒙者诸多的政治梦想与祈求，但一

① 梁启超：《饮冰室文集点校》，云南教育出版社 2001 年版，第 697 页。

② 同上书，第 700 页。

③ 梁启超：《本馆第一百册祝辞并论报馆之责任及本馆之经历》，《清议报》第 100 册，1901 年。

④ 蒙台梭利：《蒙台梭利幼儿教育科学方法》，任代文译校，人民教育出版社 2006 年版，第 336—337 页。

经被思想的启蒙者所深刻认识到，经过他们的宣扬，就会转变为相应的社会思潮，通过各种各样的方式被表达出来，展现出来。循着历史的演进，我们可以看到"少年乃为国宝"的思想言论在 1901 年的《杭州白话报》就被突出的表达了出来。与此类似，蔡元培先生主办的《童子世界》（1903 年）在其创刊号上就开门见山地对儿童的责任予以了明确的表述，他们认为，挽救国家的"责任尽在吾童子"①。

建设"新民"的途径，除了对传统礼教对儿童的压制进行批判，认识到儿童对于民族国家的价值外，还在于如何教育儿童，以保证他们能够成为未来的新国民。这方面，可以通过当时思想启蒙者们创办的教育杂志、报纸和提供给儿童精神食粮的一些儿童读物等方面得到证实。例如，在儿童教育方面，创刊于 1901 年的《杭州白话报》和《教育世界》，1902 年的《新民丛报》，1903 年的《中国白话报》，1905 年的《教育杂志》等刊物，都曾经刊登过儿童教育的理论文章。如 1902 年刊登在《杭州白话报》上黄海锋郎的《儿童教育》一文，对儿童教育的重要性作了明确的论述。不仅如此，在此文中，他还进一步论证了儿童教育改革的必要性、可能性与具体内容。此外，1905 年《教育杂志》上刊登的《论提倡女学之宗旨》一文，明确指出了"儿童教育之入手，必以母教为基"。②由此充分说明了母亲对与儿童教育的重要性。

在服务于儿童精神食粮方面，梁启超在 1898 年撰写《译印政治小说序》中曾强调："'小说为国民之魂'，认为小说也应成为儿童的精神食粮。不仅如此，他还身体力行，亲自重新翻译了凡尔纳的科学小说《十五小豪杰》，并刊登在《新小说》上……此外，梁启超还以'饮冰'的笔名译述了'科学哲理小说《世界末日记》'。"③ 这些小说的翻译，就像一股清新强劲的春风，冲破了封建文化的囹圄，打破了"道学"的缺口，吹拂和浇灌了多少渴望新思想以及新精神的年轻心田，从而使得清末的少年儿童开始领略了西方文学的魅力。这一点，周作人后来曾深情地回忆过："我在南京的时候所受到的文学的影响，也就是梁任公的《新小说》里所载的那些，主要是焦尔士威奴的科学小说，以及法国雨果——当时因

---

① 胡从经：《晚清儿童文学钩沉》，少年儿童出版社 1982 年版，第 116 页。
② 吕兰清：《论提倡女学之宗旨》，《教育杂志》1905 年第 3 期。
③ 胡从经：《晚清儿童文学钩沉》，少年儿童出版社 1982 年版，第 9 页。

为用英文读法称为嚣俄的名字，此外则是林琴南所翻译的哈葛德等。"①

除了小说之外，在当时为儿童提供精神食粮的还有三份儿童报纸。这是人们研究晚清"儿童的发现"勃然兴起时鲜有考虑的一部分内容。它们分别是 1875 年创刊的《小孩月报》。光绪元年（1875）四月，《小孩月报》在上海创刊，由美国长老会传教士范约翰主编，清心书馆出版。月刊，内容有诗歌、故事、名人传记、博物、科学等。文字浅显易懂，插图均为雕刻、铜版尤为精美。是为中国最早的近代儿童画报。1915 年停刊。② 1903 年创刊的《童子世界》。1902 年 11 月，蔡元培、章太炎等在上海发起建立爱国学社。过了数月，爱国学社鉴于当时孩子们几乎无报刊可看，遂决定筹办一份综合性少儿刊物。翌年 4 月 6 日，《童子世界》创刊，它明确以"呕吾心血养成童子之自爱爱国之精神"为宗旨。③ 1912 年广州创刊的《少年报》④，同样，这些报纸的出刊，尽管维持和存在的时间比较短暂，但它们在当时确实丰富了少年儿童的精神世界，拓宽了孩子们的生活世界。而更为重要的是，它们传达与宣传了新的儿童认识，将儿童抬高到了一个重要的位置。

历史发展到辛亥革命时期，值得一提的是周作人，在日本留学期间（1906—1911），周作人就已经开始了对儿童的关注，曾如他所说："我在东京时得到高岛平三郎编的《歌咏儿童的文学》及所著《儿童研究》，才对于这（儿童学）方面感到兴趣。其时儿童学在日本也刚开始发展，斯丹赫尔博士在西洋为斯学之祖师，所以后来参考的书多是英文的，塞莱的《幼儿时期之研究》虽已经是故旧的书，我却很是珍重，至今还时常想起。"⑤ 接着，从日本留学归国的周作人，后在浙江省立第五中学谋得教师一职，在抱着"总得做点事"想法的驱使下，他主动办起了《绍兴教育会月刊》，并坚持在课余为该刊写稿。这期间，他相继写了《遗传与教育》、《童话略论》、《故童话释义》、《儿童问题之初解》、《儿歌之研究》及《玩具研究》等与儿童教育相关的论文。不仅如此，他还翻译了日本新井道太郎的《小儿争斗之研究》和介绍了日本学者黑田朋信的《游戏

---

① 周作人：《知堂回想录》（上卷），安徽教育出版社 2008 年版，第 137 页。

② http://baike.baidu.com/view/1164571.htm.

③ http://www.xici.net/b733450/d47702481.htm.

④ 《现代儿童报纸史料》，少年儿童出版社 1986 年版，第 204 页。

⑤ 周作人：《知堂回想录》（下卷），安徽教育出版社 2000 年版，第 475 页。

与教育》。周作人关于儿童的介绍与研究在当时来说贯穿着尊重儿童之独立个性以及顺应自然本性发展的思想。这是在新文化运动之前"儿童的发现"思想水准达到的最高度。

由上,我们可以说,通过晚清辛亥革命时期的报刊杂志等,寄托着思想启蒙者们梦想的儿童开始受到了特别的重视,"儿童"一词终于在中国的历史上开始拥有了未曾有过的较为具体的含义,尽管这种重视和具体的含义中还带有强烈的民族国家之意识,带有保种强国的政治目的。而当历史进入"五四新文化运动"时期,以周作人、鲁迅、胡适、叶圣陶等为代表的先进知识分子,高举"民主"与"科学"的两面大旗,借助文学革命运动,白话文的提倡,以前所未有的姿态,满怀豪情,深刻而又全面地揭露和批判封建专制主义的儿童观和"三纲五常"等附加在儿童身上的种种清规戒律以及道德规范,并以讨论儿童解放为契机,对种种的儿童问题,进行了广泛的讨论与深刻的论述,最终确认了"儿童是人"、"儿童是儿童"的现代儿童观,从而将"儿童的发现"推向了历史的高潮,并在中国的历史上初步发现了儿童,形成了以"儿童为本位"的新型教育观。

由上面的叙述可以看出,新文化运动时期的先进知识分子和晚清的思想启蒙者们在思考儿童和对待儿童问题上的态度与情感是基本一致的,也是一脉相承的。当然,实事求是地说,新文化运动时期的"儿童的发现",它是对戊戌时期,辛亥革命时期"儿童的发现"的继承和发展,从中国追求现代化的过程来看,这也是一种必然的结果。而这也是理解新文化运动之前的"儿童的发现"所应该注意的重要历史事实。

三 西方学说的东渐与影响

考察新文化运动时期"儿童的发现"的历史发展过程,我们显然无法忽视当时西学东渐、东西方文化剧烈碰撞、相互交织的这样一个巨大的社会文化现实背景,尽管在这一巨大的历史变动背景中,中国文化在与西方文化交往的过程中处于被动的地位,觉醒的先进知识分子比较无奈且充满着辛酸与耻辱的心态。这不仅仅是因为这种文化现实最直接地构成了中国"儿童的发现"的拓荒者们从事"儿童的发现"工作的具体文化背景,而且还因为这一背景在相当大的程度上决定了当时"儿童的发现"中具体的儿童内容所具有的时代内涵、特性和基本的理论概貌。这正如法国思想家埃德加·莫兰所言的那样，"观念，或者更广泛地讲，各种精神事物，作为认识的产物和工具，是在一定的社会文化条件下从人的头脑中产生的，社会文化条件决定着观念的性质和形式。"① 因此，循着这一背景所提供的思想脉络，我们将有可能从多个极其重要的方面去寻求和认识早期"儿童的发现"的思想渊源、学术特征和时代特色，进而更科学地厘清和把握中国儿童观的转型、现代儿童观的发展、初步形成轨迹甚至是内在的某种特殊规律。

中西文化的交流源远流长，但真正进入到有实质性思想交流的直接对话，却是伴随着颇具规模的中西文化交流，在明清之际才发生的。"事实上，第一批耶稣教会传教士正是在这一时期进入中国，并与中国最有文化修养的阶层建立了联系。这样一来，欧亚大陆那基本上是独立发展起来的两种社会，在历史上首次开始了真正的交流。"② 如果再联系到前面民族国家意识的初步觉醒就可以发现，二者的产生基本上是在同一时间内的。然而，这种具有实质性的中西文化交流，到18世纪初，被人为地打断了。③ 尽管如此，被迫中断了的中西文化交流随着历史的发展又重新被延续了起来。1840年，鸦片战争的爆发以及中国在战争中的失败，使得中国的大门被迫打开，中国的文化发展、中华民族的发展面临着"数千年未有之变局"，处在亘古未有的大变化甚至大激荡中。于是，随着时间的推移和中国学习西方的不断深入，西方的各种思想学说沿着由技术层面到政治制度层面再到文化层面而源源不断地被输入到了中国，并在五四前后达到了空前繁荣的局面。实际上，新文化运动中的启蒙者与先进的知识分子们大都承受过这一过程所带来的洗礼与恩泽。其中，近代西方人权理论、进化论思想、生命哲学、人类学、儿童心理学、儿童学、儿童文学、儿童教育学等学说的输入，对"儿童的发现"者们产生了深刻而强烈的影响。他们也正是以上述的诸多学说作为思想、方法武器与参照系统，对

---

① ［法］埃德加·莫兰：《方法：思想观念》，北京大学出版社2002年版，第111页。
② ［法］谢和耐：《中国与基督教——中西文化首次撞击》，耿升译，上海古籍出版社2003年版，第1页。
③ 关于打破的原因，可以参考黄见德先生所著的《西方哲学东渐史》上卷，他在"平等对话以及中西文化交流被人为地打断"一节中对此作了详细的分析与解释，这里笔者就不再加以分析和引述。

中国封建社会中与儿童有关联的主流思想、文化观念进行了较为全面深入的审视、比较与分析，在此基础上，他们对压制与忽视儿童的"父为子纲"的家族观念、"祖先崇拜"的传统伦理观念、"长尊幼卑"的家庭道德观念、实用功利的儿童教育观念以及儿童是"缩小的成人"、"小大人"等封建社会中陈旧、落后的儿童观念展开了猛烈的抨击与批判。正是在借鉴、反思和深入批判的基础上，他们把儿童从传统的旧文化、旧习俗、旧道德、旧教育中解救了出来，发现了出来。而在此一复杂变化的过程中，他们也庄严神圣地肯定了儿童的生命尊严，凸显了童年的价值，重新厘定与补充了儿童的社会地位与儿童之于民族国家的重要内涵与价值，建构出了"儿童是人，儿童是儿童"的现代儿童观念和提出了以"儿童为本位"的现代儿童教育观念。下面就西方学说的输入对"儿童的发现"所产生的影响作一具体的分析与阐释。

（一）人权学说的输入与影响

人权学说形成于近代西方社会，是在欧洲文艺复兴时产生的，在当时主要表现为传统社会的对立物，至17—18世纪发展成了较为系统的人权理论。人权学说的核心观念是人人生而平等，人的生命、自由、财产和安全等权利都是与生俱来的；个人有追求幸福的权利，而且这种权利是不可剥夺的，也是不能让渡的；在人民与国家主权的关系上，主权归于人民，主权是不容分割，也是不能转让的。

这一理论在戊戌前后传入中国，其明晰的个人权利思想与主权观念开始被渴望民族独立、国家富强的早期的思想启蒙者所接受，并被他们用作批判"三纲五常"的思想理论来源，例如前面我们所提到的梁启超的《卢梭学案》就是其中鲜明的一例。到了20世纪初年，"欧西巨子之学说"，开始"滔滔焉渡重洋，竞灌输吾国同胞之意识界"[1]，于是乎，孟德斯鸠的《法意》，斯宾塞的《群学肄言》，约翰穆勒的《自由原理》等西方近代重要的人权理论著作和法国的《人权宣言》以及美国的《独立宣言》等先后被翻译成了中文，并在国内得到了较为迅速广泛的传播，在此情境下，人权学说被渴望改变国家民族命运的先进知识分子所认同和接纳，随着他们的宣传与推广，从而逐渐演变成了社会文化思潮的一部分。

---

[1] 张静庐辑：《中国现代出版史料甲编》，中华书局1954年版，第389页。

一时间,"人人皆醉心于自由、平等、天赋人权之说,各以卢梭、福禄特尔、华盛顿、丹顿、罗伯斯比诸伟人相期许"①。客观而言,人权学说对中国当时社会产生的作用与影响是多重的,但其最直接的作用正如冯自由所表述的那样,在于其"促进吾国青年之民权思想,厥功甚伟"②。毫无疑问,受人权思想影响的启蒙者,自然地拿起了"人权"这一尖锐的武器来抨击那些传统的束缚与压制人的封建专制礼教,以此来倡导个性的解放。这一点,正如辛亥革命人士邹容在其著作《革命军》一书中所言:"人人当知平等自由之大义,杀尽专制我之君主,以复我天赋之人权,以立于性天智日之下,以与我同胞熙熙攘攘,游幸于平等自由城郭之中。"③由此可见,思想启蒙者对平等自由的渴望在当时的历史背景中是何等的兴奋与强烈。

人权学说的传播在新文化运动中达到了空前的高潮。1915年9月,陈独秀在《新青年》上发表了《敬告青年》一文,在此文中,他明确指出"人权与科学若舟车之有两轮"④,并认为"人权说"是近代文明的特征之一。在逐渐认识到人权对于个人发展重要性的基础上,这一时期的知识分子认为:"国人欲脱蒙昧时代,羞为浅化之民也,则急起直追,当以科学与人权并重。"⑤ 所以,胡适提倡"易卜生主义",认为要发展个性,"必须使个人有自由意志,必须使个人担干系,负责人"⑥。而李大钊强调"自由"与"博爱",认为"自由为人类生存必需之要求,无自由则无生存价值"⑦,"博爱的生活,是无差别的生活,是平等的生活,在'爱'的水平线上,人人都立于平等的地位,没有阶级悬异的关系……自由平等的生活,都是以爱为基础的生活"⑧。由此可见,在新文化运动中,人权学说中的自由、平等、博爱等核心思想与价值观念已经开始深入到了先进知识分子的思想中,成为他们评判国家、个人的价值观念。也正基于此,他们对压抑和摧残儿童个性发展的封建专制主义和礼教以及传统的封建专

---

① 冯自由:《中华民国开国前革命史》(上卷),良友图书印刷公司1930年版,第46页。
② 冯自由:《中国近代出版史料二编》,中华书局1957年版,第283页。
③ 邹容:《革命军》,华夏出版社2002年版,第37—38页。
④ 陈独秀:《独秀文存》,安徽人民出版社1987年版,第9页。
⑤ 张静庐辑:《中国现代出版史料甲编》,中华书局1954年版,第389页。
⑥ 胡适:《易卜生主义》,《新青年》1918年第4卷第6号。
⑦ 李大钊:《李大钊文集(上)》,人民文学出版社1984年版,第244页。
⑧ 同上书,第96页。

制主义教育展开了史无前例的抨击与鞭挞，旗帜鲜明地张扬儿童的个性，认为"他（儿童）仍是完全的个人，有他自己内外两面的生活……他们内面的生活与大人不同，我们应当客观地理解他们，并加以相当的尊重"①。与此相应，打破"长尊幼卑"的意识，推崇儿童独立的人格，也就成为了新文化运动时期"儿童的发现"的主要内容之一。

近代西方的人权学说，尽管"这个理想的王国不过是资产阶级的理想化的王国……被宣布为最主要的人权之一的是资产阶级的所有权"②，尽管知识分子们还缺乏对人权学说展开理性的批判与合理的吸纳，然而，它对于新文化运动时期"儿童的发现"中的先进知识分子而言，确实为"儿童的发现"提供了最有力的思想武器。时至今日，这一锐利的思想武器依然不失其色，还被那些倾情于"自由"、"平等"、"博爱"的知识分子或学者加以直接的运用或借鉴。由此也足以见得人权学说体现出了较强的超越性、普世性和顽强的生命力。

（二）进化论思想的输入与影响

进化论是生物学最基本的理论之一。英国生物学家和生物进化论的奠基者达尔文在1859年出版了巨著《物种起源》，在此书中，他提出了生物进化的自然选择学说。该学说的主要观点是：群体中的个体具有性状差异，这些个体对其所处的环境具有不同的适应性；由于空间和食物有限，个体间存在生存竞争，结果，具有有利性状的个体得以生存并通过繁殖传递给后代，具有不利性状的个体会逐渐被淘汰；由于自然选择的长期作用，分布在不同地区的同一物种就可能出现性状分歧和导致新物种的形成。

1840年鸦片战争以后，中国逐渐沦为半殖民地半封建国家。很多爱国志士都热心学习和介绍西方的社会科学和自然科学，借此希望达到救亡图存、富国强兵的目的，尤其甲午中日战争中国被日本战败后，爱国志士渴望改变的热情空前高涨。正是在这样的前提和背景下，进化论的思想逐渐进入了中国的历史。尽管《物种起源》在世界历史上比《天演论》③

① 周作人：《儿童的文学》，《新青年》1920年第8卷第4号。
② 《马克思恩格斯全集》第3卷，人民出版社1972年版，第57页。
③ 《天演论》的原名是《进化论与伦理学》，1894年由达尔文的好友赫胥黎在英国出版。翻译到中国的时候，严复结合自己的所思所想给其命名为《天演论》。

最先问世，但在当时的中国，由于种种原因的限制与影响，生物进化的主要思想却是首先随着《天演论》的翻译而被传入中国的。而《物种起源》一书直到1902年才由马君武翻译到中国，最先发表在《新民从报》上。

1898年《天演论》一书被严复翻译和介绍到了中国。《天演论》表达了这样的基本观点：自然界的生物不是万古不变，而是不断进化的；进化的原因在于"物竞天择"，"物竞"就是生存竞争，"天择"就是自然选择；这一原理同样适用于人类，不过人类文明愈发展，适于生存的人们就愈是那些伦理上最优秀的人。该书一经问世就深入人心，产生了巨大的社会反响。首先是"自1898年以后，在短短的十多年中，《天演论》就发行过三十多种不同的版本，这是当时任何其他西学书籍都不可比拟的"①。而它对于个人的影响，从下面的几个例子中可见一斑。胡适曾回忆说："我的思想受两个人的影响最大：一个是赫胥黎，一个是杜威先生。赫胥黎教我怎样怀疑，教我不相信一切没有充分证据的东西……数年之间，许多进化名词在当时的报章杂志的文字上，就成了口头禅。无数的人，都采来做自己和儿辈的名号，由是提醒他们国家与个人的生存竞争中消灭的祸害。"② 鲁迅也深受进化论思想的影响，许寿裳在回忆鲁迅的时候，曾不无感慨地说："谈到《天演论》，鲁迅有好几篇能够背诵。"③ 与鲁迅类似，周作人在南京水师学堂求学期间，第一次接触到《天演论》时，也是欣喜异常，废寝忘食的读了起来。这从他当时所记的日记中可以明确感受这一点。"晚大哥忽至，携来赫胥黎《天演论》一本，译笔甚好。也同读《苏报等》，至12点钟始睡。第二天又看《天演论》二篇。"④ 有关《天演论》受到青年学子和思想启蒙者们热烈欢迎的例子很多，这里不必详细列举。但毫无疑问的是，天演论中所蕴涵的进化论思想，对当时中国青年学人头脑中的道统观念、仕途观念给予了有力的冲击，使得他们在思维方式、历史观、人生观、价值观等方面发生了重大变化。更为重要和具体的是，它的出现，彻底打破了封建统治阶级"天不变，道亦不变"的谎言。而"物竞天择，适者生存"则深深地影响了封建社会改良派、资产阶级和无产阶级革命家，对反帝反封建运动起到了巨

---

① http：//baike. baidu. com/view/52618. htm？ fr = ala0.

② 胡适：《胡适自传》，黄山书社1992年版，第90页。

③ 许寿裳：《亡友鲁迅印象记》，人民文学出版社1953年版，第81页。

④ 钱理群：《周作人传》，北京十月文艺出版社1990年版，第86页。

大的促进作用。

然而，从"儿童的发现"的角度来看，《天演论》中的进化思想所起的作用也是非凡与无与伦比的。进化论学说不仅是他们反对"祖先崇拜"、"长尊幼卑"与推崇"子孙崇拜"的理论依据，也是儿童研究所不能忽视的重要思想来源与资源，这一点，在周作人和鲁迅的文章中有着鲜明的体现。例如，在《祖先崇拜》一文中，周作人理直气壮地说："我不相信世上有一部经典，可以千百年来当人类的教训的，只有记载生物现象的 Biology（生物学，作者注）才可供我们参考，定人类行为的标准。"①"照进化说讲来，人类的个体发生原来和系统发生的程序相同：胚胎时代经过生物进化的历程，儿童时代又经过文明发达的历程。"②鲁迅也曾慷慨激昂地说："所以后起的生命，总比以前的更有意义，更近完全，因此也更有价值，更可宝贵；前者的生命，应该牺牲于他。"③

总之，晚清末年传入中国的近代西方的进化论学说，"不仅是达尔文的生物进化论，而且也包括地质进化、天体进化以及通过哲学或文学等途径传播的进化思想等各个方面的内容"④。尽管它所"集中体现的是政治的影响"⑤，但从历史发展的实际情况来看，它对颠覆封建社会中陈旧的以"长者为本位"的儿童观以及对于"儿童的发现"所起到的作用确实是巨大的，其影响也是深远的。这正如玛丽安法科（Mary Ann Farquhar）所认为的那样："在传统中国，儿童代表了一种家族的持续与传统价值，而二十世纪早期的改革家们用进化论的思想重塑了一种儿童形象，他们代表民族而非家族，进步而非停滞不前。"⑥

（三）生命哲学思想的输入与影响

生命哲学是近代西方哲学的一支，它是在 19 世纪末 20 世纪初欧洲传统哲学陷入不可解脱的危机背景下且随着自然科学的新发现而产生的。作

---

① 周作人：《祖先崇拜》，《每周评论》1919 年第 10 期。
② 周作人：《儿童的文学》，《新青年》1920 年第 8 卷第 4 号。
③ 鲁迅：《我们现在怎样做父亲》，转引自《父父子子》，复旦大学出版社 2005 年版，第 3 页。
④ 吴丕：《进化论与中国激进主义》，北京大学出版社 2005 年版，第 34 页。
⑤ 同上。
⑥ Farquhar, Mary Ann. Children's literature in China：From Luxun to Maozedong. New York：M. E. Sharpe 1999, p. 1.

为把生命和人的精神生活作为特定研究对象的一种学说，生命哲学的出现也是对近代自然科学成果基础之上的"机械唯物论"的宇宙观和人生观的一次挑战和反叛，并且它也是试图把哲学从科学的旋涡中解放出来的一种尝试，由于生命和精神对于人的重要性和普遍性，于是，生命哲学在其出现后不久就受到了当时欧洲人的推崇与青睐。众所周知，生命哲学的创始人是德国的哲学家狄尔泰，主要代表人物还有齐美尔与柏格森。随着生命哲学的出现以及经由生命哲学家的传播，其一度成为欧洲哲学界的显学，并向欧洲外的其他国家传播，而随着它的广泛传播又一度成为世界性的哲学思潮。

在新文化运动之前，中国的学者与思想者中还是鲜有人知道生命哲学的。然而，这种局面的改变，离不开两个人的传播与介绍。一是钱智修，他通过《东方杂志》向国人介绍了生命哲学思想。在1913年与1914年他先后在《东方杂志》第10卷第1号上发表了《现今两大哲学家学说概略》和第11卷第4号《布格逊哲学说之批评》。在前面的文中，钱智修根据美国学者阿博德（Lyman Abbott）的文章向国人介绍了柏格森的进步哲学和倭伊铿的唯神哲学。二是章士钊。二次革命失败后，章士钊逃亡到了日本，在日本流亡这一段时间里，他发现生命哲学在日本传播甚广，影响范围大，因为当时的日本中学生都熟悉代表生命哲学关键词的"创造进化"与"精神生活"。于是，有感于国人对生命哲学了解与认识的现状和认识到生命哲学对于人的生命和精神的重要指导意义，他在日本东京由中国留学生组织的神学会上作了一次"欧洲最近思潮与吾人之觉悟"的演讲，在这次演讲中，他简要介绍了柏格森的创造进化论和倭伊铿的生命哲学思想。后来该演讲在1917年12月15日的《东方杂志》第14卷第12号上发表。

虽然钱智修、章士钊为柏格森的生命哲学作了一些介绍和宣传，但此时正值新文化运动如火如荼之时，民主与科学思潮方兴未艾，因而生命哲学的提倡与研究并未能在学术界激起波澜。然而，不容置疑的是已有少数时代感极强的学者与先进知识分子开始瞩目于生命哲学并受到生命哲学的影响，而这种瞩目和影响的扩大则是在杜威来华之后的事情。1919年，杜威来华讲学，其中一讲是"现代的三个哲学家"，其中之一便是柏格森。于是，柏格森的生命哲学便在中国的学术界掀起了轰动，并对当时的学人产生了深刻性的影响。

生命哲学以其对人生命和精神生活的关注而引发了先进知识分子们对儿童生命的关注，引发了他们对束缚与压抑儿童生命健康成长的孝道伦理的猛烈批判与攻击，也引发了他们对生命尊严以及对保护儿童生命的呼唤，成为"儿童的发现"的重要思想来源。鲁迅1918年5月在《新青年》上首先发出了"救救孩子"的呼喊。随后，在《我们现在怎样做父亲》一文中，鲁迅开宗明义地指出，"人是生物，生命便是第一义……单照常识判断，便知道既是生物，第一要紧的自然是生命。因为生物之所以为生物，全在有生命，否则失去了生物的意义"①。在此基础上，他还有些极端地认为：为了儿童的生命，大人应该牺牲于他。"所以后起（孩子）的生命，总比以前的更有意义，更近完全，因此也更有价值，更可宝贵；前者的生命，应该牺牲于他。"② 胡适则从生命独立的角度对那种儿童是"父母福气材料"的观点进行了批判，希望儿童能够成为"将来的'人'的萌芽"③。

就生命哲学这一流派丰富驳杂的内容而言，尽管在当时介绍到国内的主要是柏格森的生命哲学思想，稍显得单薄，但毋庸置疑的是，生命哲学的输入与传播，无疑对先进知识分子关注生命、思考生命尊严、理解人的生命，理解儿童的生命、保护儿童生命起到了积极有效的推动与促进作用。

（四）人类学观念的输入与影响

人类学是19世纪兴起的一门新兴的科学。它"是一门研究人与人的行为方式的科学。这个定义包含两层含义：一是研究人的起源及体质特征；二是研究人的行为方式，即人们通常说的文化"④。人类学的研究一般采取整体论、相对论和跨文化的研究方法。

人类学在新文化运动前后传入中国后，很快就被先进的知识分子所接受并被他们用来作为研究儿童、理解和认识儿童的重要思想来源。这是因为，人类学中关于原始人类心理的研究成果，与人类早期的儿童有着某种相似之处。所以，我们看到，在日本留学期间就深受西方人类学影响的周

---

① 鲁迅：《我们现在怎样做父亲》，《新青年》1919年第6卷第6号。
② 同上。
③ 胡适：《随感录·二十五》，《新青年》1918年第5卷第3号。
④ 周作人：《人的文学》，《新青年》1918年第5卷第6号。

作人，在谈到儿童、歌谣与游戏研究时，首当其冲地就亮明了他儿童研究的思想来源。例如，他曾信誓旦旦地说："儿童研究故与人类学相关，歌谣游戏之研究，亦莫不有借于此；以进化论见地儿童学之发达，推究所极自以是为之原宿矣。"①他甚至还认为，人们对于儿童学的兴趣，也是来自人类学的影响。"我们对于儿童学的有些兴趣问题，差不多可以说是从人类学连续下来的。"② 由此可以看出，在儿童研究方面，周作人对人类学思想的推崇甚至到了无以复加的地步。所以，当我们看到周作人将儿童的心理、精神与原始人类的心理与精神并同看待，得出"儿童没有一个不是拜物教的，他相信草木能思想，猫狗能说话，正是当然的事"③ 的结论也就感到不足为奇了。

"任何一种外来文化思潮或学术理论的输入并发生影响，无疑反映了一个时代特定的精神状态和理论需求，同时也标志着这一外来思潮和学说的输入者自身对这一时代需求的体认。"④ 毋庸置疑，西方学说，尤其是儿童或与儿童相关联的学说，在新文化运动前后被输入进来并得到广泛的传播，无疑迎合了当时中国社会发展和时代的需要，正是在社会发展与时代需要的推动下，来自西方的与人类、儿童有关的近代思想不仅被当时的先进知识分子所引进和吸收。更为重要的是，从"儿童的发现"的角度来看，这些思想也起到了积极重要的推动作用。不仅如此，当时介绍过来的以儿童为主的西方近代思想资源在新文化运动时期所具有的作用还包括玛丽安法科（Mary Ann Farquhar）所概括的两点。"首先，她们削弱了孔子的教育实践，指出其'非科学'的特征。其次，它们加强了在儿童教育方面实施新的发展的讨论，其中包括创建一个儿童文学的'园地'。"⑤不止于此，我们看到，例如人类学的思想与方法，迎合了新文化运动时期先进知识分子们发现人的需要，因此，它在一定的范围对"儿童的发现"的勃然兴起也起到了积极的推动作用。

---

① 钟淑河编订：《周作人散文全集》第 2 卷，广西师范大学出版社 2009 年版，第 290 页。

② 周作人：《知堂回想录（下）》，安徽教育出版社 2000 年版，第 475 页。

③ 周作人：《儿童的文学》，《新青年》1920 年第 8 卷第 4 号。

④ 方卫平：《中国儿童文学理论发展史》，少年儿童出版社 2007 年版，第 149 页。

⑤ Farquhar, Mary Ann. Children's literature in China: From Luxun to Maozedong. New York: M. E. Sharpe 1999, p.1.

（五）儿童心理学的输入与影响

儿童心理学是研究儿童心理发展规律和特点的科学。"儿童心理学是发展心理学的一个分支。它研究一个人从生命的开始到成熟各种心理过程和心理特征所发生的变化，研究随着年龄的增长其认识过程、情感、社会行为和个性特征的发展过程与特点。"① 儿童心理学学科的正式建立，是以 1882 年德国生理和心理学家普莱尔《儿童心理》一书的出版为标志的。继普莱尔之后，美国的霍尔将儿童心理学研究的年龄范围扩大到青春期，拓宽了儿童心理学的研究范围。霍尔之后，儿童心理学研究有较大进展。主要的有德国的斯特恩关于儿童语言发展的研究；比勒夫妇关于儿童心理发展阶段的划分以及儿童发展测验的研究；美国的华生把实验法引入儿童心理学领域，进行了有名的儿童情绪条件反射实验研究；格塞尔对儿童心理发展进行了追踪研究，编制了婴幼儿发展量表；法国比奈的测验研究对儿童心理发展的数量化研究起了重要作用，至今还是一个重要的研究手段；弗洛伊德的精神分析理论，对于西方儿童心理学的理论和实践，特别是对儿童个性及心理治疗有着重大影响。

随着西学东渐的逐渐深入，儿童心理学在新文化运动之前也开始被翻译和介绍到了中国，最先被翻译和介绍过来的是德国赫尔维的《教育应用儿童心理学》一书，是从日本版本翻译过来的。随后，日本学者松本孝次郎的《普通儿童心理学》一书在 1912 年也被翻译和介绍到了中国。

西方儿童心理学研究成果的介绍与传播虽没有像"人权学说"与"进化论"思想那样深入人心并转化为一种社会性的思潮，但它对中国新文化运动时期"儿童的发现"产生的影响仍然是不能忽视的。这一点在先进知识分子们有关论述儿童的文章中可以得到明确的佐证。例如，在《儿童的文学》中，周作人曾这样说："据麦克林托克说，儿童的想象如被压迫，他将失去了一切的兴味，变成枯燥的唯物的人；但如被放纵，又将变成梦想家，他的心力都不中用了。"② 又如在《我的杂学》里，周作人曾说："回到当初说的小野蛮（儿童）的问题上面，本来是我所想要知道的事情，觉得费点心思稍微查考也是值得的……弗洛伊特的心理分析应

---

① 王振宇：《儿童心理学》，江苏教育出版社 1996 年版，第 1 页。
② 周作人：《儿童的文学》，《新青年》1920 年第 8 卷第 4 号。

用于儿童心理，颇有成就。"① 而在陈鹤琴、凌冰的儿童心理学与儿童学的论著中，这方面的影响就更加深远了。他们二人的著作中有关这方面的内容实在比较多，笔者这里不再赘言。

（六）儿童教育学的输入与影响

近代西方的儿童教育学说在晚清开始传入中国，发展到新文化运动期间，西方近现代的儿童教育的主体观念以及思想在新文化运动中得到了更为广泛的传播，当然，最引人注目的还是杜威儿童中心主义学说②的传入以及杜威在华近两年的大力提倡。西方近现代的儿童教育观念在中国广泛与深入的传播，不仅对"儿童的发现"起着有力的促进作用，而且对当时儿童教育各方面的变革也产生了直接的影响与推动作用。而在儿童教育学的学说中，首先值得一提的是儿童中心主义思想。

儿童中心主义是杜威在批判美国旧教育的基础上明确提出来的。在《学校与儿童生活》一文中，杜威这样说："为了说清楚旧教育的几个主要特点，我也许说得夸张些；消极地对待儿童，机械地使儿童集合在一起，课程和教学法的划一。概括地说，重心是在儿童之外。重心在教师，在教科书以及在你所喜欢的任何地方，唯独不在儿童自己的本能和活动。在那个基础上，儿童的生活就说不上了。关于儿童的学习，可以谈的很多，但学校不是儿童生活的地方。现在我们的教育中正在发生的一种变革是重心的转移。这是一种变革，一场革命，一场和哥白尼把天体的中心从地球转到太阳那样的革命。在这种情况下，儿童变成了太阳，教育的各种措施围绕着这个中心旋转，儿童是中心，教育的各种措施围绕着他们而组织起来。"③ 这是杜威儿童中心主义的主旨思想。然而，提起儿童中心主义思想，我们马上就会联想到美国著名教育哲学家杜威。实际上，如果我们将杜威的儿童中心主义思想放入西方近现代儿童教育理论发展的历史过

① 周作人：《知堂回想录（下）》，安徽教育出版社 2000 年版，第 475—476 页。

② 有关杜威儿童中心主义学说对"儿童的发现"产生的巨大影响，可以参考李利芳所著的《中国发生期儿童文学理论本土化进程研究》（2007 年）一书第七章第一节的内容，在这一节中，她就杜威对中国儿童观的转变所起的作用作了相对详细的分析与说明。另外，也可参考方卫平在《中国儿童文学理论发展史》（2007 年）一书第四章中第三个专题的内容。他就杜威的"儿童中心主义"对冲破中国传统的儿童观以及建立新的儿童观方面所起的作用作了较为全面的论述。

③ 约翰·杜威：《学校与社会——明日之学校》，赵祥麟、任钟印、吴志宏译，人民教育出版社 2006 年版，第 41 页。

程中来检视可以发现，以儿童为中心的思想早在夸美纽斯的《大教学论》一书中就出现了。其后卢梭的《爱弥儿》一书中同样蕴涵着丰富的儿童中心主义思想，尽管也有人将卢梭的教育思想概括为自然主义的教育思想。在杜威的儿童中心主义传入中国之前，卢梭、裴斯泰洛奇、福禄贝尔等人的教育思想已经捷足先登，开始在中国传播了。例如，在 1903 年 7 月，《教育世界》上已经开始连载西方"儿童的发现"者卢梭的《爱弥儿》，1904 年 3 月《教育世界》杂志开始用大量的篇幅介绍裴斯泰洛奇的儿童教育思想与实践，1904 年 4 月，《教育世界》发表了《幼稚园创始者弗烈培传》和《幼稚园鼻祖德国弗烈培》，由此，福禄贝尔的教育事业和学说开始在我国教育界传播开来。卢梭、裴斯泰洛奇、福禄贝尔等人对儿童教育思想或教育实践的介绍，标志着西方近现代的儿童教育观开始传入中国。

广泛传播的西方近代儿童教育思想，成为了知识分子批判传统教育所借助的有力武器与思想来源。这在蔡元培、周作人、鲁迅、郭沫若、恽代英等人论述儿童教育以及儿童文学的文字中有着鲜明的体现。例如，1918 年，在《新教育与旧教育的歧点》一文中，蔡元培在谈到西方国家教育重视个性与崇尚自然的时候，就明确提到了卢梭、裴斯泰洛奇、福禄贝尔等人，也是在此文中，他还专门向当时的中国介绍了托尔斯泰的自由学校、蒙台梭利的"儿童之家"以及杜威的实验学校。而周作人的《人的文学》（1918）一文在谈到欧洲女人与小儿的发现时，也提到了福禄贝尔。他说："自从弗罗培尔（Froebel）与戈特文（Godwin）夫人以后，才有光明出现，到了现在，造成儿童学与女子问题这两个大研究，可望长出极好的结果来。"[①] 由上可见，近现代西方儿童教育理论思想的传播，无疑对"儿童的发现"的形成有着具体而直接的影响。这也是我们在梳理"儿童的发现"勃然兴起时不容忽视的重要历史事实。

（七）儿童学的输入与影响

儿童学，其英文称为 pedology，研究儿童身体和心理发展以及遗传、环境对儿童身心发展的影响的科学。儿童学是在 19 世纪末到 20 世纪初，伴随着科学化运动以及欧美儿童研究运动的进程而产生的，随后便流行于

---

① 周作人：《人的文学》，《新青年》1918 年第 5 卷第 6 号。

西方。1896 年，Oscar Chrisman（奥斯卡·克里思曼）最先在他撰写的博士论文中首先使用了这一概念。一般认为，儿童学的研究范围包括儿童的本能、儿童的环境和儿童的身心发展三个方面。儿童学的研究方法一般有问卷法、谈话法、测验法等。儿童学对新文化运动时期"儿童的发现"的勃然兴起也起到了促进作用。

儿童学是在五四前后传入中国的，目前接触到最早的文献是商务印书馆 1916 年出版的朱元善的《儿童研究》一书。在此书中，他说："儿童研究（学），以研究成人心理所得法则，应用之于儿童，而以所得儿童心理知识，确立教育学之客观的基址，是即所谓儿童研究……'儿童研究'一语，亦与儿童心理学略有不同，盖不独研究其心理方面，兼研究其生理方面。"到了 1922 年，日本学者关宽一的《儿童学概论》被翻译和介绍到中国。儿童学作为一门研究儿童的科学在中国的展开，对新文化运动时期的"儿童的发现"的形成也有着积极的推动作用。例如，在周作人论述儿童以及儿童文学的时候，"儿童学"是频率出现较高的词汇之一。"我所想知道的一点的都是关于野蛮人的事，一是古野蛮，二是小野蛮，三是文明的野蛮。一与三是属于文化人类学的，上文约略说及，这其二所谓小野蛮乃是儿童，因为照进化论来说，人类个体的发生原来和系统的发生的程序相同，胚胎时代经过生物进化的历程，儿童时代又经过文明发达的历程，所以幼稚这一段落正是人生之荒蛮时期，我们对于儿童学的所有这些兴趣，差不多可以说是从人类学连续下来的。"① 另外，在《人的文学》中，他曾说道："自从弗罗培尔（Froebel）与戈特文（Godwin）夫人以后，才有了光明出现，到了现在，造成了儿童学与女子问题这两个大研究，可望长出极好的结果来。"② 又如，"现在才知道儿童在生理心理上虽然和大人有些不同，但他仍是完全的个人，有他自己内外两面的生活。这是我们从儿童学所得来的一点常识，假如说要救救孩子，大概以此为出发点的。"③ 无须多举例子就可以看出，周作人对儿童的描述，与儿童学中对儿童内涵的界定是一致的。毫无疑问，这是与他深刻受儿童学的影响难以分开的。由此，我们也可以初步断定，从儿童学到"儿童的发现"，中

---

① 周作人：《知堂回想录（下）》，安徽教育出版社 2000 年版，第 474—475 页。
② 周作人：《人的文学》，《新青年》1918 年第 5 卷第 6 号。
③ 周作人：《知堂回想录（下）》，安徽教育出版社 2000 年版，第 475 页。

间似乎存在着某种契合。因为，儿童学研究中对儿童生物遗传的直接关注以及由此而形成的研究结果，有助于人们从一个侧面来加深对儿童世界尤其是儿童身心世界与儿童精神世界的理解。也正是基于此，我们说儿童学是"儿童的发现"的重要思想来源之一，儿童学的输入无疑对"儿童的发现"的形成有着直接的影响。

四　先进知识分子的个人因素

对于新文化运动时期"儿童的发现"勃然兴起原因的考察，仅仅满足于上述几方面的分析与论述仍然是不够的，同时也不能解决笔者在研究过程中生成的一个疑惑：生活在同样背景下的辜鸿铭、张君劢、章士钊等知识分子，为什么没有把关注的目光投向深受封建礼教与旧教育压迫的儿童身上呢？相反，却是周作人、鲁迅、叶圣陶、丰子恺、郭沫若以及胡适、鲁迅、陈鹤琴、凌冰等人把关注的目光投向了儿童身上。因此，要了解周作人、鲁迅、叶圣陶、郭沫若以及胡适、陈鹤琴等人之所以会成为"儿童的发现"的中心人物，还需要深入细致全面地了解他们每个人赖以生活的文化活动空间、特殊经历以及他们个人的志趣、情感、思想、价值观的成长与变化等诸多因素对他们思考与关注儿童造成的影响。另外，之所以在"儿童的发现"原因考察的方面要集中在先进的知识分子本身，还在于"因为这个阶层虽然人数少，但一般参与对中国和现代世界具有内在重大意义的论题和争论"①。而实际上，如果我们把"儿童的发现"放置在先进知识分子所身体力行的救亡图存、国家富强的时代背景中加以考虑的话，就会意识到"儿童的发现"作为对民族问题本身反思的一部分，也是一个具有内在重大意义的论题。正如郭沫若所言："人类社会根本改造的步骤之一，应当是人的改造。人的改造应当从儿童的感情教育、美的教育着手。"② 在郭沫若的眼中，儿童是关系到人类社会根本改造成功与否的一个重大问题。我们从以下两个角度来对先进知识分子的个人因素展开探寻。

---

① 费正清：《剑桥中华民国史》，中国社会科学出版社 1993 年版，第 458 页。

② 郭沫若：《儿童文学之管见》，转引自《1913—1949 儿童文学论文选》，少年儿童出版社 1962 年版，第 34 页。

（一）个体文化生活背景

1. 周作人

在回忆自己的童年生活时，周作人曾不无喜悦地说："我觉得很是运气的是，在故乡过了我的儿童时代……本来已是破落大家，本家的情况都不大好，不过故旧的乡风还是存在，逢时逢节的行事仍旧不少，这给我留下了一个很深的印象。"① 这里，"很深的印象"也即他在晚年回忆童年时所念念不忘的五彩斑斓、绚烂夺目的传统文化节日。传统文化节日中所透露出来的生活气息对周作人一生观念与思想的发展自然是至关重要的，从他晚年所写有关童年生活追忆的文章中，我们可以鲜明地感受到这一点。例如在《儿童杂事诗之甲之三》中，周作人写道"下乡作客拜新年，半日猴儿着小冠。待得归舟双桨动，打开帽盒吃桃缠。"又如在《儿童杂事诗之甲之四》中，周作人曾写道"上元设供蜡高烧，高屋光明任早朝。买得鸡灯无用处，厨房去看煮元宵。"

如果说童年丰富多彩的乡村文化生活经历为周作人以后关注儿童、关心儿童生活、回忆童年、关注儿童教育与儿童文学奠定了初步的基础，形成其后周作人儿童思想要素的最初萌芽，那么，他青年时期求学南京水师学堂，随后又求学日本，接触进化论思想、儿童学、人类学等相关学说的亲身经历则为他"儿童的发现"内容的形成提供了现实的文化基础。有关南京求学时受到进化论的影响，前文已经有所论述，这里无须赘言。而在日本受到外来文化的深刻影响，曾如他所言说的那样，"我在东京时得到高岛平三郎编的《歌咏儿童的文学》及所著《儿童研究》，才对于这（儿童学）方面感到兴趣"②。同时他还说道："我对于人类学稍有一点兴味，这原因并不是为学，大抵只是为了人，而这人的事情也原是以文化之起源于发达为主。"③ 可见，周作人个人的文化生活背景为其关注儿童提供直接的思想来源。

2. 叶圣陶

"如果说，在'五四'初期，鲁迅向社会上发出的'救救孩子'的呼

---

① 止庵编：《周作人集》，花城出版社 2000 年版，第 1006 页。
② 周作人：《知堂回想录（下）》，安徽教育出版社 2000 年版，第 475 页。
③ 同上书，第 473 页。

声,陈独秀提出的关心儿童问题,是向全社会发出史无前例的呼吁,那么,叶圣陶则首先从儿童文学创作的实践上,对这一方面的呼吁,作了热情、有力的响应。"① 实际上,叶圣陶对儿童问题以及对儿童文学的关心,同样与他受到个人文化生活背景的深刻影响有关。

儿时的叶圣陶,生活在民歌丰富的吴语的苏州,苏州的文化氛围在其时是浓厚馥郁的。所以,在此背景中成长的叶圣陶从小就受到了吴语文化的影响。年幼时,一首首世代流传的形象生动、韵律优美的儿童歌谣,经由他的外婆、母亲传授给了他。例如"萤火虫,夜夜红;飞到西,飞到东"。"摇摇摇,摇到外婆桥,外婆叫我好宝宝;糖一包,果一包;还有饼儿,还有糕"。这些儿童歌谣以及歌谣中蕴涵的灵动形象,就像一份营养丰富的乳汁,注入了他幼小的心灵与精神世界。而年龄稍大,叶圣陶就跟随父亲一起到茶馆听说书和昆曲。"我从七八岁的时候起,私塾里放了学,常常跟父亲去'听书',到十三岁进了学校才间断,这几年听的'书'真不少。'小书'如《珍珠塔》、《描金凤》、《三笑》、《文武香球》,'大书'如《三国志》、《水浒》、《英烈》、《金台传》,都不止听一遍,最多的听到三遍四通。"② 无疑,童年的丰富文化生活经历为叶圣陶以后关注儿童与创作儿童文学提供了基本的精神滋养。正如顾颉刚先生在对叶圣陶评价时所言说的那样:"一生的基础,就在早年,我们若是要深知一个人的性情学业,这早年的事实必不应该轻轻略过。"③

1917年,叶圣陶在友人的帮助下谋得了上海一所小学的教师职位。作为教师,年轻而又富于思考的叶圣陶生活在儿童中间,儿童们身上显露出来的活力激发起了他的思维,与孩子们的亲密相处使他可以近距离的用心来观察与了解儿童。于是,儿童问题走入了他的精神世界,成了他思考人生与民族国家的问题之一。于是,在儿童还没有受到成人关注的情况下,他却说:"我们最当注意的还要数到儿童。现在的成人与儿童疏远,实在是一种莫大的损失,倘若叫儿童依着老路,只是追踪前人,那就是全民族的永远的损失了。"④ 不仅如此,他还积极地为儿童创作儿童文学作品,批判传统教育的弊端等。作为教师的这段特殊的文化生活经历,以及

---

① 张香还:《叶圣陶和他的世界》,上海教育出版社1995年版,第111页。
② 朱文华编:《叶圣陶散文选集》,百花文艺出版社1992年版,第146页。
③ 商金林:《叶圣陶传论》,安徽教育出版社1995年版,第1页。
④ 叶圣陶:《叶圣陶论创作》,上海文艺出版社1982年版,第17页。

和儿童一起生活的切身感受，使得他在儿童文学创作的道路上越走越远。

限于资料和其他考虑，对于以上周作人和叶圣陶的个人文化生活背景对他们走向发现儿童的道路影响只能粗略一谈。由于鲁迅和周作人的经历颇为相似，所以就此省略。与其他人相比，叶圣陶在儿童以及儿童文学创作方面贡献较大。所以，这里就重点谈论叶圣陶，而对于郭沫若、胡适等人就不再加以整理与叙述，由此特别交代。

（二）爱的情感

1. 对民族、国家深沉的爱

除去先进知识分子的个人文化背景因素之外，对民族、国家的爱，也是引发他们关心儿童、发现儿童的重要原因之一。我们知道，鸦片战争以及后来的一系列战争，导致了民族国家意识的觉醒。在此过程中，一些思想启蒙者因民族危亡的局势而产生的危机感促使他们深刻反思中国落后的根源，这种反思最后落脚到国民的劣根性上。以梁启超为首的思想启蒙者认为，中国积弱的根源就在于这一点。因此，他们认为挽救民族、国家，实现国家的现代化转型，改造国民性，塑造适合时代发展需要的新国民，是中国的当务之急。正是基于此方面的深刻分析、思考与认识，以梁启超为代表的维新人士才大力提倡"新民说"，并极力讴歌、推崇与向往由"少年"为根底而构建出来的"少年中国"。当然，在此基础上，他们并没有忘记对造成国民劣根性的传统道德以及纲常礼教等非人的因素展开猛烈的抨击与批判。

与上类似，在 20 世纪的初期，周作人在关于儿童问题的思考与探讨中，也灌注和充满了强烈的爱国主义情怀与浓厚的民族主义情感。客观而言，这也是一种时代情绪在个人身上的生动体现与具体反映，同时也是前一段历史时期爱国情感的延续或深化。关于儿童与民族国家兴衰的关系，周作人在绍兴做教师期间曾这样明确阐述过一段话，他说："一国兴衰之大故虽原因复杂……然考国人思想视儿童重轻何如，要亦一重因也，盖儿童者，未来之国民，是所以承继先业，即所以开发新化，如其善遂斯旧邦可新，绝国可续，不然虽当盛时而赫赫文明难为之继。"[1] 从字里行间中，我们不难看出周作人流露出来的民族危机感是何等的真切与焦灼。因此，

---

[1] 周作人：《儿童问题之初解》，《绍兴县教育会月刊》1914 年第 6 号。

怀揣对民族、国家之爱的周作人对封建专制伦理下的儿童观展开了尖锐的批判:"东方国俗尚古守旧,种老而轻少,乃致民志颓丧,无由上征……彼以儿童属于家族,而不知外之有社会,以儿童属于祖先而不知上有民族,以是之民为国后盾,虽闭关之世犹或不可,况在今乎?"① 而同样也是怀着对民族与国家满腔热忱的鲁迅,本着"横眉冷对千夫指,俯首甘为孺子牛"的清醒意识与批判精神,发出了"救救孩子"的强烈的人道主义呼喊。有学者认为"鲁迅所呐喊的'救救孩子',不过是'救救中国'的另一变体"②。其实,这也正好从一个侧面说明了鲁迅在对于孩子与国家兴亡关系问题的思考过程中,对于国家的命运与未来是怀着深沉的甚至是无比沉重的爱的情感。

可以想象,如果没有民族国家危亡的直接刺激,如果没有对于民族国家深沉的爱,如果没有对于民族国家兴亡的深刻关注与思考,那么,人的问题,儿童的问题是难以进入先进知识分子的视野,成为他们思考与关注的对象。正是从这个意义上而言,我们认为,民族国家框架下的"儿童的发现",有其积极的历史意义与价值,至少它将儿童从原来隶属于家族的层面提升到了民族国家的层面,这一提升,使得人们在思考儿童时就又多了一层关系、一个条件或一个角度。不仅如此,儿童问题在民族国家层面上的展开与讨论,在一定程度上深化了民族国家的内涵,丰富了民族国家的具体内容与拓展了民族国家的范围。因此,从这个角度而言,日渐凸显和内涵逐渐具体丰满的"儿童"以及儿童形象,为当时的先进知识分子在思考民族国家的出路方面提供了某种思想的资源与方法。正如朱自强先生所言:"我感到,在书中,'童年'既是研究的对象,也成为一种思想的方法,通过童年研究来寻找解决人类根本问题的路径。"③ 这不正好在一定程度上说明了童年(儿童)对于解决民族、国家问题的重要性了吗? 所以,"许多思想者面对人类的根本问题时,总是通过对'儿童'的思想,寻找着走出黑暗隧道的光亮"④。毫无疑问,这一时期的思想启蒙者在面对民族国家问题的思考时,也是没有离开儿童这一本体,而这也就

---

① 周作人:《儿童问题之初解》,《绍兴县教育会月刊》1914 年第 6 号。
② 李利芳:《中国发生期儿童文学理论本土化进程研究》,社会科学出版社 2007 年版,第31 页。
③ 朱自强:《童年:一种思想的方法和资源》,《青年教师》2008 年第 11 期,第 15 页。
④ 同上书,第 14 页。

深刻地表明了儿童与国家是一体的。

2. 对儿童诚挚无比的爱

"唯有爱才能触发对他人的了解"①，而且"只有爱的力量才能使成人接近儿童和理解儿童"②。无论是现实生活中的儿童，还是主观意识中的儿童。不仅如此，"不管行为的本质如何，人们的内心深处都蕴藏着爱。这种力量一旦醒来，就会发生颤动，从而触动人们的心灵"③。蒙台梭利有关"爱"的简短而深刻的论述，其实也可以运用到新文化运动前后先进知识分子对"儿童的发现"的行为上来。实际上，新文化运动时期的先进知识分子，他们的心中都深藏着爱，深藏着对儿童诚挚无比与细腻的爱。如果他们心中没有爱，如果他们心目中缺乏对儿童诚挚无比的爱恋，那么，面对不利于儿童生长的人文环境以及压制儿童成长、限制儿童自由的纲常礼教氛围等，他们不会有什么特别的反应，或者说无动于衷可能是他们最终的选择。然而，正是怀着对儿童诚挚无比的爱，激情的鲁迅才呐喊出了"救救孩子"的时代强音，而他所做的"无情未必真豪杰，怜子如何不丈夫。知否兴风狂啸者，回眸时看小於菟"之诗歌，是他对儿童博大深厚的爱的生动写照；正是怀着对儿童诚挚无比的爱，周作人才义无反顾、毅然决然地反对"祖先崇拜"；正是怀着对儿童诚挚无比的爱，叶圣陶才沉着冷静地指出"我们最当注意的还要数到儿童"；正是怀着对儿童诚挚无比的爱，冰心与丰子恺才不断地去赞美儿童的天性与童心，讴歌儿童的天真与纯洁，捕捉儿童身上的珍贵资源；正是怀着对儿童诚挚无比的爱，陈鹤琴、陶行知才不断地去研究儿童，更新儿童观念和创新教育观念，不断去变革与推动教育实践。"我素来喜欢小孩子，小孩子也喜欢我。不但喜欢小孩子，我也常常同小孩子一起玩，一起生活，所以小孩子的性情习惯在未研究儿童心理以前，我已略知一二。"④ 也正是怀着对儿童诚挚无比的爱，先进的知识分子们才在激烈批判三纲五常的过程中着手从事史无前例的"辟人荒"的工作以及发现儿童、解放儿童的工作，并

---

① ［印］克里希那穆提：《一生的学习》，张南星译，群言出版社2004年版，第23页。

② ［意］蒙台梭利：《童年的秘密》，马荣根译，单中惠校，人民教育出版社2006年版，第18页。

③ ［意］蒙台梭利：《蒙台梭利幼儿教育科学方法》，任代文译校，人民教育出版社2006年版，第609页。

④ 陈秀云、陈一飞编：《陈鹤琴全集》第一卷，江苏教育出版社2008年版，第8页。

最终将命运悲惨的儿童从成人巨大阴影的遮蔽中给解救了出来。"一个人对别人的痛苦，对别人的人性的感受程度，是这个人自身人性的标志。它不仅是社会生存的基础，也是对人性进行研究的基础。哲学家之所以对人进行探究，其重要的前提就是他关心人。"① 尽管这一时期的先进知识分子与纯粹的哲学家还有距离，但由此却可以看出，对儿童的关心、对儿童的爱也是他们发现儿童与解放儿童的重要缘由与基础，而这也体现出了他们热爱儿童的那种人性的深度。

不仅如此，从另外一个角度而言，"儿童是每一个人的温情和爱的感情汇聚的唯一焦点。一谈到儿童，人的内心就会变得温和、愉快。整个人类都享受他所唤起的这一深厚情感。儿童是爱的源泉。"② 从对比的意义上来审视新文化运动时期先进知识分子们有关儿童的言论与行为中，我们可以深刻地感受到，在谈到"儿童"的时候，他们的内心充溢的不仅仅是温和的情感、愉快，实际上，他们内心还夹杂着无比的沉痛与哀伤，因为他们清醒地意识到了"人的问题，从来未经解决，女人与小儿更不必说了"③ 的沉重历史事实。

在"儿童的发现"的先进知识分子的个人因素方面，源于对民族、国家深沉的爱的情感，源于对儿童诚挚无比的爱的情感，也是新文化运动过程中"儿童的发现"勃然兴起的重要原因之一，缺少了这份爱的依托和保障，缺少了这份爱的深情投入，不但"儿童的发现"的内涵缺少情感的维度而深刻不到哪里去，而且也会导致"儿童的发现"的不彻底性以及缺少情感动力的支撑而显得苍白无力。通过以上简要的分析，我们勾勒出这样的一个简单而深刻的逻辑——我（思想启蒙者、先进知识分子）爱（民族、国家、儿童），所以，我发现（儿童）。而这个逻辑也是"情感是认知发展的动力系统"的思想的一种体现。总之，爱的情感，是我们在思考"儿童的发现"勃然兴起时一个所不能忽视的重要心理原因。这一点，也是以往的研究者所没有注意到的情感现象。

---

① ［美］A. J. 赫舍尔：《人是谁》，隗仁莲、安希孟译，贵州人民出版社2009年版，第33页。

② ［意］蒙台梭利：《蒙台梭利幼儿教育科学方法》，任代文译校，人民教育出版社2006年版，第609页。

③ 周作人：《人的文学》，《新青年》1918年第5卷第6号。

五　小结：民族国家框架下的"儿童的发现"

从新文化运动之前"儿童的发现"勃然兴起的起因来看，民族国家的危机以及民族国家意识的觉醒是"儿童的发现"兴起的外部条件，历史的传承是"儿童的发现"得以继续的内部条件，以儿童为主的西方学说的东渐则是"儿童的发现"兴起的外在思想来源，先进知识分子的努力则是"儿童的发现"勃然兴起的主观因素。总之，"儿童的发现"的勃然兴起是多种因素、多种条件、多种力量综合作用的结果。但从较为宏大的历史背景来看，笔者认为"儿童的发现"的勃然兴起是由国家衰败、民族危亡的刺激而直接导致的。进一步而言，"儿童的发现"是民族国家意义下的"儿童的发现"，即它是中国人民族国家意识觉醒后的产物，也是中国近代化的使然。然而，如果再把民族国家意识觉醒后的中国变化与当时整个世界发展的状况联系起来加以思考，把中国当时思想精神状况的变化与当时整个世界的思想精神状况联系起来加以看待就可以基本确认："儿童的发现"，其实也是世界—民族国家框架下的"儿童的发现"。最后，笔者还想补充说明一点的是，如果说思想启蒙者梁启超、康有为等所追求的是民族国家的独立，那么，在此意义上而言，他们所推崇的"少年"儿童，也是独立意义上的儿童，因为没有人的独立，何谈国家的独立?! 这是我们在探寻"儿童的发现"勃然兴起时所得出的基本判断。当然，我们也要清醒地意识到，如果离开启蒙知识分子的积极性与主动性，离开了他们的感时忧国、感时忧民（作为"新民"的儿童）的爱的情感的迸发，"儿童的发现"的勃然兴起同样是不可思议与难以想象的。由此也可以看出，情感在推动历史发展与进步的过程中也具有重要的意义，或者说，历史就是情感的投射与反映，这一点也值得我们在研究历史时去深思。

第二章　儿童问题的全面关注与重视

　　1915 年兴起的新文化运动，是一场崇尚科学、反对封建迷信、猛烈抨击几千年来封建传统思想的文化启蒙运动。而在此前后，随着新式学堂的纷纷建立和留学风气的日渐兴盛，西方近现代启蒙思想被进一步介绍到中国，民主、共和的观念在"辛亥革命"过后日益深入人心，尤其是在五四运动爆发之后，全国范围内掀起了一场反帝爱国运动的高潮，在这股爱国高潮的驱使下，思想、文化、教育界出现了一个空前活跃、生机勃发的局面。那些深受西方思想洗礼与启蒙的先进知识分子，"对于一切旧的制度起了个怀疑的观念，存了打破的思想，你也要发表思想，我也要发表思想，思想的潮流就如风撼大海，一跃千丈。出版的活动像泰山观日，五光十色一般"①。于是，在这样一个思想与观念得到极大解放的时期，越来越多的先进知识分子开始为儿童的解放摇旗呐喊，奔走、奋斗；社会舆论对儿童问题也给予了越来越多的关注与支持；一些进步的社会团体也把儿童问题当作一个重要的主题加以认真对待；众多的书局、书馆开始出版越来越多的与儿童有关的书籍；一些谙熟西方文学尤其是儿童文学的先进知识分子翻译出了世界上最杰出、最经典的儿童文学作品；还有一些关心儿童精神成长的先进知识分子创办起了为数不少的儿童报纸与期刊；不少对儿童含着热情与爱心的文学家与艺术家在此同时还专门创作了一批讴歌儿童、赞美童心、反映儿童生活与儿童情趣的文学与艺术作品。一时间，儿童问题得到了世人前所未有的关注与重视，这种关注和重视也是笔者在绪论里所论及的一股"儿童热"，这股热潮可以从以下几个方面体现

---

　　① 《北京女子高师半月刊发刊词》，原载《五四时期期刊介绍（三）》，生活·读书·新知三联书店 1979 年版，第 451 页。

出来。

一　先进人士演说的重要论题

　　与新文化运动开始之前少数志士仁人关注儿童的寂寥、微弱局面相比，在新文化运动中，对儿童问题关注的群众基础则进一步扩大了范围，尽管从参与阶层的角度而言，主要是知识分子阶层，其群众基础主要是上层的先进知识分子，基本没有触及人数甚多的下层民众。然其基础的扩大在新文化运动中却是不争的历史事实。在当时，举凡支持、响应和参与新文化运动的先进知识分子，在或多或少地论述或探讨过儿童问题的同时，大都激情澎湃地投入到了发现儿童与解放儿童的时代热潮中。儿童，成为先进知识分子们讲演、撰文的重要论题。无论是自由主义知识分子胡适，还是代表无产阶级利益的早期马克思主义者陈独秀、恽代英①，或者代表文学艺术界的鲁迅、周作人②、郭沫若、叶圣陶、郑振铎、丰子恺，或者代表教育界的蔡元培③、陈鹤琴、张雪门、陶行知、晏阳初、凌冰④，以及 1915 年 5 月来华讲学的美国著名教育哲学家杜威⑤等，都满怀希望地对中国的儿童以及儿童问题投入了巨大的精力与倾注了无限的热情。他们对儿童的命运、儿童的生活、儿童的幸福与权利、儿童文学、儿童教育、儿童公育、儿童与家庭、儿童与国家、儿童与社会、子孙与祖先、亲与子

---

　　① 恽代英于 1920 年专门在《中华教育界》上撰文《儿童公育在教育上的价值》，在此文中，他明确提出了要打破私产，坚决推行"儿童公育"的主张。

　　② 周作人应北京孔德学校的邀请，在 1920 年 10 月 26 日为该校师生作了《儿童文学》的演讲。在此次演讲中，他以明白晓畅的语言对儿童作出了符合时代以及超越时代的理解。首先，他确认了儿童具有完全的个人的地位，儿童有不同于大人的属于自己的内外两方面的生活；其次，他明确主张，儿童期自有其独立的意义与价值，成人应该尊重儿童的这些特有属性。这种关于儿童的见解与认识是真正意义上的"儿童的发现"，也是中国的"儿童的发现"。与西方"儿童的发现"者卢梭的儿童观相比较而言，周作人的儿童观充满了现代意义的色彩，本身也是世界儿童思潮的一部分。

　　③ 1919 年，蔡元培在"青年会"作了一次演讲，题目是《贫儿院与贫儿教育》，此次演讲中，在实际上分析了贫儿院重要性的基础后，他对贫儿院在中国的建设提出了三点殷切的希望，并号召人们去发展与维持贫儿院。由此可以看出，他对贫穷儿童的关心与爱护是如此的真挚。

　　④ 1920 年，凌冰先生在南京高等师范暑假学校专门作了《儿童学概论》的长篇讲演，对"儿童学"作了系统而又全面的介绍和说明。

　　⑤ 关于杜威来华对儿童问题的影响，可以参考李利芳撰写的《中国发生期儿童文学理论本土化进程研究》（2007 年）一书第七章第一节的内容和方卫平所撰写的《中国儿童文学理论发展史》（2007 年）一书第四章中第三个专题的内容。

的关系等一系列有关的问题都进行了相对公开全面与广泛深入的讨论。这一时期，凡是热切思考民族命运、关心国家前途的志士仁人，无不关心儿童问题。于是，近代以来，那种只有少数思想启蒙者（梁启超、谭嗣同等）关心"少年"儿童的微弱星火局面在新文化运动时期开始被全面打破，"儿童的发现"与儿童解放运动也在空前广阔的社会基础上蓬勃开展起来。"儿童"也获得了前所未有的具体内涵与新的意义，并在各方面产生了比较广泛的影响。

二　社会舆论关注的热点话题

新文化运动之前，对儿童问题较为重视和关注的报刊只有《教育世界》、《教育杂志》、《杭州白话报》以及周作人在绍兴创办的《绍兴教育会月刊》等少数的刊物。然而，新文化运动开始后，尤其是在五四爱国运动爆发之后，全国各地新出版的刊物一下子增加到了四百多种。一些进步的报纸和期刊把儿童问题当作舆论宣传的重要问题之一来对待。在所有的报刊中，首当其冲的当属《新青年》杂志，如前所述，它的创刊不仅标志着新文化运动的开始，更为重要的是，从此，有关中国前途命运和社会发展的许多重要和重大问题等都在这个杂志上得到了较为广泛深刻的探讨与争鸣。然而，儿童问题，也是该杂志关注的热点话题。这个杂志从其创刊开始，对儿童问题的关注就已经开始。例如，《青年杂志》（1916 年改为《新青年》）第 1 卷第 1 号的创刊号上的一篇译文《青年论》，将儿童期之于成年人的重要性明确无误地给表达了出来，"儿童者成人之根基也"[1]。而在第 2 卷第 5 号上面，甚至刊登出了康普的《中国童子军》和《童子军会报告》两篇文章。在前一篇文章里，康普对童子军创办的目的进行了简明扼要的分析；而在后一篇文章里，他对上海童子军兴盛的原因作了分析与总结。另外，陈独秀在 1917 年 7 月的《新青年》上发表了他在天津南开学校演讲的论稿《近代西洋教育》一文。此文中，他在分析近代西洋教育先进优胜特征的基础上，对中国无视"儿童心理"以及"人类性灵"的传统教育给予了激烈的否定与批判，并认为中国教育"不

---

[1] 《青年论》，原载《新青年》1915 年 9 月第 1 卷第 1 号。

合西洋教育的地方甚多"①，由此他起而号召国人在教育方面取法西洋教育，以改变中国教育的弊端。《新青年》第4卷第5号的《狂人日记》，是鲁迅的第一篇小说，鲁迅从对生活的敏锐观察与感受出发，凭着对历史的特有感悟，深刻地揭示了封建礼教"吃人"的性质，在此基础上，他发出了人道主义的"救救孩子"的悲情呼喊。在第6卷第6号上，沈兼士就"儿童公育"等问题进行了专门的探讨，他对"儿童公育"本身所具有的重要性作了明确清晰的阐释，在此基础上，他认为"儿童公育是彻底的妇人问题的解决法和处分新世界一切问题之锁钥"②。同年，鲁迅又发表了《我之节烈观》和《我们现在怎样做父亲》两篇文章，猛力攻击"节烈"与"孝道"，为妇女和儿童的尊严与地位请命。尤其值得关注和重视的当属周作人在《新青年》上连续刊载的《人的文学》、《儿童的文学》两篇文章，在笔者看来，再加上他1919年3月发表在《每周评论上》的《祖先崇拜》一文，这三篇文章，合在一起构成了一个相对完整的以"儿童为本位"的人道主义思想体系。在这三篇文章中，周作人不仅清楚明白地阐明了他的儿童观，而且对服务于儿童的儿童文学以及儿童教育等问题作了全面、深刻、丰富的论述。不仅如此，他还借助生物进化论的思想反对"祖先崇拜"，进而为"子孙崇拜"摇旗呐喊。"在自然律上面，的确是祖先为子孙而生存，并非子孙为祖先而生存的，我们切不可崇拜祖先，也切不可望子孙崇拜我们……所以，我们不可不废去祖先崇拜，改为自己崇拜，——子孙崇拜。"③周作人提出的一系列有关儿童的现代性见解，不仅标志着新型的儿童观在中国的确立，而且从思想角度标明了"儿童的发现"在中国的初步形成。

除《新青年》杂志外，当时先进的报刊如《晨报副刊》、《创造周刊》、《每周评论》、《中华教育界》、《新教育》、《教育杂志》、《中华妇女界》、《新妇女》、《妇女杂志》、《妇女评论》等对儿童观、儿童文学、儿童教育、儿童用书、家庭教育、儿童与人类改造的关系、儿童剧与玩具等问题进行过比较深入的讨论甚至是争鸣。例如，《妇女杂志》在其1918年1月的广告中声称"本杂志以提倡女学，辅助家政为宗旨，而教养儿

---

① 陈独秀：《近代西洋教育》，原载《新青年》1917年7月第3卷第5号。
② 沈兼士：《儿童公育》，《新青年》1917年11月第6卷第6号。
③ 周作人：《祖先崇拜》，《每周评论》1919年第10期。

童之法尤为注意，既足为一般贤母良妻之模范童蒙养正，又为研究教育者所必当参考之书。"① 1919 年的《每周评论》上发表了新文化运动旗手胡适的《我的儿子》一文，在此文中，他公开攻击"孝道"，并警告父母"不要把自己看作一种'放高利债'的债主。"② 1921 年《晨报副刊》刊登了文学家叶圣陶精心思考与创作的四十则《文艺谈》，特别是在谈到儿童文学创作的时候，他极其兴奋地号召人们要善加对待小孩子的"勇往无畏的气概"，他说："小孩有勇往无畏的气概，这该善为保育，善为发展。"③ 另外，1921 年《教育杂志》刊登了儿童文学评论家严既澄的《儿童文学在儿童教育上之价值》一文，他明确提出了"真正的儿童教育，应当首先注重这儿童文学"④ 的主张。1922 年 1 月 1 日，《中华教育界》第 11 卷第 6 期专刊"儿童用书研究号"，集中发表了 20 多篇有关儿童用书研究的论文，这一组论文，从教育的角度出发，对儿童各方面的用书作了详细透彻的比较、分析与说明，为当时儿童的用书指明了较为正确的方向。1922 年《创造周刊》上刊登的郭沫若的《儿童文学之管见》一文，则将儿童直接纳入了人类社会根本改造的环节当中去。"人类社会的人类社会根本改造的步骤之一，应当是人的改造。人的改造应当从儿童的感情教育、美的教育着手。"⑤ 1923 年 3 月，《晨报副刊》在 3 月刊登了周作人的《儿童剧》与《玩具》两文。在前一篇文章中，周作人从自己儿时获得的经验出发，探讨了"儿童剧"的必要性，同时他还主张儿童剧创作的内容，"第一要紧是一个童话的世界"⑥。而在第二篇文章里，周作人对玩具作了详细的探讨，他极其鲜明地认为"玩具本来是儿童本位的，是儿童在'自然'这学校里所用的教科书与用具，在教育家很有客观研究的价值，但在我们平常人也觉得很有趣味，这可以称作玩具之古董的趣味。"⑦ 在对日本玩具和西方玩具输入中国分析

---

① 《发刊词》，《妇女杂志》1918 年第 1 卷第 1 号。
② 胡适：《我的儿子》，《每周评论》1919 年 8 月。
③ 叶圣陶：《叶圣陶论创作》，上海文艺出版社 1982 年版，第 12 页。
④ 严既澄：《儿童文学在儿童教育上之价值》，转引自《1913—1949 儿童文学论文选》，少年儿童出版社 1962 年版，第 214 页。
⑤ 郭沫若：《儿童文学之管见》，转引自《1913—1949 儿童文学论文选》，少年儿童出版社 1962 年版，第 34 页。
⑥ 周作人：《儿童剧》，见王泉根编《周作人与儿童文学》，浙江少年儿童出版社 1985 年版，第 152 页。
⑦ 周作人：《玩具》，见周作人《自己的园地，雨天的书》，人民文学出版社 1988 年版，第 94 页。

的基础上，他认为玩具在中国是受到忽视的，"即此一事，尽足证明中国对于玩具的冷淡了"①。毫无疑问，他在此对儿童剧和儿童玩具的分析，包含着对儿童的关切与思考。

如此众多的刊物专门来探讨儿童的诸种问题，是前所未有的历史现象。这就足以表明，儿童问题在当时已经成为社会舆论比较关心的热点话题，也产生了一定程度的轰动效应。这也是新文化运动时期"儿童的发现"深化的一种具体表现，充分说明了儿童问题也是时代与社会关注的问题之一，是时代与社会发展需要的一种深刻体现与全面反映。

三 进步社团开展活动的主题

新文化运动时期，全国各地一下子涌现出了许多以改造社会进步为主旨的进步社团。它们广泛开展各种活动，定期出版刊物，讨论社会问题以及就各种社会问题进行广泛的宣传，对当时民主爱国运动的深入开展、对文化思想的传播，对人民大众思想的启蒙起到了积极有效的推动作用，同时也鲜明地反映了那个时代先进知识分子与启蒙者们生动活泼的思想文化面貌。其中的不少文学社团和教育社团就是当时这种历史现象的直接反映。然而，虽说这些进步社团以救国救民为根本任务，但无论是文学社团或是教育社团，儿童问题都是它们开展活动的重要主题或重要内容之一。而这也体现了他们救国救民的具体化与明细化。

（一）文学社团活动的重要主题

在众多的文学社团中，最为关心儿童以及儿童文学的莫过于由茅盾、郑振铎、叶圣陶等作家为首的于1920年所发起的"文学研究会"了。因为文学研究会在当时成立后不久，就发起了影响巨大与声名远播的"儿童文学运动"②。在儿童文学运动展开的过程中，无论是创作、翻译儿

---

① 周作人：《玩具》，《自己的园地，雨天的书》，人民文学出版社1988年版，第97页。
② 有关"文学研究会"发起的"儿童文学运动"研究，可参考蒋风主编的《中国现代儿童文学史》（1986年）和王泉根所著的《现代中国儿童文学主潮》（2004年）二书。在这两本书中，他们分别从不同的角度、不同的层面对"文学研究会"的宗旨、所依托的舆论阵地、主要参与的作家、开展的丰富多彩的活动、所造成的深广影响等方面作了细致完整的梳理、介绍与论述。同样，对于"儿童文学运动"中所开展的活动，所取得的成果，所造成的积极影响等方面，这二书也同样进行了完整的归纳与梳理。

文学作品，还是儿童文学理论研究，参与儿童文学运动的学者作家都以积极的情感与态度在行进着，思索着与建构着。"儿童文学运动"以及儿童文学所显示的一种诗性力量、灵性感觉、一种执著追求精神，在国家处在动荡、民族处在危机的时代里显示了其存在的理由和价值。儿童文学运动，朱自清先生在其开展后的几年曾给予了密切的关注，投去了赞许的目光。1929 年，他在其编写的《中国新文学研究纲要》中，专门标注了"儿童文学运动"六个大字，并对"儿童文学运动"在中国新文学中所处的地位以及所起的积极作用予以了充分的肯定。

除了"文学研究会"发起的"儿童文学运动"之外，1920 年冬天成立的"歌谣研究会"从传统儿歌收集与研究的角度拉开了关注儿童精神世界的帷幕。1918 年 2 月，在北京大学任教的刘半农、周作人、沈尹默等，设立了歌谣征集处，在全国范围内发起了征集民间歌谣的活动。1922年，他们又创办了《歌谣周刊》。这一活动的结果，是在全国范围内收集到了一万三千多首民间歌谣，其中有大量的童谣儿歌。不仅如此，周作人、顾颉刚等人还专门写文章，对收集上来的传统民间歌谣进行了细致的研究，经过分析，他们认为传统儿歌"音韵流利，趣味丰富，思想新颖，不仅对于练习发音非常注意，并且富有文学意味，迎合儿童心理，实在是儿童文学里不可多得的好材料"[1]。

除了文学研究会，同样关心儿童以及重视儿歌采集工作的还有 1919年成立的"少年学会"社团。"少年学会"所创办的半月刊杂志《少年》，除了发表儿歌童谣外，"还专门刊登了《〈中国的儿歌〉序》、《〈北京的歌谣〉序》以及《帮助研究近世歌谣的朋友》等文章"[2]。"少年学会"社团对儿童歌谣的收集与整理工作也从一个侧面鲜明地反映了儿童问题在当时受到了普遍的关注。

（二）教育社团活动的重要主题

新文化运动时期，一批先进的知识分子抱着教育救国、救民的愿望以及希冀通过教育来改造社会的理想出发，成立了不少的教育社团。"中国科学社"、"全国教育会联合会"、"中华职业教育社"、"中华教育改进

---

① 褚东郊：《中国儿歌的研究》，原载《小说月报》1927 年 6 月第 17 卷号外。
② 蒋风：《中国现代儿童文学史》，河北少年儿童出版社 1986 年版，第 19 页。

社"、"北京大学平民教育讲演团"、"平民教育社"、"中华儿童教育社"等在中国近代教育史上是比较有名的教育社团。这些教育社团都从不同侧面、不同程度地关心过儿童以及儿童教育问题。在这些社团中,"中华儿童教育社"、"平民教育社"、"中华教育改进社"与"北京大学平民教育讲演团"四个社团在儿童问题方面所做的工作是较多的,在当时产生的影响也比较大。下面作一简要叙述。

"中华儿童教育社"是由陈鹤琴等人提倡创办的。据陈鹤琴回忆说,该社团创立的情况是这样的:"在民国十五年(1926)的时候,少数同志,对于幼稚教育颇有兴趣,便在南京组织幼稚教育研究会,并出版《幼稚教育刊物》,后改名为中华儿童教育社。"① 中华儿童教育社的宗旨是纯粹的学术研究机关,主要研究的是小学教育,幼稚教育,家庭教育;注重儿童之实际问题,供给实施儿童教育之具体材料。中华儿童教育社更名前后,编辑和出版了不少的儿童教育研究丛书、小学教师辅导丛书,同时出版了《儿童教育》、《活教育月刊》、《良师月刊》等刊物。从1930年到1937年,分别召开了7次年会,先后讨论小学课程、儿童中心教育、健康教育、公民训练、生产教育、非常时期中国儿童教育之改进、学前儿童教育等问题。

"平民教育社"是五四时期提倡通过普及教育来改造社会和救国图强的社团中的一个典型。该社成立于1919年10月初,"由北京高等师范学校的教职员和学生联合组成的,期间,高师的两个社团'教育与社会杂志社'和'实际教育研究社'先后并入,平民教育社的成立深受当时来华讲学的杜威博士'民本主义'的影响。该社以提倡研究'德谟克拉西'教育的学说和实施方法及批评旧式教育、思想和社会为己任,提倡通过改良和革新教育,使全体人民都受到民主和科学的熏陶"②。"平民教育社"到1924年停止活动,前后维持了五年的时间。尤其到了后期,平民教育社团所研究的只限于小学教育,特别关心年少儿童的教育。正如其成员曹配言在设立讲演会时所讲的那样:我们的目的是"使全国中小学教员及有志研究教育者,借以增长新教育智识"③。由此可见,平民教育社在当时的情况

---

① 陈秀云、陈一飞编:《陈鹤琴全集》第六卷,江苏教育出版社2008年版,第261页。
② 周慧梅:《五四时期的平民教育社》,《科学时报》2009年5月4日B2—B3版,五四特刊。
③ 《五四时期的社团(三)》,生活·读书·新知三联书店1979年版,第31页。

下从关心儿童的教育入手来改变中国的做法与努力，在当时落后势力控制中国，封建传统教育还根深蒂固的情况下，确实令人敬佩。

1921 年成立的"中华教育改进社"同样是在新文化运动时期一个有影响力的教育社团。它由中华新教育共进社、新教育杂志社、实际教育调查社三团体合并改组成立。总事务所在北京。该社以蔡元培、范源濂、郭秉文为董事，美国教育家孟禄、杜威为名誉董事，陶行知为总干事。宗旨是调查教育实际，研究教育学术，力求教育进步。成立之后的"中华教育改进社"，每年开会一次。在关心儿童教育问题方面，值得称道的是推行过儿童智力测验和教育测验。这对于当时的中国儿童教育研究来说，无疑是开了先河的。

"北京大学平民教育讲演团"是五四时期北京大学的一个学生团体，是由邓康、廖书仓、康白情等人于 1919 年 3 月底成立。成立后的"北京大学平民教育讲演团""定期讲演，每月四次，于每星期下午一时至四时举行之"①。作为进步的学生团体，"北京大学平民教育讲演团"关注教育的热情是高涨的，其成员不仅在城市内部开展讲演活动，而且还深入到农村进行宣传与报道。这其中，教育以及儿童教育经常是讲演团演讲的重要内容。例如，1920 年 4 月 10 日，在丰台讲演小组的报告中，讲演的题目就有"同业联合与儿童教育"、"平民教育的重要性"与"为什么要读书"等。②

总之，在新文化运动中，儿童问题借助于进步团体"文学研究会"的"儿童文学运动"、"歌谣研究会"、"少年学会"等社团的文化宣传与报道，借助于"中华儿童教育社"、"平民教育社"、"中华教育改进社"与"北京大学平民教育讲演团"等社团的参与讨论与社会的深入实践，在社会上也引起了强烈的反响，受到了多方面的关注。

四　儿童报纸杂志的崛起

儿童问题在新文化运动时期受到普遍关注除去以上三个方面之外，一

①　《北京大学平民教育讲演团·五四爱国运动（上）》，中国社会科学出版社 1979 年版，第521 页。
②　同上书，第 529 页。

个重要的，且值得人们为之鼓舞欢欣的是儿童报刊的突然崛起，越来越多的儿童报刊开始出现并为儿童提供新鲜的丰富多彩的精神食粮。儿童报刊作为反映和体现儿童问题的形式之一，它从儿童精神成长与发育的角度担当起了关心儿童的重任与促进儿童发展的责任。在当时，这对于那些真正关心儿童问题的成人而言无疑是一件无比喜悦与欣慰的事情。因为，在封建社会的中国，由于"儿童文化"的极度落后，再加上成年人总是"要求儿童快快结束儿童期"①，所以真正为儿童出版报刊几乎是没有可能也无着落的事情，更何况成人自己的报纸还没有出现。这正如周作人所极力感慨的那样："在儿童不被承认，更不被理解的中国，期望有什么为儿童的文学，原是很无把握的事情，失望倒是当然的。儿童的身体还没有安全的保障，那（哪）里说得到精神？"② 正是认识到儿童阅读的残酷现实，周作人才充满期望地说："我希望有十个科学，哲学文学美术人类学儿童心理精神分析诸学，理解而又爱儿童的人，合办一种为儿童的期刊，那么儿童即使难得正当的学校，也还有适宜的花园可以逍遥。"③ 周作人所期望的这个"适宜的花园"在新文化运动中实际上已经被真正关心儿童的先进知识分子所创建起来。而且，在这座新兴的花园里，儿童报纸与儿童期刊是其中两枝最为灿烂美丽的花朵。下面，笔者就从儿童报纸和儿童期刊两个方面加以梳理与说明（参见表2—1）。

表2—1　　　　　　　　新文化运动时期儿童报刊一览表

报刊名称	创刊时间	停刊时间	出版单位
《童报》		1920	扬州五师附属小学童报社
《少年报》	1921	1921	上海交通图书馆
《春风周报》	1922	1922	宁波
《儿童世界》	1922 年 1 月	1941	商务印书馆
《小朋友》	1922 年 4 月		上海中华书局
《小弟弟》	1922		上海中华书局
《小妹妹》	1922		上海中华书局

---

① 刘晓东：《儿童教育新论》，江苏教育出版社1998年版，第49页。
② 王泉根编：《周作人与儿童文学》，浙江少年儿童出版社1985年版，第51页。
③ 同上。

报刊名称	创刊时间	停刊时间	出版单位
《儿童报》	1923		中华书局编译所
《儿童报》	1924		沈松泉
《儿童周报》	1924		北京儿童报社

资料来源：《现代儿童报纸史料》，少年儿童出版社 1986 年版，第 204—205 页。

（一）儿童报纸的兴起

1903 年，专门服务于儿童的儿童报纸《童子世界》在中国的上海正式创刊。蔡元培、章太炎是创办人。该报的宗旨是向儿童传授知识，宣传革命。尽管该报当时在一定程度上还带有成人较强的政治期望色彩于其中，但就当时的影响而言，这已经是一件破天荒的大事。因为"中国人总是为成年人着想，两千年来没有哪位作家为孩子们写过什么，没有任何一个时期的艺术家为了带给孩子们欢乐而拿起画笔，去描绘孩子们的生活，也没有一位学者提议编写一套易学、有趣的教科书"[1]。所以，更不用提哪个成人会专门去为了孩子而去创办一份报纸。继《童子世界》之后，服务于儿童精神成长与发育的《少年报》（每周一期）也于 1912 年在广州创刊发行。可喜的是，从新文化运动遽然兴起到五四运动后期，不少儿童报纸如雨后春笋，纷纷破土而出，尽管有的儿童报纸发行的范围较小且持续与存在的时间也比较短暂，但在当时却是一种颇为壮观的文化奇观。《童报》、《少年报》、《儿童报》等就是这一时期出现的并专门服务于儿童的报纸。当时，这些报纸主要刊登的是一些适合儿童阅读的文学艺术作品。在这些儿童文学艺术作品中，有的是国内的作家所创作的，有的是直接将国外的儿童文学作品翻译出来而予以刊登的。例如，"1923 年，中华书局编译所在北京开办了《儿童报》，每周一期。它初步具备了报纸的规模和特征，主要刊登适合儿童阅读的文艺作品，1924 年冬，北京儿童报社创办了《儿童周报》，仅出 60 期，刊登了一些儿童文艺作品。我国最早从事儿童文学研究和创作的郑振铎、周作人等积极为其撰稿，使报纸增色不少。"[2] 除了国内作家所创作的儿童文学作品外，由西方翻译过

---

[1]　［英］麦高温：《中国人生活的明与暗》，朱涛、倪静译，中华书局 2006 年版，第 67 页。

[2]　曹祈东：《我国儿童报纸史话》，www.bjd.com.cn，2007 – 06 – 01。

来的童话作品也不时地见诸各大儿童报纸的版面。这些儿童报纸在大量刊登儿童文艺作品的同时，还专门刊登与报告一些与儿童新闻有关的话题，在当时起到了扩大儿童生活视野的作用。

（二）儿童刊物的兴起

与儿童报纸在中国出现的情况类似，直到 1875 年，第一本儿童刊物①《小孩月报》才在中国的上海正式创刊。随后，陆续有一些少年儿童刊物的出现以及发行，在当时比较有影响的是商务印书馆 1900 年 2 月创办的《少年杂志》和 1914 年创办的《学生杂志》。中华书局也于 1914 年 7 月创办了《中华童子界》月刊。到了新文化运动时期，尤其是在五四爱国运动之后，儿童刊物也一下子增加了不少。例如创刊于 1922 年的《童子世界》和《小朋友》等。《童子世界》和《小朋友》在当时都是特别有影响的综合性的儿童期刊。在《〈儿童世界〉宣言》中，郑振铎明确指出："我们出版这个《儿童世界》，宗旨就在于弥补这个缺陷（儿童自由的读物，实在极少）。"② 由此也足以见得，此前的中国，服务于儿童精神世界的报刊是绝少的，而这也就意味着儿童刊物的出现，不仅有较强的针对性，而且在当时具有鲜明的意义与价值。

众多服务于儿童的儿童报刊的出现，打破了此前儿童报刊的寥若晨星局面，到 1930 年，儿童报刊的数目达到了近 30 多家。由此足以说明，儿童报刊逐渐兴盛起来，这从一个侧面也标示着儿童问题受到了时人的全面与深入的关注，儿童也逐渐进入了思想文化界的视野，受到了知识阶层的关注与重视。从儿童的立场来看，这无疑是令儿童为之欢欣鼓舞的事情，因为历史发展到新文化运动时期，终于有成人肯拿起笔来、愿意拿起笔来描绘他们的世界和为他们创作适合于他们阅读的儿童文学作品了。尽管在这些作品中，部分还带有成人的某些政治期望。但相比以前的时代而言，这已是重要而明显的进步了。

---

① 这里面所说的儿童刊物，是指期刊，类似于今天的《东方娃娃》，这里用儿童刊物这个名称，是为了和儿童报纸区分开来。

② 郑振铎：《〈儿童世界〉宣言》，转引自《1913—1949 儿童文学论文选》，少年儿童出版社 1962 年版，第 30 页。

五　儿童书籍的破茧成蝶

儿童问题不仅是儿童报刊、杂志反映的课题之一，同时更是众多书局或书馆所要出版的。因为，儿童书籍作为儿童问题的一部分，其先前的命运和儿童报刊如出一辙。这里的儿童书籍，一方面指的是为成人而生产出来的，主要是以学术、专业或教材的形式而呈现的。我们称之为"儿童书籍"，按照不同的内容来划分，主要包括以下五方面：儿童心理学、儿童教育学、儿童文学理论、儿童学、儿童图书馆学。另一方面是专门为儿童生产出来的书籍，我们称之为"儿童的书"，尽管是专门为儿童而生产出来的书，但"儿童的书"并非由儿童本人操刀制作，而是由成人来制作生产出来的。

（一）"儿童书籍"的翻译与出版

在新文化运动之前，"儿童书籍"的出版可谓寥寥无几，主要集中在儿童心理学与儿童教育学方面。而且，这两方面的儿童书籍主要是从西方和日本翻译过来的，以西方学者和日本学者所著的居多。例如，吉林图书馆于1912年出版了日本学者松本孝次郎的《普通儿童心理学》一书；湖南图书编译局于1913年出版了美国学者麦加利的《儿童智力研究之启导法》一书；上海广学会于1914年出版了美国学者梅真耐的《婴孩学堂教授法》一书；中国学者张景良的《幼稚园保育法儿童心理学》一书也在1909年被中国图书公司出版。此外，庄庆祥主编的《幼稚作法教授法》一书在1914年由商务印书馆出版发行。然而，新文化运动兴起后，尤其是在五四运动之后，由于以儿童为主的西学源源不断地输入，再加上出外留学人员的归国、杜威来华讲学的广泛影响、儿童教育的推动、出版事业的逐渐兴起、兴盛以及热心儿童事业的文艺、教育界人士的共同努力，骤然间，"儿童书籍"得到了空前的出版，呈现出繁荣兴盛的景象，"儿童书籍"的数目由原来的七八种一下子就增加到了三十多种。例如，今天我们所熟知的陈鹤琴的相关儿童书籍就是其中鲜明的一例。1925年，商务印书馆出版了我国学前儿童教育研究的开拓者陈鹤琴的《儿童心理学》（上、下册）一书，此书是陈鹤琴根据自己教学和研究中所积累的材料，并参考西方儿童心理学研究成果的基础上而完成的。"这是我国儿童心理

学的一本开拓性和奠基性的著作。"① 同年，陈鹤琴的《家庭教育》一书
出版。该书出版所具有的价值与意义正如陶行知所高度评价的那样："此
书系近今中国出版教育专书中最有价值之著作。"② 这也从一个侧面说明
了家庭教育对于国家的重要性。

　　除去儿童心理与儿童教育的书籍外，儿童文学理论的书籍在新文化运
动期间也得到了空前的出版。在新文化运动之前，专门探讨儿童文学理论
的书籍还没有问世，尽管如此，但已经有为数不少的文章来开始探讨与研
究儿童文学理论方面的内容了，例如，孙毓修于 1909 年在《教育杂志》
上发表了《童话序》一文，周作人于 1912 年在《教育部编纂处月刊》上
发表了《童话略论》一文。到了新文化运动期间，"已有一种趋势，就是
'儿童文学'——童话、神话、故事——的提倡"③，所以，与这一趋势相
合的就是儿童文学理论书籍的出版。例如，1923 年，商务印书馆出版了
魏寿镛与周侯予的《儿童文学概论》一书，该书对儿童文学的定义以及
儿童文学的本质等方面做了简明扼要的分析、阐述、总结与概括。可谓我
国儿童文学理论研究领域的发轫之作。1924 年，中华书局出版了朱鼎元
的《儿童文学概论》一书。截至 1927 年，共有 6 本儿童文学理论的书籍
问世，而到了 1930 年，这个数目达到了 10 本。众多儿童文学理论书籍的
出版可以证明：在新文化运动时期，我国儿童文学理论的研究有了长足的
进步与发展。

　　关于儿童学书籍方面的概况，在前一章的内容中已经有所涉及，这里
就不再加以论述。而有关儿童学书籍在这一时期的出版情况，在下面关于
"儿童书籍"的表格中，笔者将会列举出来。

　　这里，最为值得一提的是儿童图书馆学书籍的出版。"中国儿童图书
馆学是从我国儿童图书馆事业的实践中总结出来的，是从经验知识逐步上
升到科学知识的。它孕育于本世纪初叶我国儿童图书馆的兴起时期，形成
于九十年代的兴盛时期，历经百年发展过程……1909 年，蔡文森先生在
上海《教育杂志》发表《设立儿童图书馆办法》一文，是我国第一篇论

　　① 朱智贤、林崇德：《儿童心理学史》，北京师范大学出版社 1988 年版，第 545 页。
　　② 陶行知：《评陈著之〈家庭教育〉——愿与天下父母共读之》，原载《新教育评论》
1925 年 12 月。
　　③ 胡适：《儿童文学的价值》，转引自《1913—1949 儿童文学论文选》，少年儿童出版社
1962 年版，第 481 页。

述儿童图书馆问题的文章，在我国步入自己研究儿童图书馆学的道路上起到了领军作用。二十世纪二十年代，我国已有 25 篇儿童图书馆专业文章问世。"① 由此可见，在新文化运动时期，我国的儿童图书馆学研究不但发生，而且已经有了明显的进步与发展。这一时期，中国第一本关于儿童图书馆书籍的《儿童图书馆之研究》一书由商务印书馆于 1924 年出版。这本书是由陈逸翻译的，原书的作者是日本的泽慈海河与竹贯宜人二人。到了 1929 年，王京生的《儿童图书馆》由商务印书馆出版。儿童图书馆学书籍的出版，不仅是对以往儿童图书馆研究的总结与概括，同时也在当时开启了我国儿童图书馆研究的新起点（参见表 2—2）。

表 2—2　　　　　　　　　新文化运动时期"儿童书籍"一览表

书名	作者	译者	出版时间	出版单位
《儿童训练法》	沈澄清		1915	商务印书馆
《实用儿童心理学讲义》	朱光、杨保恒		1915	中华书局
《儿童矫弊论》	叶农生		1917	中华书局
《儿童心理学》	邵瑞光		1921	天津劝学所
《人生教育》	Dr. Miller	郑宗海、俞子夷	1921	商务印书馆
《实用儿童教育学》	傅利门	徐松石	1921	上海广学书局
《儿童学概论》	凌冰编著		1921	商务印书馆
《幼稚园课程研究》	唐钰		1922	中华书局
《儿童与教材》	杜威	郑宗海	1922	中华书局
《儿童学概论》	关宽一	王雪荨	1922	公民书局
《儿童学》	关宽之	朱孟迁、邵人模	1922	商务印书馆
《儿童心理学》	萧恩承		1922	商务印书馆
《儿童自治》	江卓群		1923	江苏第一师范小学
《儿童之训练》	G. Shill	陈鸿壁	1923	商务印书馆
《儿童的教育》	爱伦凯	沈泽民	1923	商务印书馆
《儿童心理学纲要》	艾华		1923	商务印书馆
《儿童文学概论》	魏寿镛、周侯予		1923	商务印书馆

---

① 陈峰：《中国儿童图书馆学百年回眸与发展思考》，《图书馆工作与研究》2004 年第 1 期。

书名	作者	译者	出版时间	出版单位
《儿童文学概论》	周侯予		1923	中华书局
《儿童教育学》	贝克	谢颂羔、米星如	1924	上海协和书局
《儿童图书馆之研究》	泽慈海河竹贯宜人	陈逸	1924	商务印书馆
《儿童文学概论》	朱鼎元		1924	中华书局
《童话评论》	赵景深		1924	中华书局
《训练法》	范寿康		1925	商务印书馆
《儿童心理学》	陈鹤琴		1925	商务印书馆
《儿童心理学》	高五柏	陈大奇	1925	商务印书馆
《儿童爱》	司托泼	潘公展	1926	光华书局
《实际幼稚园学》	陈华		1926	商务印书馆
《幼稚园的研究》	张雪门		1926	北新书局
《儿童学实地研究》	蒲洛克		1926	商务印书馆
《儿童学》	曾作忠		1926	素存室
《幼稚园教育》	王骏声		1927	商务印书馆
《儿童学的新观念》	比奈	曾展谟	1927	商务印书馆
《童话概要》	赵景深		1927	北新书局
《童话论集》	赵景深		1927	开明书局

资料来源：李利芳：《中国发生期儿童文学理论本土化进程研究》，中国社会科学出版社2007年版，第381—391页。

众多"儿童书籍"的出版，同样是前所未有的文化历史现象，由此也就充分表明，儿童问题通过外来"儿童书籍"的翻译与出版的特殊方式，已经成为当时社会的一个重要问题。儿童教育、儿童文学等问题在当时也越来越受到更多关心儿童成长与社会进步的成人关注、重视与期待。

（二）"儿童的书"的翻译与创作

这里所指涉的"儿童的书"，不仅仅是指专门的以书的形式来呈现儿童文学艺术的作品，同时还包括成人为儿童创作出来刊登在刊物上的童话、故事、寓言、儿歌、童谣、儿童诗以及一些从国外翻译过来的童话、故事、寓言、儿歌等儿童文学艺术作品。为论述的方便起见，我们从两个方面对其进行归类。一类是从国外翻译过来的"儿童的书"；另一类是国内本土作家自己生产创作出来的"儿童的书"。

1. 国外"儿童的书"的翻译

1922年7月，在谈到中国翻译国外的儿童文学材料的情况时，郑振铎曾理直气壮地说："一切世界各国里的儿童文学的材料，如果是适合于中国儿童的，我们却是要尽量采用的。因为它们是'外国货'而不用，这完全是蒙昧无知的话。有许多许多儿童的读物，都是没有国界的。存了排斥'外国货'的心理去拒绝格林、安徒生童话，是很可笑的，很有害的举动。我们希望社会上更够去除这个见解。"① 郑振铎的这段话是颇值得玩味的，从当时的情况来看，尽管出现了新文化运动的思想启蒙，文化界也经过了欧风美雨的洗礼，但国人并没有因此在儿童文学的翻译方面做到真正的解放思想，相反他们却是对外来的"儿童文学"抱有成见、存有排斥，甚至是敌视的心理。从中也就不难想象，国外儿童文学的翻译以及在国内的传播并非一帆风顺，但这只是历史的支流。实际上，在新文化运动之前，我国就已经开始译介国外的童话以及儿童读物了。例如，在晚清时期，政治思想家梁启超就翻译出了《十五小豪杰》的儿童文学作品，包天笑翻译出了《爱国幼年会》的儿童文学作品，林琴南翻译出了《鲁滨逊漂流记》与《爱国二童子传》两部儿童文学作品。从题材的角度来看，尽管这些儿童读物还集中在爱国教育方面，但它们的流播在客观上丰富了晚清、辛亥时期年幼儿童的精神食粮，使得儿童的精神世界接触到了更为广阔的世界。随着时间的推移，当历史发展到新文化运动时期，尤其是进入五四运动之后，"世界上家喻户晓的和最杰出的儿童文学作品，诸如格林、王尔德、安徒生、爱罗先珂、望蔼覃的童话，都在这一时期介绍到了中国"②，来到了可爱的孩子们中间。毫无疑问，这一时期翻译和介绍过来的儿童文学作品，从题材的反映来看，体现的是儿童的需要、儿童的情趣，蕴涵着儿童的天性与童心，但有的文学作品还反映了儿童的生活、儿童的游戏等。这种翻译题材的变化自然地打破了先前一段时间内儿童文学作品的单一爱国主体模式，在客观上真正顺应了儿童的天性以及满足了儿童的精神成长与快乐的需要（参见表2—3）。

① 郑振铎：《第三卷的本志》，见《儿童世界》1922年第2卷第13期。
② 钱理群：《周作人论》，上海人民出版社1991年版，第147页。

表 2—3　　　　　新文化运动时期国外"儿童的书"翻译一览表

书名	作者	译者	翻译时间	出版单位
《安徒生童话》	安徒生	陈家、陈大镫	1918	
《格林童话》	格林兄弟	赵景深		崇文书局
《爱罗先珂童话》	爱罗先珂	鲁迅		上海商务印书馆
《天鹅》		郑振铎、高君箴		
《爱丽丝漫游奇境记》	刘易斯·卡洛儿	赵元任	1922	商务印书馆
《爱的教育》	埃米契斯	夏丏尊	1923	开明书店
《列那虎》		郑振铎	1925	

资料来源：蒋风主编：《中国现代儿童文学史》，河北少年儿童出版社 1986 年版，第 67—93 页。

除此之外，笔者还想补充一点的就是印度诗人泰戈尔。其实，在新文化运动中，泰戈尔的诗歌也被郑振铎翻译到了中国。尤其是他的《新月集》，集中体现了儿童情趣的诗歌，给当时的文学爱好者留下了深刻的印象。

2. 国内"儿童的书"的创作

在漫长的封建社会中，"中国向来对于儿童，没有正当的理解，又因为偏重文学，所以在文学中可供儿童之用的（书），实在绝无仅有；但是民间口头流传的也不少，古书中也有可用的材料，不过没有人采集或修订了，拿来应用。"① 另外，"中国向来以为儿童只应该念那经书的，以外并不给预备一点东西，让他们自己去挣扎，止那精神上的饥饿；机会好一点的，偶然从文字堆中——正如从秽土堆中检煤核的一样——掘出一点什么来，聊以充腹，实在是可怜的。"② 由于没有对儿童形成科学合理的认识，缺乏对儿童精神世界的细致考虑，再加上"教育却想把他（儿童）做成一个忠顺的国民"③。所以，真正服务于儿童精神世界的儿童意义上的"儿童的书"在封建社会的中国并没有出现过，尽管古代的中国也出现过所谓的"儿童的书"，例如《小学》、《三字经》、《千字文》、《神童诗》，等等，但这些书都是以成人的心理与期望为标准而编制出来的，所以，书

---

① 周作人：《儿童的文学》，《新青年》1920 年第 8 卷第 4 号。
② 王泉根编：《周作人与儿童文学》，浙江少年儿童出版社 1985 年版，第 52 页。
③ 同上书，第 49 页。

的内容也是绝少考虑儿童自身的特点的。"孩子们所阅读的书中，满是抽象细致的论述、深奥的伦理辩论和其他一些更适于成年人而不是孩子去思考的东西。"① 这正如周作人所极力感慨的那样："中国还未曾发现（见）了儿童——其实连个人与女子也还未发现（见），所以，真的为儿童的文学也自然没有，虽市场上摊着不少的卖给儿童的书本。"② 事实上，"中国学者中没有注意儿童研究的，文人自然也同样不会注意，结果是儿童文学也是一大堆的虚空，没有什么好书，更没有什么好画"③。这种"儿童的书"在中国的荒漠化状况，不止周作人一个人认识到了。其时，当过小学教师的叶圣陶也深刻地认识到了这一悲惨现象，于是，在《文艺谈》里，他也发出了类似于周作人一样的无奈与感慨。他说："古典主义的、传道统的，或是山林隐逸、叹老嗟贫的文艺品……愈选没有缺憾，可供孩子们欣赏的作品，竟不可得。"④ 由此足以见得，服务于儿童精神世界的"儿童的书"在封建社会的中国是何等的缺席。中国儿童读物的命运和儿童精神境遇的悲怆由此可见一斑。

然而，从实际的历史情况来看，在封建社会的中国，还是流传着不少脍炙人口的儿歌与童谣。例如前面我们提到的"歌谣研究会"在短短的时间内就征集到了一万三千多首民间歌谣，其中有大量的童谣儿歌，就是最好的证明。客观而言，在漫长的封建社会中，众多儿歌童谣的存在以及在孩子们中间的吟诵流传，在一定程度上丰富了儿童的精神世界。以至在今天，这些朗朗上口、充满着儿童情趣、生动鲜明的传统儿歌童谣还流传在民间，活跃在儿童的生活中间，成为孩子们经常吟咏的名篇。例如今天我们所熟知的《摇摇摇》就是其中的一首。

摇摇摇⑤

摇摇摇，摇到外婆桥。外婆叫我好宝宝；糖一包，果一包，少吃滋味多，多吃滋味少。

---

① ［英］麦高温：《中国人生活的明与暗》，朱涛、倪静译，中华书局 2006 年版，第 67 页。
② 王泉根编：《周作人与儿童文学》，浙江少年儿童出版社 1985 年版，第 54 页。
③ 同上书，第 37 页。
④ 叶圣陶：《叶圣陶论创作》，上海文艺出版社 1982 年版，第 18 页。
⑤ ［美］泰勒·何德兰、［英］坎贝尔·布朗士：《孩提时代：两个传教士眼中的中国儿童生活》，群言出版社 2000 年版，第 265 页。

经历民族国家失败的刺激，至晚清末年，由关心民族国家命运进而关注儿童健康成长的不少志士仁人满怀激情，主动拿起笔来开始为孩子们创作起文艺作品了，尽管这些作品还带有特定程度的教育味道与色彩。例如，启蒙思想家梁启超于1902年创作的《爱国歌》和近代爱国诗人黄遵宪在1902年创作的《幼稚园上学歌》就是如此。除梁启超与黄遵宪外，晚清的儿童音乐家曾志斋从关心儿童享受艺术的角度出发曾经创作出不少的儿童音乐歌曲来服务于当时的年少儿童。例如，他创作的专供幼稚园所用的《老鸦》就是其中比较有名的一首。现辑录如下：

老　鸦①

　　老鸦老鸦对我叫，老鸦真正孝。老鸦老了不能飞，对着小鸦啼。小鸦朝朝打食归，打食归来先喂母，自己不吃犹是可，母亲从前喂过我。

到了新文化运动时期，由于受到西方翻译过来的儿童文学作品的影响，再加上儿童教育发展与变革的需要，一时间，越来越多关心儿童成长的文学家、艺术家、思想家以及教育家更是满怀热情地拿起笔来，为儿童创作出了一篇篇蕴涵着童心、童趣的童话、小说、故事、诗歌等文学艺术作品以及一幅幅儿童漫画和一幕幕儿童歌剧等艺术作品。对此，晚年的叶圣陶曾有过深情的回忆。他曾说："我写童话，当然是受了西方的影响。'五四'前后，格林、安徒生、王尔德的童话陆续介绍过来了。我是个小学教员，对这种适宜给儿童阅读的文学形式当然会注意，于是有了自己来试一试的想头。"② 例如，茅盾于1917年下半年在《童话》上发表了他的第一篇童话《大槐国》，郭沫若在1920年创作出了童话诗剧《黎明》，郑振铎于1922年在《儿童世界》上发表了《竹公主》、《兔子的故事》、《花架之行》等童话作品。我们所熟悉的童话《稻草人》和冰心的《寄小读者》等著名儿童文学作品也是分别由叶圣陶和冰心在这一时期创作完成的。其时，著名的红学家俞平伯先生还倾心创作了名噪一时的描绘儿童生活的新诗集《忆》。另外，作家王统照在这一时期创作出了反映年幼儿

① 胡从经：《晚清儿童文学钩沉》，少年儿童出版社1982年版，第41页。
② 叶圣陶：《我和儿童文学》，少年儿童出版社1980年版，第3—4页。

童不幸生活的儿童小说《雪后》。艺术家丰子恺创作的儿童漫画也是这一
时期不可多得的儿童艺术珍品。这些作品不仅深受儿童的喜爱，而且也为
成人所喜欢。例如，郑振铎就满怀喜悦地表达出了他对丰子恺漫画的浓厚
兴趣："近一年来，子恺和他的漫画，却使我感到深挚的兴趣。"[1] 而他关
于孩子的漫画同样给叶圣陶留下过深刻的印象，以至于在 1981 年，八十
一岁高龄的叶圣陶在回忆丰子恺时，将自己首次看到他的漫画时所流露出
来的喜悦之情动情地表达了出来。他说："此外的许多幅画都是从现实生
活中取材的，画孩子的特别多，记得有一幅《阿宝赤膊》，两条胳膊交叉
护在胸前，只这么几笔，就把小女孩的不必要的娇羞表现出来了。"[2] 此
外，儿童歌舞剧作家黎锦晖在新文化运动时期创作出了不少的儿童剧本，
比较著名的有《麻雀与小孩》、《葡萄仙子》等。这一时期，陈伯吹创作
出了反映儿童在校生活的儿童小说《学校生活记》（参见表 2—4）。

表 2—4　　　　新文化运动时期国内"儿童的书"创作一览表

书名	作者	出版时间	出版单位
《童话》	沈雁冰	1920	商务印书馆
《雪后》	王统照	1921	商务印书馆
《稻草人》	叶圣陶	1923	商务印书馆
《忆》	俞平伯	1925	北京朴社
《子恺漫画》	丰子恺	1925	上海文学周报社
《寄小读者》	冰心	1926	北新书局
《学校生活记》	陈伯吹	1927	商务印书馆

资料来源：蒋风主编：《中国现代儿童文学史》，河北少年儿童出版社 1986 年版，第 67—
93 页。

综上所述，可以看出，无论是国外"儿童的书"的翻译与出版，还
是国内众多儿童文学艺术作品以及"儿童的书"的创作与出版，在当时

---

[1]　丰子恺：《智者的童话》，团结出版社 2008 年版，第 10 页。
[2]　同上书，第 16 页。

不仅是前所未有的历史现象，也是空前绝后的。儿童文学的繁荣现象，从一个侧面证明了儿童问题在当时受到了广泛的重视。正如茅盾 1935 年在《关于儿童文学》中所论述的那样，他说："'五四'时代的开始注意儿童文学是把'儿童文学'和'儿童问题'联系起来看的，这观念很对。"①当然，如果从这一时期众多儿童文学作品所反映的内容来看，就可以明确地发现："儿童问题"其实也是这一时期儿童文学作品中反映的重要主题。例如《稻草人》中的不少童话作品，对儿童的生活世界，对儿童的梦想以及愿望等都给予了淋漓尽致的描绘。在《寄小读者》中，冰心女士用细腻的笔触，丰富的情感不仅将儿童的精神世界给予了细致入微的描绘，而且为小读者讲述了自己身在异国他乡遇到的孩子们深感兴趣的不少乐趣与见闻等。所以，"儿童的书"即是"儿童问题"的一部分或一个侧面，"儿童的书"又反映着"儿童问题"，即儿童的生活、儿童的命运在儿童文学作品中得到了生动、翔实、丰富的展示。这一点，无论是翻译过来的儿童文学作品，还是国内作家创作的儿童文学作品，都是如此。这在当时也是一个十分有趣的历史与文化现象，仍值得今天的学人去玩味、省思与研究。

六　小结：日益受到重视的儿童

"人的问题，从来未经解决，女人与小儿更不必说了"②；"中国人向来没有挣到过'人'的价格，至多不过是奴隶。"③ 周氏二兄弟同在 1918 年所感慨的这种在中国封建社会中"无人、无妇女、无儿童"的社会文化历史现象，经过新文化运动中先进知识分子们的努力与付出，经过他们对传统封建礼教的批判与抨击，经过他们对人的价值的发现、讴歌与赞美等，已经在思想认识方面出现了根本性的改变。只就"儿童"而言，这一时期，在相当广泛的思想范围内以及社会活动中，儿童问题得到了由思考民族国家命运以及关心儿童成长与发展的知识分子们的重视与对待，并且逐渐演化成了一种社会思潮。在这股"儿童热"的社会思潮中，儿童

---

① 金燕玉编：《茅盾与儿童文学》，河南少年儿童出版社 1983 年版，第 56 页。

② 周作人：《人的文学》，《新青年》1918 年第 5 卷第 6 号。

③ 鲁迅：《灯下漫笔·鲁迅全集》第一卷，人民出版社 1982 年版，第 212 页。

被先进的知识分子从"三纲五常"、"祖先崇拜"的人伦关系的束缚与限制中逐渐解救出来，上述五方面的梳理与叙述便是最根本的明证。而在这五方面的梳理与叙述中，笔者认为，前两方面的内容，主要侧重的是认识方面；后三方面内容，主要侧重的是行动方面。由此也可以判断，无论是在理论方面，或是在实践层面，儿童问题在新文化运动中都受到了人们前所未有的关注与重视。这是儿童之幸，也是民族国家之幸。

第三章 "儿童的发现"的内容及特色

"'五四'新文化运动中,中国出现了一股'儿童热'。"① 或者如班马所言,在中国"发生了一次'儿童的发现'的理性认识之觉醒"②,明确说是成人头脑中的儿童意识被唤醒。这正如笔者在前面第二章所叙述与整理的那样,儿童问题在新文化运动时期受到了普遍的关注。正是在普遍关注的过程中,儿童才逐渐被发现了出来。那么由此而引申的问题就是,"儿童的发现"具体所指的与儿童有关的内容是什么?或者说,在新文化运动中,先进知识分子通过对腐朽衰败的、束缚与压制儿童健全成长的封建礼教的批判,经由揭开蒙在儿童身上种种的神秘面纱,或进一步在儿童文学与儿童艺术作品中通过对儿童的细致描绘,或通过对儿童心理的多方考证与研究,或通过对教育实践中儿童的观察等不同方式为人们展示了一种什么样的儿童形象以及以"儿童为中心"的与儿童有密切关系的何种丰富内容?进一步而言,先进知识分子究竟发现了什么样的儿童价值,儿童或童年的意义以及何种儿童秘密?而与之相伴随的问题是,立足于时代与社会的背景,"儿童的发现"的具体内容又呈现出何种鲜明的时代特色?这是本章所力图要考察与解决的两个根本问题。

一 "儿童的发现"的具体内容

在新文化运动蓬勃开展的过程中,不少先进的知识分子,尽管他们所持的政治立场不同、抱有的信仰存在较大差异、研究的领域也相去甚远、

---

① 钱理群:《周作人论》,上海人民出版社1991年版,第147页。
② 班马:《前艺术思想——中国当代少年文学艺术论》,福建少年儿童出版社1996年版,第302页。

家庭出身与社会地位也有较大不同、所受教育程度各有高低、职业也千差万别，但他们却能在一个点上相逢，这就是在发现儿童与关心儿童这个点上相逢。由此足以见得，儿童的吸引力量是巨大的，他能将不同领域、不同信仰的人们聚集在一起，并就儿童的各种问题展开广泛的对话与沟通。这正如蒙台梭利所言说的那样："无论属于什么样的政治或宗教团体，人们都十分亲近儿童、热爱儿童。儿童团结的力量正是出自于这种爱。成年人有着强烈的，常常是疯狂的信仰，并由此而形成多种团体。当他们在一起进行讨论时，他们很容易动手互殴。但是，所有的人对待儿童的感情是相同的。然而，很少有人认识到儿童的这一巨大作用。"[1] 于是，我们看到，在"儿童"这个点上，众多的学者、诗人、教育家、心理学家、思想家以及文学艺术家等，通过不同的方式来表达、诠释他们对于儿童多方面、多角度、多层次的理解与见识，也用笔墨来描绘出他们心目中儿童的形象，这些理解、见识与形象综合起来，合成了"儿童的发现"的具体内容。由此历史也可以判断，"儿童的发现"的初步形成，是一个多条小溪汇成江河大海的渐进过程。进而言之，"儿童的发现"的初步完成、"辟人（儿童）荒"历史的向前推进，离不开众多先进知识分子共同的努力与贡献。

（一）"童年的再现"与儿童话语分类

从既有的史实来看，先进知识分子关于儿童的理解与见识是多方面、多角度与多层次的，而且其表达、诠释、描绘的方式又存在着不小的差异，正如我们在第二章对儿童问题受到普遍的关注和重视中所论述与分析的那样。这就为我们梳理与归纳"儿童的发现"的具体内容带来不小的麻烦。有鉴于此，我们尝试着引入英国学者大卫·帕金翰在分析"童年"话语时对"童年的再现"形式所作的分类标准，以此来更好地梳理与归纳"儿童的发现"的具体内容。

在大卫·帕金翰看来，"童年"这个范畴在现实社会生活中的定义与维持，完全取决于两种主要话语的产制。其一是有一些关于儿童的话语，这些话语主要是为成年人而生产出来的，它们（这些话语）不仅以学术

---

① ［意］蒙台梭利：《蒙台梭利幼儿教育科学方法》，任代文译校，人民教育出版社2006年版，第609页。

或专业讨论的形式再现出来，同时也出现在小说、电视节目以及为社会大众提供生活指南的文学作品中。事实上，他认为关于童年"科学的"或"事实的"话语（例如心理学、生理学或医学）通常与"文化的"或"虚构的"话语（诸如哲学、想象文学或绘画）紧密相连。二是有一些为儿童生产出来的话语，以儿童文学、电视节目和其他媒体等形式再现出来，尽管这些话语贴着儿童的标签，事实上却很少是由儿童自己制作的。① 受大卫·帕金翰分析"童年的再现"的"童年"观念与分类的启发，笔者就新文化运动时期"儿童的发现"过程中先进知识分子对儿童的直接描绘和对他们提出的具体儿童观的内容作如下逻辑划分：一是为成年人而生产出来的儿童话语；二是为儿童而生产出来的儿童话语。前者姑且称之为"为成人的儿童话语"，后者称之为"为儿童的儿童话语"。需要明确交代一下的是，这里运用"儿童话语"一语取代"'儿童的发现'的内容"一语。笔者还想交代的是，这样的划分也并非绝对的，不存在任何的褒贬之分，并不是说为成人的儿童话语就一定完全是给成人看的，为儿童的儿童话语完全是为儿童理解的。实际上，如果对两种话语深究可以发现，二者具有一定的区别，也有一定的联系。接下来，笔者按照上述的逻辑划分来对新文化运动时期"儿童的发现"的具体内容进行较为全面的梳理与概括。

（二）为成人的儿童话语

从笔者目前所收集与掌握的资料来看，在新文化运动中，为成人生产出来的儿童话语主要聚集在周作人、鲁迅、叶圣陶、丰子恺、胡适、郭沫若、蔡元培、陈鹤琴、张雪门、陶行知、凌冰、恽代英等人的论文、散文、诗歌、成人小说以及学术专著中。为叙述的方便起见，笔者按照他们关注与研究领域的不同，对其作出了如下相对的划分：一是文学艺术领域；二是儿童教育与心理领域。然后，在各个领域里，按照他们生产出来的儿童话语内容的多少进行排列。所列出来的儿童话语内容，则以出现的先后顺序来予以呈现。考虑到凌冰先生主要关注的是儿童学领域，与儿童教育与心理领域比较接近，最后将他归入到这个领域，而恽代英所谈论的主要与儿童教育有关，所以也一并放置到儿童教育与心理领域。因此，这

---

① ［英］大卫·帕金翰：《童年之死》，张建中译，华夏出版社 2005 年版，第 6 页。

里先具体交代一下。

1. 文学艺术领域

新文化运动中，从事文艺研究和文艺创作的不少知识分子，抱着文艺救国救民的理想，从思考民族国家命运与关心儿童成长的角度出发，对儿童以及服务于儿童精神成长的儿童文学与儿童艺术等进行了孜孜不倦的探索与殚精竭虑的追求，在此基础上，他们取得了较为丰硕的成果。他们所形成的有关儿童丰富的理解与见识，就是这丰硕成果中的一项重要内容。文学艺术领域里尤其关注儿童的主要代表人物有以下几位，分别是周作人、鲁迅、叶圣陶、郭沫若、丰子恺与胡适。现将他们有关儿童的理解与见识整理如下：

（1）周作人

作为新文化运动时期"儿童文学运动"主要倡导者的周作人，在新文化运动蓬勃开始之前，已经对儿童问题投去了关注的目光。例如，在日本留学期间，他对儿童已经有了兴趣，曾如他所说："我在东京时得到高岛平三郎编的《歌咏儿童的文学》及所著《儿童研究》，才对于这（儿童学）方面感到兴趣。"① 回国后，1913 年在家乡绍兴担任教育会长并在浙江省立第五中学任英文教师之际，他写下了篇数不少的儿童教育和儿童文学论文。与此同时，他还积极地翻译出了日本学者有关儿童教育、儿童文学、儿童游戏等方面的文章。在新文化运动期间，周作人更是信心百倍、满怀热情地投入到了"儿童的发现"的时代洪流中，写下了一篇篇关于中国儿童学和儿童文学理论建设的重要文章，翻译出了一批与儿童文学有关的西方书籍以及童话等。可以说，周作人对儿童、儿童问题以及儿童研究的兴趣伴随了他漫长的一生。直至人生的晚年，他还积极呼吁人们去关注与研究儿童，"古来诗人多喜欢说酒和女人，现在可以看看他们对儿童的情趣如何，也是儿童生活的史料有意思的一部分，与儿歌童话一样有价值。"② 现将他在新文化运动时期的儿童话语梳理如下：

盖儿童者大人之胚体，而非大人之缩影。③

---

① 周作人：《知堂回想录》（下），安徽教育出版社 2000 年版，第 475 页。

② 钟叔河编订：《周作人散文全集》第 10 卷，广西师范大学出版社 2009 年版，第 187 页。

③ 周作人：《儿童研究导言》，原载《绍兴县教育会月刊》1913 年第 3 号。转引自《周作人散文全集》第 2 卷，广西师范大学出版社 2009 年版，第 287 页。

　　儿童教育，本依其自动之性，加以激励，因之入胜，而其造诣所及，要仍以兴趣之浅深为导制。今对于征集成绩品之希望，在于保存本真，以儿童为本位。①

　　盖儿童者，未来之国民，是所以承继先业，即所以开发新化，如其善遂斯旧邦可新，绝国可续，不然虽当盛时而赫赫文明难为之继。②

　　人的一切生活本能，都是美的善的，应得到完全满足。凡有违反人性不自然的习惯制度，都应该排斥。③

　　在自然律上面，的确是祖先为子孙而生存，并非子孙为祖先而生存的，我们切不可崇拜祖先，也切不可望子孙崇拜我们……所以，我们不可不废去祖先崇拜，改为自己崇拜，——子孙崇拜。④

　　"儿童在生理心理上，虽然和大人有点完全不同，但他仍是完全的个人，有他自己内外两面的生活。儿童期的二十几年的生活，一面固然是成人生活的预备，但一面也自有独立的意义与价值。"⑤

　　我们承认儿童有独立的生活，就是说他们内面的生活与大人不同，我们应当客观地理解他们，并加以相当的尊重。⑥

　　儿童没有一个不是拜物教的，他相信草木能思想，猫狗能说话，正是当然的事。⑦

　　儿童的生活，是转变的生长的。⑧

　　人类只有一个，里面却分作男女及小孩三种；他们各是人种之一，但男人是男人，女人是女人，小孩是小孩，他们身心上仍各有差别，不能强为统一。⑨

---

①　周作人：《成绩展览会意见书》，《绍兴教育会刊》1914 年第 9 号。
②　周作人：《儿童问题之初解》，《绍兴县教育会月刊》1914 年第 6 号。
③　周作人：《人的文学》，《新青年》1918 年第 5 卷第 6 号。
④　周作人：《祖先崇拜·每周评论》1919 年第 10 期。
⑤　周作人：《儿童的文学》，《新青年》1920 年第 8 卷第 4 号。
⑥　同上。
⑦　同上。
⑧　同上。
⑨　周作人：《小孩的委屈》，王泉根主编：《周作人与儿童文学》，浙江少年儿童出版社1985 年版，第 29 页。

儿童大抵是天才的诗人。①

（2）鲁迅

对于儿童以及儿童教育，在其相对短暂的一生中，鲁迅也曾有过深邃的思考和细致认真的研究，并提出了不少独到的见解。对于儿童观，在致许寿裳的信中，鲁迅曾说："关于儿童观，我竟一无所知。"② 看似对儿童观一无所知的鲁迅（在笔者看来，鲁迅在这里所流露出来的是一种自谦态度），实际上却在儿童观方面有着不少深刻精辟的论述。在新文化运动中，鲁迅以"救救孩子"的人道主义呼喊给当时的人们留下了极为深刻的震撼和影响。他在1919年10月发表的《我们现在怎样做父亲》一文中，在对"长者本位"的旧伦理观给予极力否定与批判的基础上，建构了"幼者本位"的思想观念并对其极尽推崇。而他在文中提出的儿童见解以及如何做父亲的建议，不仅为家长理解孩子提供了直接的思想认识来源，而且为家长更好地教育孩子指明了出路。时至今日，这些见解或建议对许多家长教育孩子仍具有指导与借鉴意义。不仅如此，鲁迅还在其创作的《故乡》、《社戏》等散文中深情表达了他心目中的少年儿童如"闰土"、"双喜"、"阿发"等形象，至今读起来还给人一种艺术的享受。除此之外，鲁迅还翻译了国外不少的童话作品，例如《小约翰》，同时他还翻译出了日本心理学家、教育家上野阳一的《儿童之好奇心》与《社会教育与趣味》等多篇论文。在新文化运动中，鲁迅对于儿童的理解、见识与描绘，都蕴涵在他所创作的论文、小说与散文中。现梳理如下：

所以后起的生命，总比以前的更有意义，更近完全，因此也更有价值，更可宝贵；前者的生命，应该牺牲于他。③

孩子的世界，与成人截然不同；倘不先行理解，一味蛮做，便大碍于孩子的发达。所以一切设施，都应该以孩子为本位。④

子女是即我非我的人，但既已分立，也便是人类中的人。因为即

① 周作人：《爱丽丝漫游奇境记》，王泉根主编：《周作人与儿童文学》，浙江少年儿童出版社1985年版，第111页。
② 董操、陶继新、蔡世连编：《鲁迅论儿童教育》，山东教育出版社1985年版，第154页。
③ 鲁迅：《我们现在怎样做父亲》，《新青年》1919年第6卷第6号。
④ 同上。

我，所以更应该尽教育的义务，交给他们自立的能力；因为非我，所以应同时解放，全部为他们自己所有，成一个独立的人。①

看十来岁的孩子，便可以预料二十年后中国的情形：看二十多岁的青年，他们大抵有了孩子，便可以推测他儿子、孙子，晓得五十年后七十年后中国的情形。②

童年的情形，便是将来的命运。③

孩子在他的世界里，是好像鱼之在水，游泳自如，忘其所以的，孩子是可以敬服的，他常常想到星月以上的境界，想到地面下的情形，想到花卉的用处，想到昆虫的言话；他想飞上天空，他想潜入蚁穴。④

孩子的心和文武官员的不同，它会进化，绝不会停留在一点上，到得胡子老长了，还在想骑了巨人到仙人岛去做皇帝。因为他后来懂得一点科学了，知道世上没有所谓巨人和仙人岛。倘还想，那是生来的低能儿，即使终身不读一篇童话，也是毫无出息的。⑤

他正在厨房里，紫色的圆脸，头戴一顶小毡帽，颈上套一个明晃晃的银项圈。啊，闰土的心里有无穷无尽的稀奇的事，都是我往常的朋友所不知道的。⑥

(3) 叶圣陶

与周作人类似，在新文化运动未开始之前，叶圣陶已留心儿童教育的各种问题。1911 年 8 月，他写出了第一篇关于儿童教育方面的文章《儿童之观念》⑦。在此文中，他对影响父母儿童观念形成的原因作了细致的分析，在此基础上，他结合自己的所见所闻，对家长教育孩子应注意的问

① 鲁迅：《我们现在怎样做父亲》，《新青年》1919 年第 6 卷第 6 号。
② 鲁迅：《随感录二十五》、董操、陶继新、蔡世连编：《鲁迅论儿童教育》，山东教育出版社 1985 年版，第 3 页。
③ 鲁迅：《上海的儿童》、董操、陶继新、蔡世连编：《鲁迅论儿童教育》，山东教育出版社 1985 年版，第 86 页。
④ 鲁迅：《看图识字》、董操、陶继新、蔡世连编：《鲁迅论儿童教育》，山东教育出版社 1985 年版，第 106—107 页。
⑤ 鲁迅：《勇敢的约翰》校后记，《集拾遗补编》，人民文学出版社 1980 年版，第 310 页。
⑥ 林贤治、肖建国：《（1917—2007）中国作家的精神还乡史：故乡（小说卷）》，花城出版社 2008 年版，第 10 页。
⑦ 叶圣陶：《叶圣陶教育文集》，人民教育出版社 1993 年版，第 6 页。

题提出了诚恳的忠告：为了确保孩子养成正确的观念，父母在孩子面前要慎言慎行。在新文化运动前后，叶圣陶做过教师，当过编辑，长期从事文学的创作与研究，1921 年发表在《晨报副刊》上的四十则《文艺谈》，是他文学创作理论思考的结晶，而这里面包含着不少他对儿童以及儿童教育的思考。在新文化运动如火如荼开展的过程中，作为"儿童文学运动"的主要倡导者与发起人，叶圣陶创作了不少童话作品来响应新文化运动。《稻草人》就是他探索童话艺术的心血之作，鲁迅曾对此作品给予了极高的评价，认为它"是给中国的童话开了一条自己创作的路的"[1]。叶圣陶对于儿童的理解与见识，不仅有指向成人的，而且有指向儿童的。指向成人的儿童的理解与见识主要集中在他的《文艺谈》中。现整理如下：

儿童心里无不有一种浓厚的感情燃烧似地倾露，他们对于文艺、文艺的灵魂——感情——极热望地要求，情愿相与融合为一体。[2]

儿童既富感情，必有其特质。[3]

小孩有勇往无畏的气概，于一切无所惧怯。这该善为保育，善为发展，才可以使他们成为超过父母的人。[4]

儿童初入世界一切于他们都是新鲜而奇异，他们必定有种种想象，和成人绝对不同的想象。[5]

儿童于幼小时就陶醉于想象的世界，一事一物都认为有内在的生命，和自己有紧密的关联的。这就是一种宇宙观，于他们的将来大有益处。[6]

儿童的心理（里）似乎无不是凭直觉的，他们视一切都含生命，所以常与椅子谈话，与草木微笑。这就是文艺家的宇宙观，儿童若能将他们自己的直觉抒写出来，一定是无上的美。[7]

---

[1] 鲁迅：《表》译者的话，转引自蒋风主编的《中国现代儿童文学史》，1986 年版，第 67 页。

[2] 叶圣陶：《叶圣陶论创作》，上海文艺出版社 1982 年版，第 13 页。

[3] 同上书，第 14 页。

[4] 同上书，第 16 页。

[5] 同上书，第 17 页。

[6] 同上。

[7] 叶圣陶：《叶圣陶论创作》，上海文艺出版社 1982 年版，第 20 页。

小孩是将来的人，他们尤其需要诗。①

（4）丰子恺

提起丰子恺，人们自然会联想起他的形式简单灵活、内容丰富精练的漫画以及他的"童心"崇拜。事实确乎如此。尽管丰子恺不像鲁迅、周作人、叶圣陶等人那样在新文化运动时期大放光芒、引人注目、影响巨大，但他却用属于自己的——以漫画创作为主的方式来表达出他对当时社会、人生、儿童的理解与认识。而且，他的这种充分个人化的行为与表达方式在当时还取得了不菲的成就，并受到了人们的重视与好评。例如，夏丏尊1925年在为丰子恺的漫画作序时曾感慨地说："画的好歹且不谈，子恺年少于我，对于生活，有这样的咀嚼玩味的能力，和我相较，不能不羡子恺是幸福者！"② 无独有偶，未曾谋面的俞平伯先生在为丰子恺的漫画作序时曾这样称赞："您是学西洋画的，然而画格旁通于诗。所谓'漫画'，在中国实是一创格；既有中国画风的萧疏淡远，又不失西洋画法的活泼酣恣。"③ 由此足以见得，在新文化运动时期，丰子恺创作出版的漫画给当时的学人留下了深刻的印象和影响。其实，影响成人的不止于他的绘画，而经由他对自己孩子的观察、思考、感悟而形成的不少关于儿童的真知灼见、对童心无比推崇的行为以及由此反映出的精神在当时也影响了不少的成人。丰子恺关于自己孩子的理解与认识散见在他的不少散文中，现整理如下：

瞻瞻！你尤其可佩服。你是身心全部公开的真人。你什么事都像拼命地用全副精力去对付。④

你们每天做火车，做汽车，办酒，请菩萨，堆六面画，唱歌，全是自动的，创造创作的生活。⑤

你们是不受大自然的支配，不受人类社会的束缚的创造者，所以你的遭逢失败，你绝不承认是事实的不可能，你们的世界何等的

---

① 同上书，第29页。
② 丰子恺：《智者的童话》，团结出版社2008年版，第4—5页。
③ 同上书，第6页。
④ 丰子恺：《给我的孩子们》，《文学周报》1926年第4卷第6期。
⑤ 同上。

广大！①

我在世间，永没有逢到像你们样出肺肝相示的人。世间的人群结合，永没有像你们样的彻底真实而纯洁。②

他（孩子）能撒去世间事物的因果关系的网，看见事物的本身的真相。他是创造者，能赋给生命于一切的事物。他们是"艺术"国土的主人。唉，我要向他们学习！③

(5) 郭沫若

1919年五四运动爆发，远在日本求学的郭沫若在福冈发起组织救国团体"夏社"，投身于新文化运动。反映新文化运动精神的诗集《女神》是他这一时期的代表作，不仅如此，《女神》的创作在中国文学史上开拓了新一代诗风。作为爱国诗人的郭沫若在新文化运动期间也曾格外地关注儿童、儿童文学以及儿童教育，创作了不少的儿童诗歌。他对儿童的见识与理解主要凝结在1922年1月所写的《儿童文学之管见》一文中，具体如下：

人类社会根本改造的步骤之一，应当是人的改造。人的改造应当从儿童的感情教育、美的教育着手。④

今天的儿童便为明天的国民。⑤

此（婴儿）世界中有种不可思议的光，窈窕清淡的梦影；一切自然现象与此都成为生命、有人格的个性；不能以"理智"的律令相绳，而其中自具备有赤条条的真理如像才生下地来的婴儿一样。⑥

儿童与成人，在生理上与心理上的状态相差甚远。儿童身体绝不是成人的缩影，成人心理也绝不是儿童之放大。⑦

---

① 丰子恺：《给我的孩子们》，《文学周报》1926年第4卷第6期。

② 同上。

③ 丰子恺：《智者的童话》，团结出版社2008年版，第74页。

④ 郭沫若：《儿童文学之管见》，转引自《1913—1949儿童文学论文选》，少年儿童出版社1962年版，第34页。

⑤ 同上书，第35页。

⑥ 同上书，第37页。

⑦ 郭沫若：《儿童文学之管见》，转引自《1913—1949儿童文学论文选》，少年儿童出版社1962年版，第38页。

（6）胡适

作为新文化运动主将之一的胡适，他对儿童的关注以及他有关儿童的见解使得他在"儿童的发现"的进程中也占有一席之地。在着手摧毁封建礼教、建构人格独立的新文化运动的思想启蒙运动中，胡适曾经以诗歌的形式无比激越地告诫自己的儿子："我要你做一个堂堂正正的人，不要你做我的孝顺儿子。"① 由此也可以看出他与封建社会孝道伦理诀别的决心，以及他对自己孩子将来做一个独立人格的人的殷切期待。在论述儿童文学的文章中，胡适曾有过相关儿童的见解，尽管内容有限，但意义无限。他有关儿童的论述具体如下：

> 儿童的生活，颇有和原始人相类似之处，童话神话，当然是他们独有的恩物；各种故事，也在他们喜欢之列……其实教儿童不比成人，不必顾及实用不实用，不要给得他愈多意味愈好。②

2. 儿童心理与教育领域

与文学艺术领域相类似，投身于儿童心理与教育领域的不少知识分子，也是从思考民族国家命运与关心儿童成长以及儿童教育的角度出发，对儿童展开了探索与研究。如果说文学艺术领域对于儿童的思考与认识，得出的结论是以某种思辨、感悟的方式来获得，那么，他们对儿童的理解与认识，得出的结论则是以一种较为理性和逻辑的方式来获得，即他们主要是通过科学的方法，例如运用观察、测量等方式对儿童进行研究后而得出相应的儿童理解与认识。在新文化运动时期，儿童教育与心理领域中关注儿童的主要人物有下面几个，分别是陈鹤琴、陶行知、恽代英、蔡元培、凌冰等人。下面将他们的儿童见解作一简单梳理。

---

① 胡适：《我的儿子》，《每周评论》1918 年 8 月 3 日。
② 胡适：《儿童文学的价值》，转引自《1913—1949 儿童文学论文选》，少年儿童出版社 1962 年版，第 481 页。

（1）陈鹤琴

作为中国近现代历史上著名儿童教育家的陈鹤琴，在新文化运动时期对儿童以及儿童教育投入了极大热情与信心。1919 年，从美国回来后，他积极探索适合我国国情的儿童教育道路，并为此奋斗了一生。在新文化运动中，无论是理论研究还是实践探索，都作出了不少开拓性的贡献。这一时期，他不仅向国人介绍西方儿童心理学研究的成果，同时还孜孜以求于中国的儿童心理研究。以自己孩子为研究对象的他，在儿童心理学的研究方面取得了重要而丰硕的成果。例如，《儿童心理之研究》（上、下册，1925 年）就是丰硕成果中的一项，此外，《家庭教育》也是他这一时期的重要代表作。在这两本书中，他对儿童的心理以及家庭教育两个领域都进行了深入的探索与研究。他的这些研究成果在当时产生了强烈的社会反响。仅仅《家庭教育》一书，在"问世以来，不过 5 个月；到今日又要再版了"①。可见此书在当时是异常受欢迎的。关于儿童以及儿童教育，晚年的陈鹤琴曾说："儿童教育是一门科学。只有了解儿童，才能教好儿童。"② 由此可见，了解儿童在陈先生的眼里是极其重要的大事，它是教育儿童的基本前提。而他对教育的探索，正是首先从认识儿童开始的。在新文化运动中，他通过对儿童的观察和研究形成的见解是多方面的，现整理如下：

> 总体来说，小孩子是好游戏的，以游戏为生命的，是好模仿的，是好奇的，是喜欢成功的，是喜欢野外生活的，是喜欢合群的，是喜欢别人赞许他的。③
>
> 幼稚时期（从出生到 7 岁）是人生最重要的一个时期，什么习惯、言语、技能、思想、态度、情绪都要在此时期打下基础，若基础打得不稳固，那健全的人格就不容易形成了。④
>
> 儿童不是"小人"，儿童的心理与成人的心理不同，儿童时期不仅作为成人之预备，亦具他的本身的价值，我们应当尊敬儿童的人格，爱护他的烂漫天真。另外，游戏是儿童的生命，游戏具种种教育

---

① 陈鹤琴：《家庭教育》，华东师范大学出版社 2006 年版，第 11 页。
② 同上书，第 13 页。
③ 同上书，第 8 页。
④ 同上。

上的价值使我们更加宜利用的，但是我们也要明白这个游戏是随年岁而变迁的。①

（2）张雪门

张雪门是我国现代著名幼儿教育家。1891 年 3 月 10 日出生在宁波鄞县。1918 年，他就任宁波星荫幼稚园长。1920 年他与人合办两年制幼稚师范后应邀到北平任孔德学校小学部主任。1924 年去北平大学任职员。1928 年，他到孔德学校主事刚开办的幼稚师范。1930 年，开办北平幼稚师范学校并任校长。1931 年开始幼稚园行为课程研究。抗日战争中，他将北平幼稚师范先后迁往桂林和重庆，以保存幼儿教育的力量。抗日战争胜利后，他于 1946 年 1 月返回北平。后受友人的邀请，于 1946 年 7 月他只身前往台湾并创办台北育婴院。1952 年因病离开育婴院。1966 年出版《增订幼稚园行为课程》，形成了"行为课程"的理论和实践体系。晚年，他克服病痛，借放大镜写下《幼稚教育》等专著，为我国幼儿教育留下了极为宝贵的遗产。

张雪门的理论研究和实践探索，对我国幼儿教育的发展作出了重要的贡献。例如，他提出了较为完整的中国化、科学化的幼稚教育理论；他建构出了本土化、科学化的幼儿园行为课程理论；他创建的幼稚师范学校和教育体系，推动了我国幼儿师范教育理论研究和实践探索的步伐；他对台湾幼稚教育的继续探索，开创了台湾幼稚教育的新局面。

尽管说张雪门研究的重点是行为课程，但他一刻也没有离开过对儿童的思索。他对儿童的见解，集中体现在他写的《儿童是什么》一文中，现整理如下：

> 儿童自有其本有的能力，绝不是一种机械。②
> 学习对于人类是根本的，本能不过是一种辅助品。③
> 人生的生长，不但是求进步，同时还须维持与保存。儿童时期烂漫的天真、创造心、好奇、求知等美德，都是到成人时要渐渐缺

---

① 陈秀云、陈一飞编：《陈鹤琴全集》第一卷，江苏教育出版社 2008 年版，第 7 页。
② 戴自俺主编：《张雪门幼儿教育文集》（上卷），少年儿童出版社 2009 年版，第 118 页。
③ 同上书，第 119 页。

乏的。①

　　儿童是生长的有机体。儿童的全部生活都是生长的一段，他在这一段的时期里，他自有其自己的生理，他自有其自己的心理。他用自己当时的生理与心理，与其当时的环境相接触，因而发生交互的反应，俾得逐渐生长，以完成这一时期的生命，维持已有的生长，继续将来的生长。这才是儿童的本体。②

(3) 陶行知

　　陶行知先生是我国近代最具有影响力的教育家、教育思想家。他也是最具批判精神和创造精神的教育开拓者。他博大的教育思想，求真务实的教育实践精神，行知合一的师德风范为我们树立了光辉的榜样。与陈鹤琴类似，他也在清末民初的时候到国外留学，在新文化运动开始后的第三年，即 1917 年，他从美国回国。回国后，他历任南京高等师范学校教授、教务主任等。就教育而言，他不仅反对"沿袭陈法，异型他国"的教育主张，更是身体力行地推行平民教育。在五四运动爆发之后，他更是积极地开展平民教育运动。不仅如此，他还积极热情地为孩子们创编了不少的童谣故事以及儿歌，服务于儿童的精神世界。在此时期，他还极具清醒地批判了中国幼稚园教育的"外国病、花钱病、富贵病"三种弊病，在此基础上，他提出了要"建设中国的幼稚园、建设省钱的幼稚园、建设平民的幼稚园"③ 教育主张。而他在 1931 年创作出的一首寥寥数语的《小孩不小歌》（人人都说小孩小，谁知人小心不小。你若小看小孩小，便比小孩还要小），更是充分体现出了他尊重儿童、理解儿童的教育观念与思想。在新文化运动时期，陶行知先生有关儿童的话语散见在他的一些演讲或著作中，现辑录如下：

　　　　幼儿比如幼苗，必须培养得宜，方能发荣滋长。否则幼年受了损伤，即不夭折，也难成材。④

　　我们加入儿童生活中，便发现小孩子有力量；不但有力量，而且

---

① 戴自俺主编：《张雪门幼儿教育文集》（上卷），少年儿童出版社 2009 年版，第 119 页。
② 同上。
③ 陶行知：《创设乡村幼稚园宣言书》，《新教育评论》1926 年第 2 卷第 22 期。
④ 陶行知：《如何使幼稚教育普及》，《乡教丛讯》1928 年第 2 卷第 4 期。

有创造力。①

　　我们要真正承认小孩子有创造力，才可以不被成见所蒙蔽。小孩子多少都有其创造的能力。②

　　小孩的体力与心理都需要适当的营养。有了适当的营养，才能发生高度的创造力，否则创造力就会被削弱，甚而至于夭折。③

　　儿童世界里，只有真话没有谣言，只有理智没有恐怖，只有创业没有享福，只有公道没有残酷，只有用的书没有读的书，只有人——只有人中人，没有人上人，没有人下人，没有奴隶。④

（4）恽代英

恽代英也是新文化运动时期的先进知识分子。虽然他不是教育专家，但他却对家庭教育投入了极大的热情与关注。不仅如此，他对学前教育也有着自己独到的见解与认识，尤其在"儿童公育"方面，他更是有着自己独特的思考与理解。而他有关儿童的见解与认识，主要集中在他的《儿童公育在教育上的价值》一文中，现辑录如下：

　　儿童在他初出娘胎的时候，无所谓性善性恶，能善导他的本能，使他本能发达于个人及社会有益的方面，那便成为善。不善导他的本能，以致他本能发达于个人及社会有害的方面，那便成为恶。⑤

　　就社会学说，儿童不是他父母的儿子，乃是社会的一个新分子。⑥

　　我们应该记得儿童的需要，与成人的需要不同……它本身原没有经济的问题，却跟着大人亦受不着生物自然的发展……我们若信儿童要多接触自然，使他得合度的发展。⑦

---

① 胡晓风等编：《陶行知教育文集》，四川教育出版社 2007 年版，第 518 页。
② 同上。
③ 同上。
④ 同上书，第 372 页。
⑤ 恽代英：《儿童公育在教育上的价值》，《中华教育界》第 10 卷第 6 期。
⑥ 同上。
⑦ 同上。

若真要讲家庭教育，须使每个家庭的一切设备都完全，以儿童为中心。①

（5）蔡元培

作为新文化运动时期的先进知识分子，蔡元培在反对封建教育、推行近代教育改革过程中，发表过不少的教育言论，阐述他的教育思想以及教育主张。尽管蔡元培没有明确表述过他对儿童的见解与认识，但透过他"尚自然"、"展个性"的教育思想背后，可以鲜明地感受到他对儿童的理解与认识即他的儿童观。不仅如此，研读他的儿童思想可以发现，他的儿童观也充满了现代性的品格，而这与"儿童本位"的现代儿童观内涵也是一致的。

新教育则否，在深知儿童身心发达之程序，而择种种适当之方法以助之。如农学家之于植物焉，干则灌溉之，弱者支持之，畏寒则置之温室，需食则资以肥料，好光则复以有色之剥离；其间种类之别，多寡之量，皆几经实验之结果，而后选定之；且随时实验，随时改良，绝不敢挟成见以从事焉。②

教育者，与其守成法，毋宁尚自然；与其求划一，展个性。③

（6）凌冰

凌冰是民国时期著名的教育家、学者、政要。自幼聪明，十三岁入私立南开学校，后毕业于清华留美预备学校，赴美留学，先入斯坦福大学、哥伦比亚大学，后入克拉克大学学习，获得教育心理学博士学位。1919年被聘回国，在南开学校内开设大学班并任南开学校大学部第一任教务长，不仅如此，作为爱国人士，他还动员一大批留学人员回国到南开大学部任教。1920年，凌冰先生在南京高等师范暑假学校专门作《儿童学概论》的长篇讲演，对"儿童学"作了系统而又全面的介绍和说明。在

---

① 恽代英：《儿童公育在教育上的价值》，《中华教育界》第10卷第6期。
② 同上。
③ 同上书，第49页。

1921 年，他再次出版了他编著的《儿童学概论》一书，这是一本系统的儿童学理论著作。在此书中，他不仅对儿童学作出了明确的界定，同时对儿童学的历史、儿童学的方法、儿童学与遗传之间的关系等诸多的内容作了详尽的阐释。而他的儿童话语，也都蕴涵在他的这部重要的学术著作中。他对儿童的见解具体如下：

> 小孩子个个有很深的模仿性，模仿是儿童的天性，儿童模仿做什么事情，全是由于他四旁环境的影响。①
>
> 讲儿童的天赋本能，应注意人类的共性、种族上的遗传和两亲的遗传三点。②
>
> 儿童身体的发达和他脑力的发达有密切关系。③

（三）为儿童的儿童话语

为儿童的儿童话语，是成人生产出来的且符合儿童身心发展的话语。按照大卫·帕金翰"童年的再现"的话语分析理论框架而言，新文化运动时期的为儿童的儿童话语，主要集中在儿童文学领域。因此，对"为儿童的儿童话语"的梳理，主要是从一些儿童文学作品中提取出来的。在这些作品（笔者在第二章中已经用图表的形式展现了出来）中，一批儿童文学创作者以细腻、丰富、独特的情感将自己心目中的儿童淋漓尽致地描绘了出来，为当时的孩子们展示出了一个又一个变化的、丰富的"儿童"形象。这些儿童形象所构成的儿童话语，尽管区别于为成人的儿童话语，但也从一个侧面体现了这一时期"儿童的发现"的内容。限于时间、精力和资料收集欠缺的因素，笔者这里主要按照作品先后出现的时间顺序，精选了以下四位文学家的儿童文学作品，对其中描绘出来的有关儿童的形象进行梳理、呈现。它们分别是王统照的《雪后》、叶圣陶的《稻草人》、俞平伯的《忆》与冰心的《寄小读者》。

---

① 凌冰编著：《儿童学概论》，商务印书馆 1921 年版，第 3 页。
② 同上书，第 2—3 页。
③ 同上书，第 4 页。

1. 王统照《雪后》中的儿童话语

小孩正盼着天明，继续游戏。他也不怕冷，时时爬起来，瞧瞧窗户，只见很白亮的，却也不知天明没有。①

他是个聪明大胆的孩子，在这深夜破晓时，他这种联想在他幼稚的心中，如同电光闪动的一般快。②

2. 叶圣陶《稻草人》中的儿童话语

真有两个孩子向溪边走来了。一个是男孩儿，穿着白色的衣服，脸色红得像个苹果。一个是女孩儿，穿着很淡的天蓝色的衣服，脸色也很红润，而且更加细嫩。③

那两个孩子的衣服闪烁发光，袜子长过了膝盖，黑得发亮的鞋子着地有声。他们的脸蛋多么红呀！他们的头发多么光呀！他们走进花园去了，一跳一跳的，多么自在呀！④

3. 俞平伯《忆》中的儿童话语

至于童心原非成人所能了解的，且非成人所能回溯的。⑤

纤纤的眉，朗朗的目，是她底（的）朦胧影。⑥

她底（的）照片在小抽屉里。他们都会笑我的，假如当着他们去看。⑦

4. 冰心《寄小读者》中的儿童话语

我是你们天真队伍里的一个落伍者——然而有一件事，是我常常

① 《王统照文集》第一卷，山东人民出版社1980年版，第4页。
② 同上书，第4—5页。
③ 胡兰江主编：《叶圣陶童话全集》第一卷，人民教育出版社2006年版，第14页。
④ 同上书，第32—33页。
⑤ 俞平伯：《忆，俞平伯全集》第一卷，花山文艺出版社1997年版，第299页。
⑥ 同上书，第304页。
⑦ 同上书，第313页。

以自傲的：就是我从前也曾是一个小孩子，现在仍是一个小孩子。①

更有小女孩，戴着大红花，坐在水边树底作活计，那低头穿线的情景，煞是温柔可爱。

请容我倾吐，我相信世界上只有你们不笑话我。②

我爱小孩子，我写儿童通讯的时节，我似乎看见那天真纯洁的对象。③

二 "儿童的发现"内容的特色

在评估"新文化运动"时，陈独秀曾说过："理解新文化运动应注意三件事情，'一是新文化运动要注重团体的活动；二是新文化运动要注重创造精神；三是新文化运动要影响到别的运动上'。"④ 不仅如此，胡适在1919年评价新文化运动时，也曾旗帜鲜明地指出新思潮的态度——"我以为现在所谓'新思潮'，无论怎样不一致，根本上同有这公共的一点——评判的态度。"⑤ 由此二人关于新文化运动评价的言论可以看出，新文化运动特别注重的是批判和创造的精神。或者说，批判和创造是新文化运动最为本质的精神追求以及价值体现。所以，蕴涵在新文化运动之中的"儿童的发现"以及"儿童的发现"的内容必然体现着创造的精神追求与批判的旨趣。不仅如此，从"儿童的发现"的思想渊源来看，其内容又与当时世界上先进的儿童思想以及儿童文化遥相呼应，或者说，其内容本身就是当时世界上先进的儿童思想以及儿童文化在中国的具体体现。由此角度而言，"儿童的发现"的先进知识分子所寻求的是儿童文化在中国前进的轨迹，又是一种与世界先进文化的同构点。在这样的前提和背景下，不得不说，"儿童的发现"的内容打上了深深的历史烙印，记录着历史发展的进程，同时又不可避免地体现出强烈的时代特色以及反映着当时国外先进儿童思想的概貌。或者说，它是20世纪中国初期的一面镜子，

---

① 吴福辉、陈子善主编：《冰心》，《寄小读者·关于女人》，复旦大学出版社2006年版，第5页。

② 同上书，第13页。

③ 同上书，第91页。

④ 陈独秀：《新文化运动是什么》，《新青年》1920年第7卷第5号。

⑤ 胡适：《新思潮的意义》，《新青年》1919年第7卷第1号。

映照着中国社会的现实，也映照着世界的现实。除去时代特色外，笔者认为，先进知识分子对儿童的理解与描述也体现出他们对儿童认识的永恒性一面，或谓永恒特色，下面就此展开论述。

（一）时代特色

1. 生命至上

在论述人类历史发展的问题时，马克思曾明确地说："全部人类历史的第一个前提无疑是有生命的个人的存在。因此，第一个需要确认的事实就是这些人的肉体组织以及由此产生的个人对其与自然界的关系。"① 无独有偶，A. J. 赫舍尔在论述人的"珍贵性"时也颇有洞见地指出："人的生命是唯一在我们看来本来就是神圣的存在，是唯一在我们看来最有价值的存在。"② 由此可见，在马克思或是赫舍尔看来，人的生命是一种存在，无论何时何地，人的生命都是第一位的，是最有价值的。然而，只就中国的儿童而言，马克思与赫舍尔言论中所蕴涵的"生命至上"的思想在封建的社会中却较少有相应的历史事实可以佐证，而与此相反的例子却比比皆是。这也难怪鲁迅会在《狂人日记》里宣布说中国的传统文化是一种"吃人"的文化。尽管鲁迅的言说比较尖锐，但却无比深刻透彻地道出了中国文化无视个体生命与消解个体生命价值的道理。事实上，作为"缩小成人"的儿童生命确乎如此。因为，在中国封建专制的社会中，横行的是"杀子文化"③，所以，儿童的生命以及生命的价值并没有从根本上得到成人理性的确认和受到人道意义上的对待，儿童个体生命的地位也是没有任何保障的。这方面，"二十四孝图"中"郭巨埋儿"的故事就是鲜明的例证，更不用说传统社会中杀婴、弃儿的悲惨历史。

然而，随着历史的发展和时代的进步，加之人们认识能力的不断提高，外加近代西方"生命哲学"④ 思想的广泛输入、传播以及对当时中国社会的深刻影响、启迪与警醒，这种无视儿童生命以及儿童生命价值的现

---

① 《马克思恩格斯选集》第 1 卷，人民教育出版社 1995 年版，第 67 页。

② ［美］A. J. 赫舍尔：《人是谁》，魁仁莲、安希孟译，贵州人民出版社 2009 年版，第 23 页。

③ ［美］孙隆基：《中国文化的深层结构》，广西师范大学出版社 2009 年版，第 133 页。

④ 在《西方哲学东渐史》（黄见德，人民出版社 2006 年版）上卷第四章第五节中，黄先生对柏格森"生命哲学"的输入以及传播状况作了系统全面的梳理，同时就"生命哲学"对新文化运动时期的先进知识分子例如陈独秀、李大钊等人所产生的影响也作了详细的阐述与分析。

象在历史进入新文化运动时期便有了质的飞跃与改变。这一时期，周作人、鲁迅、胡适、郭沫若、恽代英、蔡元培、叶圣陶、丰子恺、冰心、陈鹤琴、陶行知等人的"儿童的发现"的历史追求与探索，他们对传统"杀子文化"强力的质疑、否定与反叛甚至决裂，充分体现的是他们对儿童个体生命价值的充分肯定与褒扬，而在肯定与褒扬的过程中，他们也投入了自己的生命。实际上，他们的论说也正是从儿童个体生命出发而以儿童个体生命为中心而建立和形成的。在他们的眼里，无论是家庭秩序还是社会秩序都应该是以有利于儿童个体生命的生存与发展为标准。换句话说，儿童的生命是第一位的，其余的都在其次。例如，鲁迅曾不无发人深省地说道："生命的价值和生命价值的高下，现在可以不论。单照常识判断便知道既是生物，第一要紧的自然是生命。因为生物之所以为生物，全在有这生命，否则失去了生物的意义。"① 在此言论的基础上，他又从生命进化的角度出发充分肯定后起生命的价值，"所以，后起的生命，总比以前的更有意义，更近完全，因此也更有价值，更可宝贵；前者的生命，应该牺牲于他。"② 另外，周作人在论述儿童期的意义与价值时，也曾旗帜鲜明地指出，"儿童期的二十几年的生活，一面固然是成人生活的预备，但一面也自有独立的意义与价值。"③ 叶圣陶认为："小孩的体力与心理都需要适当的营养。有了适当的营养，才能发生高度的创造力，否则创造力就会被削弱，甚而至于夭折。"④ 他从创造力方面对小孩体力与心理的看重，其实也是对儿童生命的一种根本重视。不仅如此，在冰心、叶圣陶、鲁迅、王统照、陈伯吹的笔下，他们所着力描绘的一个个丰富的儿童形象，其实就是一处处鲜活和动力十足的儿童生命景观。由此可以看出，生命的发现和生命价值的肯定是确认儿童的基本前提。维护儿童的生命尊严、权利和生存发展，这是新文化运动中先进知识分子形成的关于儿童的最基本的认识，或者是一种常识。相反，如果缺少了对儿童生命以及儿童生命价值的确认，那么，儿童依然是一种被忽视的生命存在，与儿童生命攸关的一切不合理存在依然不会有真正意义上的改变、改善与提高。

由上叙述可见，新文化运动中"儿童的发现"的内容，首先体现的

---

① 鲁迅：《我们现在怎样做父亲》，《新青年》1919 年第 6 卷第 6 号。

② 同上。

③ 周作人：《儿童的文学》，《新青年》1920 年第 8 卷第 4 号。

④ 胡晓风等编：《陶行知教育文集》，四川教育出版社 2007 年版，第 518 页。

时代特色就是对儿童生命的确认，对儿童生命的重视，也即对儿童生命尊严的呼唤，对人的生命尊严的呼唤。另外，从文化改造与建设的角度而言，就是把没有"儿童生命"的文化改造成有"儿童生命"存在的文化，把没有生命活力的文化改造成富含生命力的文化。这是我们在思考"儿童的发现"的内容所体现特征时首先要予以确认的。

2. 肯定儿童的本能与幸福生活

在确认生命第一、生命至上的基础上，先进知识分子们还肯定儿童的本能、儿童自发的活动、儿童的幸福与欢愉，认为儿童生命所具有的一切自然的欲望、本能都是天然的、合理的，任何个人和群体都没有权力剥夺与压制儿童的生命需求，任何不利于儿童幸福与欢愉的制度或习俗都要从根本上加以改变。例如，在对待儿童的本能方面，叶圣陶曾不无深情地对孩子的父母高声呼吁："我先要请求为父母的，儿童的一切本能都让他们自由发展，更帮助他们发展，那些是文学的源泉啊。"[1] 恽代英也说："儿童在他初出娘胎的时候，无所谓性善性恶，能善导他的本能，使他本能发达于个人及社会有益的方面，那便成为善。不善导他的本能，以致他本能发达于个人及社会有害的方面，那便成为恶。"[2] 在确认儿童的生活与幸福方面，周作人肯定地说道："我们相信人（儿童）的一切生活都是美的善的，应当完全的满足，凡是违反人性不自然的习惯制度，都应排斥改正。"[3] 丰子恺曾对自己的孩子说道："你们每天坐火车，坐汽车，办酒，请菩萨，堆六面画，唱歌，全是自动的，创造创作的生活。"[4] 他的这些言论中，包含着他对孩子这种创作生活中应有的幸福的肯定意味。不仅如此，胡适从文化分析的角度入手，认为中国文化"逆天而拂性"，结果导致"多数人（包括儿童）不能努力求人生的基本欲，也就不肯进一步以求心灵上与精神上的发展。"[5] 所以，针对"存天理、灭人欲"和"逆天而拂性"的压抑儿童本能的文化，胡适则给予了严厉的批判。"宋儒的理学是从中古的宗教里滚出来的，中古的宗教——尤其是佛教——排斥肉

---

① 叶圣陶：《叶圣陶论创作》，上海文艺出版社1982年版，第3—20页。

② 恽代英：《儿童公育在教育上的价值》，《中华教育界》第10卷第6期。

③ 周作人：《人的文学》，《新青年》1918年第6期。

④ 丰子恺：《给我的孩子们》，《文学周报》1926年第4卷第6期。

⑤ 胡适：《我们对于近代西洋文明的态度》，葛懋春、李兴芝编：《胡适哲学思想资料选》上册，华东师范大学出版社1981年版，第307—308页。

体，禁通情欲，最反人情，不合人道。"①

尽管一些先进知识分子的论述没有明确标明是关于"儿童"的幸福与欢愉，但在笔者看来，他们对于人之幸福的探索与追求的思想中也包含着肯定儿童本能与幸福的意味，这对于我们理解儿童的本能与幸福的生活是一种有益的补充。实际上，从"儿童是人"的观念来看，他们的理解也是适宜儿童的，因此引述于此。例如，李亦民曾说："去苦就乐，亦乃人性之自然、天赋之权利，自然是天经地义，无可指摘的。"② 鲁迅也说："人生的目的，只在于获得个人的幸福与欢娱，此外生活上的欲求，全是虚伪。"③ 吴稚晖也把享受现实的幸福作为科学的人生观。"人生在世，究竟为的甚么？究竟应该怎样？我敢说到，个人生存的时候，当努力造成幸福，享受幸福；并且留在社会上，后来的个人也能够享受。"④

3. 全面彻底地解放儿童

在中国漫长的封建社会中，儿童一出生便进入了"父为子纲"的伦理纲常系统，这个系统足以吸尽儿童的生命活力和儿童的各项权利，从而使得原本活生生的儿童变成缺乏生命活力的"缩小成人"或"小大人"。不仅如此，在"父为子纲"的伦理纲常的严密笼罩下，儿童无论是在家庭，还是在成人参与的社会生活中，其行为与言说都受到了不同程度的控制与规约。另外，由于"父对于子，有绝对的权力和威严"⑤，所以，出现"儿子有话，却在未说之前早已错了"⑥、"小孩受那野蛮的大人的处治，正如小鸟在顽童的手里，除了哀鸣还有什么法子"⑦ 的现象就成了常见的事实。由此可以看出，在伦理纲常与清规戒律无处不在的封建社会中，儿童无论是在心灵、精神、思想，还是在语言以及行动方面都没有独立的自由，也没有其独立的地位。可以说，儿童是一只被关在笼中而哀鸣的鸟儿，一个委屈的小孩，他生活在成人的阴影中，成为成人的附属。

----

① 胡适：《胡适文存》第2集第3卷，上海亚东图书馆1924年版，第148页。

② 李亦民：《人生唯一之目的》，《新青年》第1卷第5号。

③ 鲁迅：《鲁迅全集》第10卷，人民文学出版社1981年版，第166页。

④ 吴稚晖：《人生真义》，《新青年》1918年第4卷第2号。

⑤ 鲁迅：《我们现在怎样做父亲》，转引自钱理群编《父父子子》，复旦大学出版社2005年版，第1页。

⑥ 同上。

⑦ 周作人：《小孩的委屈》，王泉根编：《周作人与儿童文学》，浙江少年儿童出版社1985年版，第29页。

　　然而，透过新文化运动时期的历史可以看到，面对积习已久的不利于儿童自由、生长发育以及独立成长的传统的纲常伦理与旧习俗、旧文化，深受西方人权、民主、科学、平等、自由、博爱等思想影响的先进知识分子，从儿童解放的角度出发，对传统的"父为子纲"的伦理展开了猛烈的批判。与此同时，他们还及时地喊出了"完全解放了我们的孩子"和"救救孩子"的时代强音。此外，先进的知识分子如周作人还义无反顾地反对祖先崇拜，推崇儿童崇拜，把儿童从祖先崇拜的阴影遮蔽中解救出来。"在自然律上面，的确是祖先为子孙而生存，并非子孙为祖先而生存的，我们切不可崇拜祖先，也切不可望子孙崇拜我们……所以，我们不可不废去祖先崇拜，改为自己崇拜——子孙崇拜。"① 周作人在"一个对中国各社会各阶层均具有巨大影响和统治作用的宗教力量——祖先崇拜"②的情况下和祖先崇拜的国度里，提出这样反动的观点，无疑是破天荒和振聋发聩的。由此可以看出周作人解放儿童的信心、决心与勇气。鲁迅更是提倡用"无我的爱，自己牺牲于后起新人"③，号召先于觉醒的父亲来解放自己的子女，"子女是即我非我的人，但既已分立，也便是人类中的人；因为即我，所以更应该尽教育的义务，交给他们自立的能力；因为非我，所以也应同时解放，全部为他们自己所有，成一个独立的人。"④ 新文化运动的主将胡适却以诗歌的形式无比激越地告诫自己的儿子："我要你做一个堂堂正正的人，不要你做我的孝顺儿子。"⑤ 由此显示出他与传统决裂的无畏气概以及解放自己儿子的特立独行。

　　由上不难看出，周作人的反对"祖先崇拜"，鲁迅宣布的"吃人"文化，胡适与儿子的决裂，都是他们解放儿童那种不留后路、不留退路的精神状态和决心。"儿童的发现"者们的"儿童解放"之呼喊，反映出了他们摧毁压迫与限制儿童的封建伦理道德的英雄气概，即他们要将儿童从家族的束缚下解放出来。故此，全面彻底地解放儿童，是"儿童的发现"内容的又一重要特色。

---

　　① 钱理群编：《父父子子》，复旦大学出版社 2005 年版，第 11—12 页。
　　② ［英］麦高温：《中国人生活的明与暗》，朱涛、倪静译，中华书局 2006 年版，第 74、67 页。
　　③ 鲁迅：《我们现在怎样做父亲》，转引自钱理群编《父父子子》，复旦大学出版社 2005 年版，第 6 页。
　　④ 同上书，第 6—7 页。
　　⑤ 胡适：《我的儿子》，《每周评论》第三十三号，1918 年 8 月 3 日。

诚然，如果说先进知识分子们"解放儿童"的呼喊还略带有某种强烈的感性色彩，主要局限在对压制儿童的传统封建礼教进行批判与控诉，那么，他们自觉地借助进化论和生物学思想、力图把儿童从中国传统的伦理道德关系中解放出来、还原到科学意义上、为儿童的真正解放寻求理论上的支点和基础，这种行为和由此而形成的儿童见解，则显得更加审慎、理智与科学。关于这一点，笔者将在后面的行文中加以详细论述。

4. 讴歌儿童的天性与童心

"中国的孩子都是小大人。他们从小就熟悉那些塑造他们的品行和规范、他们日后生活的各种行为准则。他们穿的衣服全都是同一种样式，与他们父母或祖母的衣服没什么两样。没有短裙，没有涎兜，使他们看起来没有孩子气。"① 无独有偶，中国儿童缺乏孩子气的表现在英国学者麦高温的笔下也出现过。在描绘即将进入学堂中的儿童时，他曾写道，"从七八岁到十七八岁，各种年龄的孩子都有。他们中的一些小家伙，脸上挂着害羞和胆怯的神情，好像对如何应付学校生活感到束手无策。"② 可见，在传统的社会中，儿童的天性与自然表现在各种行为准则与规范的约束下，了无影踪，儿童成了名副其实与规规矩矩的"小大人"，其天性与童心被消解在无形似有形的行为准则与规范里。

然而，值得注意的是，在新文化运动时期，先进知识分子关于儿童的论述中，凸显了儿童天性与童心的一面。而且，每位先进知识分子都是怀着无比喜悦的心情对儿童的天性与童心予以浓墨重彩的。例如，周作人曾说："儿童没有一个不是拜物教的，他相信草木能思想，猫狗能说话，正是当然的事"③；鲁迅认为："孩子在他的世界里，是好像鱼之在水，游泳自如，忘其所以的……孩子是可以敬服的，他常常想到星月以上的境界，想到地面下的情形，想到花卉的用处，想到昆虫的言话；他想飞上天空，他想潜入蚁穴"④；郭沫若则细腻地写道，"此（婴儿）世界中有种不可

<hr>

① ［美］泰勒·何德兰、［英］坎贝尔·布朗士：《孩提时代：两个传教士眼中的中国儿童生活》，群言出版社 2000 年版，第 39 页。

② ［英］麦高温：《中国人生活的明与暗》，朱涛、倪静译，中华书局 2006 年版，第 63 页。

③ 周作人：《儿童的文学》，《新青年》1920 年第 8 卷第 4 号。

④ 鲁迅：《看图识字》，董操、陶继新、蔡世连编：《鲁迅论儿童教育》，山东教育出版社 1985 年版，第 106—107 页。

思议的光，窈窕清淡的梦影；一切自然现象与此都成为生命、有人格的个性"①；叶圣陶以一个教育家的身份满怀深情地指出："儿童的心里似乎无不是凭直觉的，他们视一切都含生命，所以常与椅子谈话，与草木微笑。这就是文艺家的宇宙观，儿童若能将他们自己的直觉抒写出来，一定是无上的美。"② 在此基础上，他们强调服务于儿童生活和成长的一切都要契合儿童的特征。正如周作人所言："顺应自然，助长发达，使各期之儿童得保其自然之本相。"③ 在对儿童天性与童心的推崇与描绘上，莫过于丰子恺了，他对自己儿女表现的倾心与倾情描绘，是无人能出其左右的。"瞻瞻！你尤其可佩服。你是身心全部公开的真人。你什么事都像拼命地用全副精力去对付。"④ "你们是不受大自然的支配，不受人类社会的束缚的创造者，所以你的遭逢失败，你绝不承认是事实的不可能，你们的世界何等的广大！"⑤ "我在世间，永没有逢到像你们样出肺肝相示的人。世间的人群结合，永没有像你们样的彻底真实而纯洁。"⑥ "他（孩子）能撤去世间事物的因果关系的网，看见事物的本身的真相。他是创造者，能赋予生命于一切的事物。他们是'艺术'国土的主人。唉，我要向他们学习。"⑦ 除此之外，陈鹤琴、凌冰从儿童心理角度所揭示出来的儿童特性，蔡元培与陶行知将儿童和花草树木所作类比后对儿童的认知，王统照《雪后》中所描绘的儿童，冰心内心念念不忘的小读者，俞平伯记忆中童年的"我"，等等，都是从各自的角度对儿童天性与童心的讴歌与礼赞。

事实上，讴歌儿童天性与童心的行为或现象在中国传统的封建社会中早已有之⑧，但在新文化运动时期，先进知识分子对儿童天性的高度突出，站在较宏大的时代背景来看，具有一定的历史合理性，或者说是切中时弊的，从更为深广的意义而言，对儿童天性与童心的凸显也是与过往历

---

① 郭沫若：《儿童文学之管》，转引自《1913—1949 儿童文学论文选》，少年儿童出版社1962 年版，第 34—38 页。

② 叶圣陶：《叶圣陶论创作》，上海文艺出版社 1982 年版，第 20 页。

③ 周作人：《童话略论》，王泉根编：《周作人与儿童文学》，浙江少年儿童出版社 1985 年版，第 78 页。

④ 丰子恺：《给我的孩子们》，《文学周报》1926 年第 4 卷第 6 期。

⑤ 同上。

⑥ 同上。

⑦ 丰子恺：《智者的童话》，团结出版社 2008 年版，第 74 页。

⑧ 在中国传统的社会中，老子曾推崇赤子之心与婴孩状态，王阳明则无比推崇儿童的自然性情，李贽无比推崇童心，并草创了"童心说"。

史的某种决裂。换句话说,先进知识分子通过对儿童自然天性以及童心的无比推崇与歌颂,反衬出了成人以及由成人构成的社会的衰败与腐朽,达到的是对传统封建专制社会黑暗、无望的另一种无声但却充满力量的批判。不仅如此,先进知识分子们借助对儿童天性的描写、对童心的讴歌而传递出的清新明亮的自然主义倾向,在一定程度上为当时的人们指明了社会所应追求的方向以及未来的出路等。毕竟,儿童是民族、国家未来主人的认识在这一时期也是先进知识分子们所共同认可的。由上面的叙述与分析可以判断,这里对儿童天性与童心的讴歌所意味的不是鲁迅的"救救孩子",而意味的是冰心与丰子恺式的"孩子救救'我'",让孩子的天性与童心为成人、为中国的未来指明前进的道路与方向。实际上,今天刘晓东先生所提倡的"童心引领中国"①、"童心引领民族的变革与新生"② 的思想与前者是一脉相承的。

5. 张扬儿童个性,突出儿童本位

在封建社会中,中国传统的家族本位主义价值观侧重于共性对个体的规范与约束,强调集体而忽视个人,以群体主义的伦理道德观念排斥个人的道德观念,泯灭自我,使个体的"人"在社会生活中失去了应有的主体性以及独立性,进而个体也就逐渐成了一个没有个性的人。用孙隆基的话来说,就是"中国人的倾向不欣赏一个人有'个性',而是欣赏一个人'不脱离群众'、'不掉队'、'跟大家一样',而所谓'太平'、'大同'、'尚同'归根到底就是这样的境界"③。于是,家族、集体对个人的压制直接导致了"个人"的不发展以及个性意识的不发达。毫无疑问,在家族本位主义价值至上的封建社会中,儿童一出生便受到了无形"家族本位主义价值观"——这个无形紧箍咒的钳制与束缚。自然地,在儿童的生活中,一切社会、家族、成人的价值观念全然替代了儿童本身,在此情况下,儿童自身特有的个性随着其出生以及年龄的渐长无疑也得不到健全的伸张以及真实自然的显露,其个体独立存在的价值也没有得到完全意义上的认可。所以,"'儿童'这个词实际是被架空的"④ 也就成了相应的历

---

① 刘晓东:《蒙蔽与拯救:评儿童读经》,江苏教育出版社 2009 年版,第 355 页。

② 同上书,第 364 页。

③ [美] 孙隆基:《中国文化的深层结构》,广西师范大学出版社 2009 年版,第 182 页。

④ 李利芳:《中国发生期儿童文学理论本土化进程研究》,中国社会科学出版社 2007 年版,第 22 页。

史事实与文化存在。

到了新文化运动期间，"人的发现"的思想家们明确主张引进、确立西方近代资本主义的个人本位主义的价值观念，力图使中国人的社会观念由伦理本位变为个人本位。具体到儿童方面，则是由家族本位变为儿童本位，变"长者本位"为"幼者本位"。这其中，他们首先要做的就是为"儿童"正名的工作。由此，他们立场鲜明地肯定"小孩是小孩"、体认"盖儿童者大人之胚体，而非大人之缩影"、指出"他（儿童）仍是完全的个人，有他自己内外两面的生活"①，"人类只有一个，里面却分作男女及小孩三种"②。宣称"子女（儿童）也便是人类中的人"③。在发现儿童的前提下，他们极力呼吁，就教育而言，务必要崇尚儿童的个性。"教育者，与其守成法，毋宁尚自然；与其求划一，展个性。"④ 而且，他们还极其强调，"儿童不是成人的缩影，而是有他独特的生理、心理特点的。幼儿期是身体和智力发展的极为重要的时期，必须掌握其特点、掌握其生长发展的科学规律，才能把幼儿教好、养好。"⑤ 不仅如此，在童话《稻草人》中，叶圣陶笔下所精心描绘的儿童，就是一个个个性鲜明的存在。"那两个孩子的衣服闪烁发光，袜子长过了膝盖，黑得发亮的鞋子着地有声。他们的脸蛋多么红呀！他们的头发多么光呀！他们走进花园去了，一跳一跳的，多么自在呀！"⑥ 在张扬儿童个性的基础上，先进知识分子突出了"以儿童为本位"的价值观，并呼吁教育、生活中的一切设施等都"应该以孩子为本位"⑦，具体到儿童文学创作方面，郭沫若更是提出了"无论采用何种形式（童话、童谣、剧曲），要用儿童本位的文字"⑧ 的

---

① 周作人：《儿童的文学》，《新青年》1920 年第 8 卷第 4 号。

② 周作人：《小孩的委屈》，王泉根编：《周作人与儿童文学》，浙江少年儿童出版社 1985 年版，第 29 页。

③ 鲁迅：《我们现在怎样做父亲》，转引自《父父子子》，复旦大学出版 2005 年版，第 1—10 页。

④ 高平叔编：《蔡元培教育文选》，人民教育出版社 1980 年版，第 49 页。

⑤ 北京市教育科学研究所编：《陈鹤琴全集》第二卷，江苏教育出版社 1989 年版，第 661 页。转引自唐淑、钟昭华主编《中国学前教育史》，人民教育出版社 1993 年版，第 260—261 页。

⑥ 胡兰江主编：《叶圣陶童话全集》第二卷，人民教育出版社 2006 年版，第 32—33 页。

⑦ 鲁迅：《我们现在怎样做父亲》，转引自《父父子子》，复旦大学出版 2005 年版，第 6 页。

⑧ 郭沫若：《儿童文学之管见》，转引自《1913—1949 儿童文学论文选》，少年儿童出版社 1962 年版，第 37 页。

主张等。

总之，先进知识分子们张扬儿童个性，突出儿童本位的特性，接触到了时代的根本，而这个时代的根本就是个体自我意识的觉醒，个人意识的觉醒，成人头脑中儿童意识的觉醒。而这觉醒与他们生活的时代脉搏也紧紧相通，这一点，对于今天的儿童教育而言，具有重要的启迪与借鉴意义。

6. 强调儿童的民族、国家、社会内涵

在封建社会中，儿童是隶属于家族的，是父母的私有财产。这是民族国家意识尚未觉醒之前人们对儿童归谁所属的一种基本认知。然而，历经了鸦片战争失败的刺激，民族国家意识的觉醒之后，尤其是个体意识的觉醒之后，思想启蒙者通过向西方的学习与通过对国民性的深刻反省后，在对人的认识方面，则超越了家族的限制而上升到了民族国家的层面，开始将人放置在民族、国家的框架内来加以思考与认识。这种对人的认识具体到儿童方面，打破了儿童是隶属于家族的、是父母的私有财产的观念，即启蒙思想者们把儿童与民族、国家的命运与未来联系起来加以思考，运思的结果，是他们逐渐认识到了儿童的民族、国家、社会内涵以及儿童之于民族、国家与社会发展的重要性。在这方面，关注比较早的当属梁启超先生。在脍炙人口的《少年中国说》中，他极具凸显了少年的民族、国家内涵以及少年对于民族国家富强的重要性，这一点笔者在前面已有略论。然而，当历史前进到新文化运动时期，随着知识分子对人、对儿童与国家关系认识的拓展，强调儿童之于民族、国家、社会内涵以及儿童之于民族、国家、社会重要性的论述一下子丰富了起来。例如，周作人曾说："盖儿童者，未来之国民，是所以承继先业。"[1] 鲁迅曾慷慨地说："看十来岁的孩子，便可以预料二十年后中国的情形：看二十多岁的青年，他们大抵有了孩子，便可以推测他儿子、孙子，晓得五十年后七十年后中国的情形。"[2] "童年的情形，便是将来的命运。"[3] 别有意味的是郭沫若，他不仅认识到了儿童是未来的国民，同时还对儿童在人类社会改造中的位置

---

① 周作人：《儿童问题之初解》，《绍兴县教育会月刊》1914 年第 6 号。

② 鲁迅：《随感录二十五》，董操、陶继新、蔡世连编：《鲁迅论儿童教育》，山东教育出版社 1985 年版，第 3 页。

③ 鲁迅：《上海的儿童》，董操、陶继新、蔡世连编：《鲁迅论儿童教育》，山东教育出版社 1985 年版，第 86 页。

予以肯定与确认。例如，他说："今天的儿童便为明天的国民"①，"人类社会根本改造的步骤之一，应当是人的改造。人的改造应当从儿童的感情教育、美的教育着手。"② 恽代英则从社会学的角度谈道："就社会学说，儿童不是他父母的儿子，乃是社会的一个新分子。"③ 上面这所有关于儿童话语的内容，是从儿童的民族、国家、社会内涵以及儿童之于民族、国家、社会的重要性进行理解的。

如果说上述先进知识分子对儿童之于民族、国家、社会的重要性论述以及强调还比较宏观的话，那么，他们对儿童将要承担的社会义务的认识则显得就更为具体了。在这一点上，鲁迅的认识颇值得一提。他说："此后觉醒的人，应该洗净了东方古传的谬误思想，对于子女，义务思想须加多，而权利思想却大可切实核减，以准备改作幼者本位的道德。况且幼者受了权利，也并非永久占有，将来还要对于他们的幼者，仍尽义务。"④

由上面的叙述不难看出，在新文化运动中，先进知识分子在面对儿童进行思考时，是将儿童置于民族、国家历史进程与人类社会的环境中来加以考察与认识的。或者说，在他们的眼里，儿童并非一种虚幻的存在，不与社会发生关联，儿童是一个实实在在的社会中人，并且在由人构成的社会中具有属于他们自己的地位和他们自身存在社会的价值。而且，在推动历史发展所起到的实际作用方面，儿童也潜在地承担着重要的甚至是决定性的责任与义务。由此可以清晰地看出，上述对儿童理解与认识所构成的儿童观念是社会本位儿童观的一种深刻体现，是对儿童社会性、历史性的一种强调。而且，从追求民族独立、国家富强、社会进步的角度而言，儿童在此也充当了先进知识分子在思考民族国家社会问题时的一种思想资源，即先进知识分子通过对儿童的思考，对儿童的希冀，来达到或实现他们的强国救民的某种政治愿望或目的。

从儿童的自然属性到儿童的社会属性，从儿童的个体价值到儿童的社会价值，从儿童的权利再到儿童的义务；从极力推崇儿童本位，又强调儿童的社会本位。由此可以看出，先进知识分子们对儿童内涵与外延的认识

① 郭沫若：《儿童文学之管见》，转引自《1913—1949儿童文学论文选》，少年儿童出版社1962年版，第35页。

② 同上书，第34—38页。

③ 恽代英：《儿童公育在教育上的价值》，《中华教育界》第10卷第6期。

④ 鲁迅：《我们现在怎样做父亲》，《新青年》1919年第6卷第6号。

是深刻的，也是全面的，这种深刻与全面涵盖着儿童与民族、国家、社会的统一。而这种认识上的统一也是"儿童的发现"内容在新文化运动时期所呈现出来的又一重要特色。如果联系到第一章"儿童的发现"勃然兴起的首要因素来，我们这里可以勾勒出这样一个简单的图示（参见图3—1）。而这个图示也就清晰地说明了儿童与民族国家是息息相关，紧密联系在一起的。

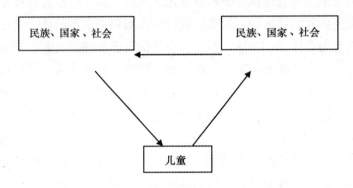

图3—1　民族、国家、社会与儿童关系示意图

7. 彰显人类学与进化论的底色

前面我们说过，在"解放儿童"这一特色中，先进知识分子解放儿童的彻底性不仅仅体现在他们对传统"父为子纲"的伦理关系的抨击与批判，而更为重要的是他们在理解儿童时所借助和依据的体现时代与社会进步的自然科学、社会科学等方面的思想等。在这方面，周作人和鲁迅二人的贡献是突出的。例如，在思考与理解儿童时，周作人自觉而纯熟地运用和借鉴他所熟悉和深感兴趣的人类学和进化论思想，对儿童的心理与精神进行了本源性的意义探明。例如，他将儿童的心理与原始人的心理共同看待，认为"儿童没有一个不是拜物教的，他相信草木能思想，猫狗能说话，正是当然的事。"[①] 正是认识到了儿童的精神的这种特性，他才谆谆告诫从事儿童教育的成人，"这事（我们要纠正他，说草木是植物猫狗是动物，不会思想或说话）不但有什么益处，反而是有害的，因为这样使他们的生活受了伤"[②]。不仅如此，周作人还热情提倡人们研究儿童要

① 周作人：《儿童的文学》，《新青年》1920 年第 8 卷第 4 号。
② 同上。

借鉴人类学方面的思想："照进化说讲来，人类的个体发生原来和系统发生的程序相同：胚胎时代经过生物进化的历程，儿童时代又经过文明发达的历程。所以儿童学上的许多事项，可以借了人类学上的事项来做说明。"① 鲁迅也说："孩子的心和文武官员的不同，它会进化，绝不会停留在一点上，到得胡子老长了，还在想骑了巨人到仙人岛去做皇帝。因为他后来懂得一点科学了，知道世上没有所谓巨人和仙人岛。倘还想，那是生来的低能儿，即使终身不读一篇童话，也是毫无出息的。"② 同样，在论述到儿童的想象时，叶圣陶也有着和周作人与鲁迅相似的思想。他说"儿童于幼小时候就陶醉于想象的世界，一事一物都认为有内在的生命，和自己有关联的"③。从以上周作人、鲁迅与叶圣陶有关儿童的见解中，可以看到他们"儿童的发现"的内容中彰显着人类学以及进化论的底色。

（二）永恒特色

在"儿童的发现"的内容体现出鲜明的时代特色与历史烙印的几个方面之后，笔者也在进一步的反思，在先进知识分子们有关儿童的理解与认识中，有没有超越时代与历史的限制而体现出永恒的一些儿童特质。统观先进知识分子们全部的儿童论述尤其是他们对儿童天性以及儿童精神世界的描述后，笔者认为，他们对于儿童的认识与理解中，不仅深刻地体现着他们对探寻童年本体的尝试，而且也透露出了强烈的童年审美艺术倾向，或者说是他们对童年之美感的推崇。下面对此作一简要论说。

1. 对童年本体意义的探寻

"儿童的世界是诗的，儿童世界的诗性本质，决定了对儿童世界的认识不只是应当进行理论思维的认识，还应当进行诗学的探究。我在这里使用的'诗学'主要是就方法论层面而言的。从诗学角度探究童年，就是借用诗歌、文学、艺术等手段来挖掘、把握、认识和表现童年。"④ 以诗歌、文学、艺术等手段来挖掘、把握、认识和表现童年，是对童年的一种探寻，而这种探寻和把握，从哲学的角度而言，不仅仅是方法论层面上的，它也是认识论层面上的，更是本体论层面上的，因为本体论、认识

---

① 周作人：《儿童的文学》，《新青年》1920 年第 8 卷第 4 号。
② 鲁迅：《勇敢的约翰》校后记，《集拾遗补编》，人民文学出版社 1980 年版，第 310 页。
③ 叶圣陶：《叶圣陶论创作》，上海文艺出版社 1982 年版，第 3—20 页。
④ 刘晓东：《儿童文化与儿童教育》，教育科学出版社 2006 年版，第 78 页。

论、方法论是辩证统一在一起的。"童年与故乡是我们个体生命的根，也是我们个体精神文化的根，童年也蓄养着我们的生命与精神。"① 由此可见，童年的意义与价值对于个体的成长影响而言是重要的和深远的。有了这样的理解与认识，我们再就先进知识分子对儿童的理解与认识作一分析与思考后就可以发现，他们对儿童、儿童生活以及儿童精神世界的描述，体现的是他们对童年本体以及本体意义的一种探寻。例如，在叶圣陶看来，"儿童于幼小时就陶醉于想象的世界，一事一物都认为有内在的生命，和自己有紧密的关联的。这就是一种宇宙观，于他们的将来大有益处。"② 不仅如此，他还认为"小孩是将来的人，他们尤其需要诗。"③ 由此可以看出，叶圣陶对儿童的思索中，不仅包含着对童年宇宙观的一种确认，而且体现了童年存在所需要的精神食粮。而更为鲜明的当属周作人，因为他认为"儿童期的二十年的生活，一面固然是成人生活的预备，但一面也自有独立的意义与价值。"④ 实际上，周作人对童年生活意义与价值的认识与理解，不仅体现着他对童年本体的探索，更是深刻体现了他对童年存在对于儿童个体的意义与价值的肯定。

2. 对童年之美感的推崇

童年是诗意的，童年也是美丽的，正是在对童年的回忆中，人们一次又一次地体验与感受着童年的美丽与富饶。实际上，先进知识分子对儿童生命与儿童精神世界所采取的是一种审美向度的把握与认识，在他们的审美眼睛里，在他们审美的情感体验中，儿童是真的、是善的、是美的，是真善美的化身。这是因为，从他们对儿童以及精神世界描述所使用的语言来看，他们使用的并非理性、逻辑、晦涩的词汇，而是具体、感性、形象鲜明的语言。也就是说，他们把握儿童与童年的方式不是哲学家的逻辑方式，而是艺术家的感性方式。无论是周作人、鲁迅、郭沫若还是叶圣陶、丰子恺、冰心、王统照、俞平伯等人对儿童的描述与刻画都十分生动鲜明地体现出了这一点，也突出了这一点。以至在今天，穿越历史的时空，当我们心平气和地阅读到上述人有关对儿童精神现象、儿童心理以及行为表现描述所使用的语言时，呈现在我们眼前的是一个个活泼可爱而又俊俏秀

---

① 刘晓东：《儿童文化与儿童教育》，教育科学出版社 2006 年版，第 59 页。
② 叶圣陶：《叶圣陶论创作》，上海文艺出版社 1982 年版，第 17 页。
③ 同上书，第 29 页。
④ 周作人：《儿童的文学》，《新青年》1920 年第 8 卷第 4 号。

美的儿童，内心涌动出来的是一种至纯、至真、至善、至美的感受与体验，而这种感受与体验无疑是经由对童年的审美而带来的，尽管这是通过阅读这一间接的方式而实现的，但我们却不能否定它的客观存在。

总之，以上对"儿童的发现"内容特色的分析中，在笔者看来，生命至上、肯定儿童的本能与幸福是最基本的前提，儿童幸福生活的实现有赖于儿童的自由，也即对儿童的解放。而凸显儿童的天性与童心，张扬儿童的个性与突出儿童本位，是"儿童的发现"内容中最为根本的特色，这也是新文化运动时期个性突起与张扬的另一种生动体现。当然，强调儿童的民族、国家、社会内涵以及对儿童之于民族、国家、社会重要性，符合当时中国的国情和先进知识分子渴望未来国家美好与强大的心声，这在一定程度上深化了儿童的内涵。而人类学与进化论的底色，说穿了是"儿童的发现"的思想来源，这一特色的概括稍显牵强。最后，对童年本体意义的探寻和强烈的童年审美倾向升华了"儿童的发现"内容的特色，具有了形而上的意味。可以说，他们对儿童的理解与认识，交汇融合了时代性与永恒性，折射与体现着儿童的时代性与永恒性以及二者在儿童身上的统一。

当然，从新文化运动时期的宏大背景来看，笔者认为，最能体现时代特色的一点是"张扬儿童的个性与突出儿童本位"，因为，这也是新文化运动时期突出个体，更新个体思想在儿童领域的一种生动、具象的体现，也与解放人，呼唤个性的时代脉搏真正相同相融。

最后，从以上对"儿童的发现"内容的梳理与"儿童的发现"内容的时代特色与永恒特色的思考与分析中，我们可以明确地看出，先进知识分子们对于儿童的理解，视野是开阔的，观点是鲜明的，认识是深邃的，内容是丰富的，几乎涵盖了所有的儿童问题。事实上，我们应该清醒地意识到：新文化运动时期的"儿童的发现"者们所提倡的儿童解放或人们头脑中的儿童个体价值意识的觉醒，关乎的不仅仅是儿童的生存与存在问题，儿童的天性与童心问题，儿童的命运问题，儿童权利的问题，而且还包括儿童与民族国家、社会关系的问题。然而，最为本质的在于儿童作为人的存在和存在的人才是最根本的问题。进一步而言，在"儿童"这个点上，先进知识分子们所思考与关注的并非虚幻的儿童或儿童问题，而是具体的儿童的生命和权利以及儿童的利益，儿童的价值是评价一切外在的标准。作为一种思想文化的革命结果而言，"儿童的发现"无疑确立了

"以儿童本位"的价值观以及独立、自由、平等的儿童与成人关系的近代伦理道德观念，由此也在中国的历史上首次确立了以"儿童"为出发点和最终价值尺度的近现代的儿童思想基点。这一点，笔者会在历史的贡献方面作一论述。

三 小结："儿童的发现"的昨天与今天

如上所言，作为一种思想文化革命的结果而言，"儿童的发现"无疑确立了"以儿童本位"的价值观以及独立、自由、平等的近代伦理道德观念，由此也在中国的历史上首次确立了以"儿童"为出发点和最终价值尺度的近现代的儿童思想基点。这也是近代史上儿童研究取得的关于儿童的较为辉煌的认识成就与学术收获。如果说，笔者上述所作的判断是比较客观与准确的话。那么，对比今天的儿童研究而言，我们可以大致作出这样一个基本的判断，即当前中国儿童研究的内容与范围还没有完全超出新文化运动时期"儿童的发现"者们的儿童研究的内容与范围，而且，今天儿童研究内容的深度、研究的广度以及研究的成果与新文化运动时期儿童研究的深度、广度以及研究的成果相比还有一定的距离。

尽管说中国今天的"儿童的发现"研究与昨天的"儿童的发现"研究相比有一定的距离，但我们也要欣喜与满怀希望地看到，当今的儿童研究在特定的领域、在原有历史的基础上还是有所突破与超越，并取得了一些新的研究成果。不仅如此，就儿童教育历史发展的角度而言，就思想的连贯性而言，这些新的研究成果是对新文化运动时期儿童思想的一次重新发掘，是对自新文化运动以来的有关儿童思想中一切合理因素和优秀成果的继承、发扬光大以及在此基础上的不断超越与创新。下面笔者依据研究者研究领域的不同，对这些不同的研究成果作一简单的叙述与分析。

（一）儿童文学领域

这个领域，首当其冲要提的是王泉根对周作人儿童思想的发现。20世纪80年代中期，在他主编的《周作人与儿童文学》① 一书中，王泉根首先对周作人与中国现代儿童文学发生、发展的关系进行了较为全面、详

---

① 王泉根编：《周作人与儿童文学》，浙江少年儿童出版社 1985 年版。

细、深入的探讨与分析，他在肯定周作人对中国现代儿童文学发生、发展有所贡献的基础上，号召人们重新认识周作人的儿童思想，尤其是新文化运动时期周作人的儿童文学思想。可以说，王泉根对周作人儿童思想的发掘以及他的热情号召，开启了新时期以来儿童文学理论领域中儿童研究的风气之先。

其次是班马的《前艺术思想——中国当代少年文学艺术论》一书。在此书中，班马从"二十世纪中国儿童学艺术思想的迁变"与"周作人的'前艺术'的儿童美学观念"两个论题出发，对世纪之交（19世纪末20世纪初）的中国早期儿童观与'五四'儿童观的两面性进行了简明而深刻的分析与总结。他在此方面的努力，只就儿童观研究而言，"比之周作人，班马虽重视儿童的天性，但他却没有脱离社会仅以纯生物学的知识阐释儿童的自然性。而是将儿童置于广阔的生活空间，打破年龄界限的束缚，以拓展性的'一'的线性思维方式来认识儿童，强调传统文化、现实生活之于儿童的影响作用"①。他的研究也得到了学界的承认。

除上之外，学者朱自强的《童年：一种思想的方法和资源》一文也是新时期以来儿童或童年哲学研究的一项重要研究成果。在这篇不到6000字的论文中，作者赋予儿童、童年特殊的意义与价值，认定童年是一种思想的方法和资源。同时他还认为"许多思想者面对人类的根本问题时，总是通过对'儿童'的思想，寻找着走出黑暗隧道的光亮。"② 无疑，通过对"儿童"、"童年"的思考，朱自强将"儿童"或"童年"提升到了本体论、方法论与价值论的哲学高度。而这一提升，不仅有助于开启人们的思维，而且对于人们思索中国当下的儿童问题、童年问题、儿童解放与童年守护等问题具有重要的理论指导意义。

（二）儿童教育学领域

在儿童教育学领域，较为突出的是刘晓东的儿童哲学以及儿童观研究，这便是他的《儿童精神哲学》和《儿童文化与儿童教育》③。前者是中国新时期以来学术界第一部儿童哲学著作，也是"哲学界第一部从个

---

① 李莉芳：《论中国现当代儿童文学中的儿童观》，《兰州大学学报》（哲学社会科学版）2000年版，第28页。

② 朱自强：《童年：一种思想的方法和资源》，《青年教师》2008年第11期，第14页。

③ 刘晓东：《儿童文化与儿童教育》，教育科学出版社2006年版。

体发生维度系统探讨精神哲学的著作，是教育学界第一部从精神哲学层面系统探讨儿童观的著作。"① 在后者《儿童文化与儿童教育》一书中，刘晓东开篇便对"儿童是谁"进行了哲学意义上的追思。随后，在通过对中外历史上不同教育学家优秀儿童思想进行探讨与分析的前提下，他从八个方面对"儿童是谁"作出了详细全面、富有诗意且充满理性的讨论与解答。

在《儿童观及其时代性转换》一书中，姚伟从"人文哲学角度，博采众长，又走在时代发展挑战的前沿，紧紧围绕儿童发展的自然属性、社会属性的法权属性，为建构科学儿童观的理论体系，进行了开拓性的贡献，提出了许多独到的学术见解，为儿童学的发展输入了新鲜血液"②。

总之，从以上两个领域对"儿童的发现"内容所作的概括与分析中，我们可以初步看清"儿童的发现"研究的发展脉络，由此也可以明确"儿童的发现"的历史与现实，在此基础上也可以展望"儿童的发现"研究的未来。

① 刘晓东：《儿童精神哲学》，南京师范大学出版社 1999 年版。
② 王逢贤：《儿童：一个仍待揭开的奥秘》，《学前教育研究》2007 年第 4 期。

第四章 "儿童的发现"的消退

"儿童的发现"这一历史现象虽然不像"五四运动"那样轰轰烈烈且引人注目,但从历史发展的实际可以看到,"儿童的发现"并非黯淡无光相反却是光彩夺目的。表面来看,从"儿童的发现"的勃然兴起,儿童问题的普遍关注到"儿童本位"观念的初步构建以及"以儿童为本位"的教育理念的提出,"儿童的发现"的历史有着较为清晰的发展脉络。然而,在历史的语境中,它的发展并非一帆风顺。"儿童的发现"伴随着新文化运动的式微也逐渐从中心滑向了边沿,尽管它还算不上是真正的中心。这里,它的历史演进自然受到了内外因素的影响和制约。故此,本章试图就"儿童的发现"所处的历史境况进行分析,考察"儿童的发现"的局限性、消退直至中断的历史过程以及导致消退的历史原因。

一 "儿童的发现"的消退表现

首先,笔者在整理有关"儿童的发现"的文献资料时进一步发现,到了20世纪20年代中期之后,原先特别关注儿童的一些文学家、政治思想家、一些杰出的学者等逐渐将关注的目光由儿童转移到了国家、社会和群体的改造与进步上来,"儿童"逐渐淡出了他们关注的视野,离开了他们思考的中心。例如陈独秀、胡适、恽代英和鲁迅等人大都如此,他们所思考和关心的,更多的是有关国家进步与阶级斗争等方面的内容。也就是说,到了新文化运动后期,"儿童的发现"出现了消退的历史局面。当然,也要看到,这种消退并非是全方位的,因为周作人和一些关心教育的教育家例如陈鹤琴、陶行知等便是例外。只就周作人而言,尽管他没有像新文化运动前期那样热切地关注与关心儿童,而是遁入自己精心构筑的园地"谈龙说虎",但他始终心向儿童,心怀儿童,时不时地还对儿童以及儿童文学问题投去关切与注视的目光，发表一些与儿童及儿童文学相关的言论。除此之外，"儿童的发现"的消退还表现为，在新文化运动的过程中，作为在全国范围内关注儿童问题最具影响力的《新青年》杂志，自1920年9月1日起，成为上海共产主义小组公开出版的机关刊物到1922年7月停办的这段时间内，看不到与儿童问题相关的文章，也就是说，对儿童问题的报道几近销声匿迹。尽管这时期还有不少的儿童教育杂志和儿童文学期刊以及报纸还在不遗余力地探讨儿童教育和儿童文学，但声势已不如以前那么浩大和具有较强的社会影响力。自此，"儿童的发现"的晴天变成了阴天。

其次，在新文化运动时期，看待中国的儿童与探讨中国的儿童问题时，先进知识分子们的眼睛"几乎一律是西方理念的眼睛"[1]，他们思考与讨论儿童时"使用的全是西方理念的参照系"[2]，思想理论的资源几乎全部来自西方。不可否认，这一眼睛、参照系和西方的思想资源确实是启迪了先进的思想知识分子，然而他们极尽彻底地认为中国的传统文化以及中国传统的儿童教育思想资源一无是处，因而对中国传统文化中有益的儿童思想资源几乎没有进行相应的挖掘、开垦与整理，这一点在今天看来不能不说是一个弱点或者是历史局限性的一种体现。

最后，新文化运动时期的"儿童的发现"，由于先天的不足，并没有使得中国当时的儿童观念实现现代意义上的完全转变，并没有使儿童在中国的大地上真正站立起来，儿童并没有真正在成人主导的社会里赢得应有的理解与尊重，可以说，这也是一场世纪性的悲哀。用周作人的话来说，"至少儿童总尚未发现，而且也还未曾从西洋学了过来。"[3] 由此也可以判断，中国的儿童依然生活在被遮蔽的黑暗之中，儿童依然在现实中被家族用以充当实现利益、声望的工具，尽管从思想和理论角度而言，确实初步形成了以"儿童为本位"的现代儿童观念，但这也是昙花一现，以"儿童为本位"的现代儿童观念在中国的文化中并没有扎根发芽，转化成为中华民族文化的一部分。

---

① 刘再复：《共鉴五四》，福建教育出版社2010年版，第61页。
② 同上。
③ 周作人：《长之文学论文集跋》，见王泉根编《周作人与儿童文学》，浙江少年儿童出版社1985年版，第36页。

二 "儿童的发现"的消退归因

首先，"儿童的发现"出现消退的历史局面，从历史发展的实际情况来看，新文化运动，从着重"启蒙开始，又回到进行具体、激烈的政治改革中"①。在当时，"国家独立富强，人民吃饱穿暖，不再受外国侵略者的欺压侮辱，这个头号主旋律总是那样地刺激人心，萦绕入耳，使'五四'前后所谓'从宇宙观到人生观，从个人理想到人类的未来'这种种启蒙所特有的思想、困惑、烦恼，使所谓'从孔教问题、妇女问题一直到劳动问题、社会改造问题；从文字上的文学问题一直到人生观的改造问题，都在这一时期兴起，萦绕着新时代的中国社会思想'，都很快地被搁置一旁，已经没有闲暇没有工夫来仔细思考、研究、讨论它们了。五卅运动、北伐战争，然后是十年内战、抗日战争，好几代知识青年纷纷投入这个救亡的革命潮流中，都在由爱国而革命这条道路上贡献出自己，并且长期处在军事斗争和战争形势下。在如此严峻、艰苦、长期的政治军事斗争中，在所谓你死我活的阶级搏斗中，它要求的当然不是自由民主等启蒙宣传，也不会鼓励或提倡个人自由人格尊严之类的思想，相反，它突出的是一切服从于反帝的革命斗争，是钢铁的纪律、统一的意志和集体的力量。任何个人的权利、个性的自由、个体的独立尊严，等等，相形之下，都变得渺小而不切实际。个体的我在这里是渺小的，它消失了。"② 由此可以看出，在中国"儿童的发现"的历史上，发现儿童总是要受到一个更迫切和更重要的目标——民族救亡的制约。所以，在"救亡压倒启蒙"的历史语境下，作为一种启蒙性的"儿童的发现"运动，逐渐出现消退，所以，在这样的背景下，其命运和结果是可想而知的。

其次，"儿童的发现"之所以出现消退的局面，还在于先进知识分子们之所以采用的"几乎一律是西方理念的眼睛"③，他们思考儿童"使用的全是西方理念的参照系"④ 以及思想资源全部来自西方，一方面在于他

---

① 李泽厚：《中国现代思想史论》，东方出版社 1987 年版，第 26 页。
② 同上书，第 33—34 页。
③ 刘再复：《共鉴五四》，福建教育出版社 2010 年版，第 61 页。
④ 同上。

们认为中国传统的儒家礼教与封建的伦理道德"没有一点是值得保留的东西"①，认为它是吃人的文化并导致了中国的落后与贫穷，所以，"只有在完全摧毁了中国旧东西之后，才能够有新生"②。基于此认识，他们尤其主张认为需要靠西方的先进文化思想资源来救国救民。另一方面，从知识分子个人的实际情况来看，他们几乎都在西方学习与生活过，深受西方先进文化思想观念的影响，也基本上都接受了西方的理念与文化，接受了西方的人权学说与进化论思想以及民主、自由、平等、博爱的观念，而这些思想、观念与中国的封建社会中的专制思想以及"三纲五常"等传统的伦理观念形成了强烈的反差。所以，运用这些新思想以及新观念作为批判的思想或利器也是在情理之中的事情，因此，他们的眼睛成为西方理念的眼睛也就不足为奇了。

再次，新文化运动时期的"儿童的发现"之所以没有使儿童在中国的大地上站立起来，或者说，"中国迄今缺少儿童教育的近现代立场和观念"③，造成历史性悲哀的原因就在于，这一时期的"儿童的发现"与西方卢梭"儿童的发现"时期相比存在着根本性的条件或因素差异。"在西方，现代儿童教育观念有它强大的观念的或文化的根基，这些根基是在西方的文艺复兴、宗教改革、启蒙运动、现代科学的诞生和工业革命等一系列社会变革中沉淀、奠基的，因而，现代儿童教育观念在西方是水到渠成、自然发生的。但是中国却是迫于救亡或被迫选择或自觉接受，她在中国社会中是柔弱的，甚至是病弱的。"④ 也就是说，中国的"儿童的发现"，缺乏相应的经济前提、社会思想与文化条件。"儿童的发现"的勃然兴起，不是自由资本主义经济发展的结果，也不是经济发展后而提出的对人格独立的一种自觉要求。相反，"儿童的发现"的勃兴，在那个时代，它同民族、国家意识的觉醒一样，是国家衰败、民族危亡刺激下导致的一种结果，这是一种被动的产物。甚至说，中国的"儿童的发现"，是一种被迫的"儿童的发现"，也是一种"外铄"的"儿童的发现"。另外，在西方，"人的发现"、"妇女的发现"、"儿童的发现"是在不同的

---

① 余英时：《现代儒学的回顾与展望》，生活·读书·新知三联书店2005年版，第27页。
② 同上。
③ 刘晓东：《儿童文化与儿童教育》，教育科学出版社2006年版，第3页。
④ 庞丽娟主编：《中国教育改革30年·学前教育卷》，北京师范大学出版社2009年版，第112页。

历史阶段过程中完成的。例如，周作人在《人的文学》中说明，欧洲对人的发现经历了三次巨大历史事件后才告完成："第一次是在十五世纪，于是出了宗教改革与文艺复兴两个结果。第二次成了法国大革命，第三次大约便是欧战以后将来的未知事件了。女人与小儿的发现，却迟至十九世纪，才有萌芽，古来女人的位置，不过是男子的器具与奴隶，中古时代，教会里还曾讨论女子有无灵魂，算不算得一个人呢？小儿也只是父母的所有品，又不认为他是一个未长成的人，却当他作具体而微的成人。因此又不知演了多少家庭的悲剧。"[①] 由此可见，"人的发现"、"妇女的发现"、"儿童的发现"的完成，绝非轻而易举的事情，也不是在一个世纪内就能够完成的，而是由时间、文化、政治、经济、认识能力等多种因素、多种条件的综合作用才能实现的。然而，中国的思想启蒙者和先进的知识分子却企图在新文化运动中、在较短的时间内一次性地将之全部完成，做到"毕其功于一役"，这无疑是一项难以完成的工作。另外，尽管说新文化运动中是思想解放的年代，确有不少与儿童有关的新思想、新理念的产生。但是，新理念要具有说服力和长久的生命力，就需要深厚的学术理论来支撑。换句话说，理念必须形成学术经典才有生命力。而在西方的启蒙运动中，洛克、孟德斯鸠、卢梭等启蒙家的理念都形成了学术专著。对比我们的"儿童的发现"过程来看，这一点尤其是薄弱的。

最后，一种观念或思潮若想得到真正的发展，离不开客观条件之一即文化思想观念的支持。"儿童的发现"之所以在新文化运动时期陷入困境，还因为支持"儿童的发现"的国内文化客观条件尚不具备。如前所述，中国"儿童的发现"的勃然兴起，并不是从传统固有的文化中自然萌芽而逐渐发展起来的，而是在一定程度上从西方移植过来的，这种横向的移植，和中国本土文化中的儿童观念是不相容的，或者说是相抵牾的，换句话说，中国的传统文化是不支持儿童本位的观念的。"儿童的发现"的核心内容和观念是认识到儿童具有独立的思想和情感，儿童期具有独立存在的意义与价值，儿童有属于他们自己的生活等，作为成人要了解与尊重儿童。然而，在一个宗法制和以血缘为纽带的封建中国，在一个消解个体生命，无视个体价值与尊严存在的国度，个体自身价值要得到确认以及实现，是难以成为现实的，成人如此，儿童更不例外。而反映和体现个人

---

① 周作人：《儿童的文学》，《新青年》1920 年第 8 卷第 4 号。

价值的人道主义思想的人道主义作品，可以借用到这里说明这一点，因为当时著名的文学家茅盾从人道主义作品在中国的理解与接受程度做过很好的注解，他说："在中国，因为传统的观念和习俗的熏染，人道主义的作品，几乎完全不能得人了解。"① 由此可见，思想文化落后的人以及由大部分这样的人而组成的国度在碰到新鲜而又充满生命活力的外在思想与文化时，隔膜是如此的深。同样，"儿童的发现"在中国的消退，是由于儿童观念的现代化在中国缺乏相应的文化基础。从另外一个角度而言，主要是传统陈旧的儿童的文化观念在短暂的历史条件下不可能得到改变所致。而这也意味着文化的变革是多么的艰难以及思想启蒙的任重道远。

三 小结："儿童的发现"的艰难

如上所述，在"儿童的发现"的进程中，出现了消退的现象或局面，而且导致其消退的原因也是多方面的、深层次的。由此，我们可以清醒地感受到在一个"长者本位"的社会、家庭和学校，在一个以成人为本的文化语境中，外加一个动荡的时局，发现儿童，是何其的艰难。而正是因为其艰难，才更加从一个侧面凸显了"儿童的发现"的重要意义和价值；也正是因为其艰难，才能使现今的我们深刻认识到，真正做到在全社会发现儿童是需要勇气和恒心的，同时也启示我们：不能因为艰难而轻易放弃，因为前人已给我们开创了道路，我们需要的是多一份坚持和行动，而行动终归会带来希望的。

---

① 茅盾:《致黄绍衡》,《小说月报》1922 年第 13 卷第 6 期。

第五章 "儿童的发现"的评价

　　审视近现代中国的历史，可以清晰地发现，"儿童的发现"的勃然兴起、儿童问题的普遍关注以及"儿童本位"新型观念的初步形成，顺应了当时中国社会文化变革的需要，也充分体现了时代与社会发展的趋势。从中国社会由传统向现代转变而构成的要素来看，"儿童的发现"作为其中的一部分内容不是可有可无的，而是非常重要与关键的，它体现的是人的现代化这一在社会转型过程中不可缺少的重要观念之一。事实上，在新文化运动中，"儿童的发现"是一种旨在肯定儿童生命尊严、正视儿童与成人的不平等、对待并提高儿童地位、突出儿童个性，凸显儿童独立存在的价值、彰显儿童独特的精神、确认儿童的权利、唤醒成人尊重儿童的一场形式多样、内涵丰富与观念深刻的社会文化思潮。它通过向以"长者为本位"的社会注入新的以"儿童为本位"的现代儿童观，提倡人们尊重、理解、解放儿童的做法、发出"子孙崇拜"的由衷呼唤以及通过"救救孩子"、"孩子救救我"的热情呐喊与期盼，实现着对儿童的发现与解放的同时，也初步达成了对儿童作为"人"的发现、深化甚至实现了对"人"的观念的深刻改造。与此同时，"儿童的发现"过程中大量与儿童有关的书籍、报刊的破土而出而达至的空前繁兴局面，凸显的是前所未有的儿童文化的兴起和中国社会文明的进步。而在此基础上，"儿童的发现"为中国儿童观念现代化的转变和社会文明的提升也起到了有益的促进作用。毋庸置疑，以"儿童为本位"的儿童观的初步确立，初步动摇了封建社会的儿童观，对传统教育的变革、儿童读物的繁荣等方面也起到了积极有效的推动作用。不仅如此，"儿童的发现"作为一股儿童研究热潮，其所形成的儿童思想以及儿童理论，在当时也是趋向成熟与合理的。而且，"儿童的发现"过程中形成的诸多丰富儿童思想、儿童理论的某些方面，在今天看来仍然璀璨夺目、熠熠生辉，对今天的儿童研究、儿童教育实践甚至对儿童文化的建设与发展也具有重要的借鉴意义与参考价值。但与此同时，我们也要看到，"儿童的发现"虽然取得了不菲的成就，并在一定的社会范围内产生了重要的影响，但其中也有一些经验教训是值得我们总结与汲取的，而这也就意味着"儿童的发现"有其自身难以摆脱的历史局限性。基于以上的概括、总结以及结合前面几章中对"儿童的发现"历史现象的梳理与分析，本章要力图概括和归纳出"儿童的发现"的实质、"儿童的发现"所特有的历史性贡献。

一 "儿童的发现"的实质

对"儿童的发现"的实质的判断，离不开新文化运动这一宏观历史背景的把握与思考，更离不开的是对"儿童的发现"这一历史现象以及这一现象中所蕴涵的思想与行为的历史考察。综合对前面几章所考察与探究的内容分析与比较后，我们认为，"儿童的发现"的实质，大体上可以从以下四个方面来解说。

（一）石破天惊的思想启蒙运动

第三章中，笔者已经提到，在中国漫长的封建社会中，儿童一出生便进入了"君君、臣臣、父父、子子"的纲常伦理系统，这个等级森严而又残酷无比的系统足以吸尽和榨干儿童身上特有的生命活力与情思，使得儿童真正被异化为"缩小的成人"。与此同时，在"父为子纲"的伦理道德关系中，两千多年来，儿童无论是在家庭，还是在成人参与的社会生活中，其独立的人格，独立的地位，独立存在的价值都没有受到成人的重视、尊重与合理对待，更不用说儿童之于民族、国家社会未来的重要价值了；作为成人的附庸，在"长尊幼卑"的社会中，儿童长期生活在家庭、人际关系的底层，处于被支配、被操纵的命运，尽管说儿童被家长有所重视并被置于"小皇帝"的地位，但却是被看做传宗接代和光耀门楣的工具而受到重视的，所以，在此情况下，儿童仍然摆脱不了作为手段的可悲命运，儿童仍然是家族的牺牲品。而且，在以"长者为本位"占统治地位的中国传统儿童观念中，人们对于儿童"多不能正当理解，不是将他当作缩小的成人，拿'圣经贤传'尽量的灌下去，便将看做不完全的小人，说小孩懂得甚么，一笔抹杀，不去理他"①。不仅如此，封建父权主义、宗法主义的儿童观把儿童视为父母的所有品和私有财产，甚至把儿童当非人看，把儿童当作牛马一般养育，以便"养大以后可以随便吃他骑他"②。所以，这些不利于儿童生命健康成长与精神健全发育的封建伦理纲常与观念，随着时间的推移与历史的变化、发展，不仅成为了绝大多数家长认识儿童的伦理依据，而且在无形中已渗透在人们社会生活和思想的各个方面，甚至融入人们的血脉，逐渐演变成了一套成人规范儿童在家庭和社会生活中的相应准则甚至是金科玉律。如果本着实事求是的精神和求实客观的态度经由广阔的农村考察现今众多家长的儿童观念，可以确信无疑的是，这种不利于儿童生命成长与精神发育的旧思想、旧观念以及旧习俗依然是根深蒂固的，它们盘根错节地残留在部分家长的头脑中，并演化成了一种深层的文化心理结构。

进入近代以来，尤其是鸦片战争以来，西方列强坚船利炮的赤裸入侵、日本炮火无情的袭击和民族危亡的惨痛现实与危机开始刺激与惊醒中国的有识之士，他们开始睁开眼睛观看西方的世界，终于，通过与西方的对比，他们意识到了中国的落后。在意识到中国落后贫穷、西方先进发达的基础上，他们逐渐摒弃老大帝国与天朝至上的盲目心理，开始向西方学习。而在不断向西方深入学习的过程中，"一个巨大的西方政治经济文化参照系统若明若暗地展现在了他们的面前，获得这个参照系统等于具备了自我观照的时代镜子，也就是获得了自我观照的文化条件。"③ 经由西方的文化参照系统的思考，代表中华民族的先进知识分子终于认识到了自身的落后以及落后的根源不在于武器，也不在于制度，而是在于传统儒家的"吃人"文化，在于中国还没有发现人、没有发现妇女与儿童，在于中国缺乏对个体独立人格价值的发现、对独立人格的尊重、对人的尊重。将这种深刻的发现与西方的文化作一比较后，他们意识到：民族文化呈现出的是一种不可救药的早衰特征，而这种发现使他们感到无比的焦虑与沉重，灼热感也伴随着这种深刻的发现油然而至。然而，难能可贵的是，先进知识分子们并没有因此而消沉下去，逃避现实。相反，他们没有忘记身上所

① 周作人：《儿童的文学》，《新青年》1920年第4期。
② 周作人：《人的文学》，《新青年》1918年第6期。
③ 刘再复、林岗：《传统与中国人》，安徽文艺出版社1999年版，第5页。

肩负的历史责任与社会担待。于是，在历史发生剧烈变化的风口浪尖处，先进知识分子们激扬悲愤地站在时代精神与社会发展的制高点上，对传统腐朽的封建专制思想文化展开了猛烈的攻击与批判，进而担负起了思想启蒙者的角色。历史明晰地显示，在新文化运动前后，先进知识分子向中国因袭两千多年的"吃人"文化和不利于儿童成长与发展的传统思想发起了猛烈的挑战。而高举"民主"与"科学"两面大旗的先进知识分子，以西方的个人主义、人道主义学说、进化论思想和先进的儿童观念为理论的武器，深刻而无情地对束缚与限制身心的"父为子纲"伦理规范与价值体系进行了全面的解构，同样，"祖先崇拜"、"长尊幼卑"、以"成人为本位"的儿童观也遭到了无情的批判与解构。在批判与解构的过程中，先进的知识分子还有建构，即他们满怀希望与充满激情地构建出了新型的把"儿童当作人"、"把儿童当儿童看"、"尊重儿童独立存在意义与价值"的新型儿童观。与此同时，他们还情绪激荡地为新型的即以"儿童为本位"的儿童观而奔走呼喊，积极主动地演讲著述，提倡尊重儿童。不止这些，他们还在发现儿童的基础上进一步研究儿童，讴歌儿童，赞美儿童的天性、童心，满怀热情地翻译西方的儿童文学作品，创作儿童文艺作品，创办儿童期刊杂志；他们不遗余力地鼓吹改革不利于儿童健康成长与发展的旧式的教育目的、教材、教育内容与教育方法等。这一系列与儿童认识和儿童有关的实践活动给沉重而又不合时代进步与发展的传统社会中的儿童观以强烈的震撼。于是，在"儿童不被承认，更不被理解的中国"①，"儿童的发现"——新的儿童观的产生以及由此而形成的"儿童热"引发了一场振奋人心的思想启蒙运动。而这个运动所表现出来的朝气，如同儿童天生所具有的生命活力一样，给人们的思想注入了一股新鲜的气息，使得人们对于儿童的理解与认识有了翻天覆地的变化。这里，尤其值得一提的是周作人对"祖先崇拜"的反对和对"子孙崇拜"的推崇。在《祖先崇拜》一文中，他明确指出："在自然律上面，的确是祖先为子孙而生存，并非子孙为祖先而生存的，我们切不可崇拜祖先，也切不可望子孙崇拜我们……所以，我们不可不废去祖先崇拜，改为自己崇拜，——

---

① 周作人：《关于儿童的书》，王泉根编：《周作人与儿童文学》，浙江少年儿童出版社1985年版，第51页。

子孙崇拜。"① 毫无疑问，周作人敢以"冒天下大不韪"的精神而发出反对祖先崇拜的声音，在"一个对中国各社会各阶层均具有巨大影响和统治作用的宗教力量——祖先崇拜"② 的国度里，在当时社会中封建思想还占据主导地位的历史情境下，无疑是石破天惊的。进一步说，周作人发出的严格批判"祖先崇拜"的文化声音，在当时有如晨钟暮鼓，发人深省，即使在今天看来，这种声音也不失其启蒙意义。所以，仅就这一点而言，"儿童的发现"就是一场石破天惊的思想启蒙运动。

关于"启蒙运动"，德国著名哲学家康德曾经有一段简明深刻的论述，他说："启蒙运动就是人类脱离自己所加之于自己的不成熟状态。不成熟状态就是不经别人的引导，就对运用自己的理智无能为力。当其原因不在于缺乏理智，而在于不经别人的引导就缺乏勇气与决心去加以运用时，那么这种不成熟状态就是自己所加之于自己的了。聪明起来吧！要有勇气运用你自己的理智，这就是启蒙运动的口号。"③ 由康德给启蒙运动所下的定义可以清晰地看出，启蒙含有一种与过去告别的意识，同时也是一种朝向未来的进化意识，它需要借助先进思想观念的指引与帮助才能实现自身的任务或目的。借助康德对"启蒙运动"所下的定义，通过对新文化运动时期"儿童的发现"的实际历史现象与"儿童的发现"多方面的思想来源以及"儿童的发现"所产生的丰富内容作一番细致入微的分析与判断后可以确认："儿童的发现"的内容以及由此而产生的结果与影响表明，它就是一场名副其实的启蒙运动，一场发生在中国的思想解放运动与文化批评运动，是由先进的知识分子对传统思想中落后的儿童观、儿童教育观的批判而形成的。因此，作为一场思想解放的启蒙运动的"儿童的发现"在相对广泛的范围内也将人们对儿童的理解与认识推向了新的层次与高度。

另外，我们还可以借助朱自清先生在1928年所作的《儿女》一文中的一段话语从一个侧面来确认"儿童的发现"就是一场石破天惊的思想启蒙运动。他说："自然，子孙崇拜、儿童本位的哲理或伦理，我也有些知道；既做着父亲，闭了眼抹杀孩子们的权利，知道是不行的……我只希

① 周作人：《祖先崇拜》，《每周评论》1919年第10期。
② ［英］麦高温：《中国人生活的明与暗》，朱涛、倪静译，中华书局2006年版，第74页。
③ 康德：《历史理性批判文集》，何兆武译，商务印书馆1996年版，第22页。

望如我所想的，从此好好地做一回父亲，便自称心满意。——想到那狂人'救救孩子'的呼声，我怎敢不悚然自勉呢?"① 由此可以清晰地看出，"儿童本位"、"子孙崇拜"等思想观念唤醒和启发了作为父亲的朱自清，使得他悚然自勉并在孩子的面前开始反思和检讨自己教育孩子的思想与观念，并且要履行自己的责任，"好好地做一回父亲"，真正充当好做父亲的角色。

总之，新文化运动时期"儿童的发现"，其主旨就是唤醒成人头脑中关于儿童的生命主权与儿童的权利与地位、确认儿童是儿童，儿童是完全的个人等这样一系列的基本观念。这与中国传统社会中陈旧、落后的儿童观有着本质的区别。而且，先进知识分子在这一启蒙过程中所形成的儿童认识不仅符合时代发展的趋势，也符合儿童的本能与天性，它对今天人们理解儿童仍有重要的参考意义。不仅如此，"儿童的发现"所形成的儿童认识，在今天依然被作为思想的资源给人们带来深刻的启蒙意义。由上而言，新文化运动中"儿童的发现"的启蒙精神如同一束耀眼的火把将不朽不灭。

（二）前所未有的儿童文化热潮

作为一场石破天惊的启蒙运动的"儿童的发现"，在笔者看来，它同时又是一场前所未有的、新兴的儿童文化热潮。"儿童文化的概念指向不同的层面。有成人社会为儿童创造的文化，其中又包含儿童文学、儿童音乐、漫画、动画等精神文化，图书馆、儿童馆、儿童公园、游乐园（如迪士尼乐园）、幼儿园、学校、影剧院、玩具、服饰等物质设施文化；还有儿童自身拥有或创造的文化，如游戏、绘画、演剧、音乐活动、写作文、写诗、办板报、墙报，甚至报纸、杂志等。"② 这是朱自强先生对于儿童文化的理解。而我们这里所使用和探讨的儿童文化，不仅指成人为儿童创造的文化，还包括成人为自己创造的与儿童有关的文化，主要包括儿童教育学、儿童心理学、儿童学、儿童文学理论著作以及与此相关的文章和论文等。当然，笔者这里使用的儿童文化，是一种广义的儿童文化，虽然广义，但其目的都是为了儿童的儿童文化。

---

① 朱自清:《儿女》，转引自《父父子子》，复旦大学出版2005年版，第6—7页。
② 朱自强:《儿童文学概论》，北京高等教育出版社2009年版，第12页。

　　在中国传统的家庭生活中，长者居于主导的地位，凡事大都由长者说了算。这种生活现象体现在文化方面，必然是处处突出长者的意志，形成的是"长者至上"的文化观念，所以，"长者至上"的文化观念渗透到了生活的方方面面，也渗透到了儿童的文化生活与儿童教育领域。加上成人缺乏对儿童的科学合理的理解，把儿童视作"小大人"，所以，在成人社会为儿童创造的文化方面，体现的是成人的意志与愿望，而不是儿童的需求与愿望。有关这方面的情况，英国传教士麦高温从儿童教育的角度曾作过精辟的论述。他说，"中国人总是为成年人着想，两千年来没有哪位作家为孩子们写过什么，没有任何一个时期的艺术家为了带给孩子们欢乐而拿起画笔，去描绘孩子们的生活，也没有一位学者提议编写一套易学、有趣的教科书……孩子们所阅读的书中，满是抽象细致的论述、深奥的伦理辩论和其他一些更适于成年人而不是孩子去思考的东西。"① 周作人对此情况也深有体会，他说："中国向来以为儿童只应该念那经书的，以外并不给预备一点东西，让他们自己去挣扎，止那精神上的饥饿；机会好一点的，偶然从文字堆中——正如从秽土堆中检煤核的一样——掘出一点什么来，聊以充腹，实在是可怜的。"② 以上是中国封建社会中成人为儿童创造的儿童文化的大致情况，那么，在成人为自己创造的儿童文化方面，情况又如何呢？关于这一点，周作人曾给出过他观察与思考的深刻结论。他说："中国学者中没有注意儿童研究的，教育家又不把儿童放在眼里"③，所以，造成的结果便是"中国讲儿童学或儿童心理学的书何以竟凤毛麟角，关于儿童福利的言论亦极少见"④ 也是自然而然的了。

　　由上面的叙述不难看出，在中国封建社会中，无论是成人社会为儿童创造的儿童文化还是成人为自己创造的用于理解儿童、教育儿童的儿童文化，都是欠缺的，毫无疑问，我们这里所言说的儿童文化，相对于传统文化的总量而言⑤，是少之又少的。可以说，儿童文化与"非儿童文化"相比而言，在整个的文化中所处的是一种边缘状态。进而言之，这种边缘化

---

　　① ［英］麦高温：《中国人生活的明与暗》，朱涛、倪静译，中华书局2006年版，第67页。

　　② 周作人：《自己的园地》，岳麓书社1987年版，第109—110页。

　　③ 周作人：《长之文学论文集跋》，见王泉根编《周作人与儿童文学》，浙江少年儿童出版社1985年版，第37页。

　　④ 同上。

　　⑤ 这里笔者使用的文化总量，意思是把中国的文化分为儿童文化和非儿童文化，二者都有一定的量，二者的总和为文化总量。

的儿童文化体现的是儿童文化的一种沙漠化状态,而这基本也是一种无人问津的状态,也可谓一种儿童文化的悲惨与荒凉景象。

然而,儿童文化的这种悲惨与荒凉的景象在中国历史进入到新文化运动时期出现了重大的突破与改变,儿童文化勃勃生机,儿童文化的园地也呈现出了欣欣向荣与一派繁盛的景象,这无论是在成人社会为儿童创造的文化方面还是成人社会为自己创造的儿童文化方面,都是如此。

第一,在成人社会为儿童创造的儿童文化方面,出现了一大批的儿童文学作品、儿童漫画、儿童剧与儿童音乐等精神文化。在儿童文学方面,茅盾于1917年创作了童话《大槐国》,王统照在1921年创作了《雪后》,郑振铎于1922年在《儿童世界》上发表了《竹公主》、《兔子的故事》、《花架之行》等童话作品。叶圣陶在1923年创作出了《稻草人》,俞平伯在1925年创作了《忆》,冰心在1926年出版了《寄小读者》,陈伯吹在1927年创作了《学校生活记》。在儿童漫画方面,丰子恺在这一时期创作了《阿宝赤膊》、《快乐的劳动者》等。在儿童剧方面,郭沫若在1920年创作出了童话诗剧《黎明》,郑振铎创作了儿童诗剧《风之歌》,黎锦晖在1922年创作了《麻雀与小孩》,随后又创作了《葡萄仙子》、《月明之夜》、《三蝴蝶》等儿童歌舞剧。在儿童音乐方面,黎锦晖"在1920年至1924年间为孩子们创作了30多首儿童歌曲出版了28种单行本,其中以《可怜的秋香》、《好朋友来了》最有影响"①。然而,值得一提的是,上述成人社会为儿童创作的儿童文化作品,都是在考虑儿童心理需要与心理发展特点的基础上专门为儿童创作的,充分体现出了"儿童本位"的思想。

第二,在成人社会为自己创造的儿童文化方面,一系列儿童教育学、儿童心理学、儿童学的著作纷纷问世,填补了这方面的空白。正如周作人所言,"自从弗罗培尔与戈特文夫人以后,才有光明出现,到了现在,造成儿童学与女子问题这两个大研究,可望长出极好的结果来。"② 而这"极好的结果"中就包含了一系列的儿童教育学、儿童心理学、儿童学等书籍。关于这方面的内容,笔者在第二章中已经有了这方面的梳理和叙述,这里无须赘言。

---

① 蒋风主编:《中国现代儿童文学史》,河北少年儿童出版社1986年版,第101页。
② 周作人:《人的文学》,《新青年》1918年第5卷第6号。

第三，出现了儿童史学方面的第一部具有一定象征意义的《中国儿童史》① 文化著作。1932年，上海儿童出版了王稚庵所编著的《中国儿童史》一书。尽管在此书中，他采用近乎白描的方式对中国古代历史上的一些诗人、学者的童年以及诗作等进行了简单的叙述，与《古罗马的儿童》② 一书相比，无论是在思想性或是学术性方面都有较远的差距，但从实际来看，这本书在一个侧面对我们了解古代的儿童生活与儿童教育也起着有益的补充作用，而这，无疑也从一个侧面印证了"儿童的发现"是一场新兴的儿童文化热潮。

由以上的叙述可以看出，到了新文化运动时期，儿童文化的建构经由人数众多的先进知识分子的努力与付出形成了一个空前繁荣的局面，这在以前的任何历史时期都是不曾有过的现象，也是难以想象的现象。所以，由此而言，"儿童的发现"实质上是一场新兴的儿童文化热潮，也是一场有声有色、内容丰富多样、参与人数众多的为了儿童的、前所未有的儿童文化热潮。

从文化发展的角度而言，作为中国历史具有标志意义的事件，五四运动所开启的思想启蒙和文化内涵已经成为中华近代文化的一朵奇葩。同样，作为中国历史具有标志意义的事件，"儿童的发现"所开启的这场前所未有的儿童文化热潮在一定程度上也是中华近代文化的一朵奇葩。基于此，我们断定，真正以"儿童为本位"的儿童文化在中国的初步发展，起始于新文化运动中的"儿童的发现"，这是我们在研究新文化运动时期的"儿童的发现"所形成的最基本认识。然而，如果把"儿童的发现"作为一种文化的热潮来和新文化运动二者的关系加以比较分析的话，我们认为，二者是互为表里、相辅相成的。甚至我们这里可以用这样一个不太恰当的类比来加以说明。"新文化运动"可以谓之为"人的发现"，而"儿童文化热潮"可以谓之为"儿童的发现"，关于二者的关系，可以参考笔者在下文中"人的发现"的补充与完善中有关"人的发现"与"儿童的发现"关系的相关论述，这里不再展开分析。

刘再复先生曾说过："一个民族、一个国家最最隐秘的心灵，很难通

---

① 王稚庵：《中国儿童史》，儿童书局1932年版。
② ［法］内罗杜：《古罗马的儿童》，张鸿、向征译，广西师范大学出版社2005年版。

过书本去寻找，也无法从外部世界去观察，但可以从孩子的眼睛里看到一切。"① 在我们看来，又不止于此。其实，我们不但可以从孩子的眼睛里看到一个民族、一个国家最最隐秘的心灵，而且，我们也可以从一个国家的成人为儿童和自己所创造的儿童文化中看到所有的一切。进一步而言，新文化运动中"儿童的发现"，实质也是一种"儿童文化"的发现，对儿童的兴趣、儿童的生活、儿童的情感、儿童的思想，对儿童独立存在价值的发现，是对童年与童心的发现。这种发现，也是对当时中华民族，中国最最隐秘心灵的一种发现。

（三）追求儿童观念现代化的社会进步思潮

从历史发展的角度而言，中华民族对人的问题的思考从来就不是欠缺的，也从未停止过，尤其到了近代，这种情况更是如此。例如，在新文化运动时期，在谈到"人"的真理发现问题时，周作人通过对中西的对比后感慨地说："中国讲到这类问题却必须从头做起，人的问题，从来未经解决，女人与小儿更不必说了，如今第一步先从人说起，生了四千余年，现在却还讲人的意义，从新要发现'人'，去'辟人荒'，也是可笑的"。② 由此可见，就中国过往历史遗留的问题或当时社会存在的问题而言，某种意义上就是人的问题。与周作人类似，晏阳初也表达过同样的看法。他曾说："因为社会的各种问题，不自发生，自'人'而生，发生问题的是'人'解决问题的也是'人'，故遇着有问题不能解决的时候，其障碍不在问题的自身，而在惹出此问题的人。"③ 实际上，在中国传统的社会中，人是客观存在的，有关人的言论与见解不计其数，而问题的关键在于，众多关于人的观念，在"人"被发现之前的岁月里是陈旧的、落后的。或者说，在有"人"存在的传统文化里面，个人的尊严、个人的价值、个人独立存在的意义与价值并没有被发现出来、挖掘出来。所以，对中国历史、传统文化有所了解的周作人一针见血地指出，人的问题在当时的中国还从没有解决是不无道理的。由此可以看出他关于人的问题，确切地说，是人的观念的现代化问题还没有得到解决的认识是无比地深刻

---

① 刘再复：《独语天涯》，上海文艺出版社 2001 年版，第 146 页。
② 周作人：《人的文学》，《新青年》1918 年第 5 卷第 6 号。
③ 宋恩荣编：《晏阳初文集》，教育科学出版社 1989 年版，第 20 页。

的。基于周作人的这一判断，同样可以确定无疑的是，对于妇女和儿童的见解与认识，也必然是陈旧与落后的。不然，中国广大的妇女就不会在封建社会中长期处在被压迫、被奴役、被玩弄的地位，成为一种依附性的存在，毫无做人的权力、权利与自由，而人数众多的儿童也就不会处在社会生活的底层，成为被"抹杀"、被忽视的对象以及被家长主要视作传宗接代和光耀门楣的工具。进一步而言，女童的命运和地位则更为悲惨，因为在儒家思想看来，男孩特别是家中的长子才是家族延续香火的根本人选，所以，在家庭中他拥有比其他子女更高的地位。可见，在对人的观念认识没有进入现代社会之前，在人、妇女、儿童没有被发现之前，中国人的命运，尤其是妇女、儿童、女童的命运在历史的长河中是无比的悲惨与凄凉的。

然而，随着历史的发展、社会的进步和人们改造世界能力的增强与认识世界能力的提高，尤其是人们自我认识能力的不断增强，其结果是，人们对人的认识与理解也越来越科学，越来越合理，更加接近真实的人性。与此相伴随，随着历史的发展，人们对儿童的理解与认识也越来越科学，越来越符合儿童的本真与本性，这自然而然地形成了现代化的儿童观。于是我们看到，在现代文化的观念中，儿童不仅是一种社会的存在，历史的存在，而且还是一种心理的存在，同时儿童还是"一种独立人格的存在，一种情感的存在，一种天性的存在和一种梦想的存在"[1]。不止于此，儿童不仅在社会关系中具有其独立存在的价值，而且在心理上、情感上具有独立的价值。实际上，在新文化运动中，先进知识分子们对儿童的理解与认识，已经深入和上升到了这种层面。例如，周作人曾说："儿童是完全的个人，有他自己的内外两方面的生活。儿童期的二十几年的生活，一面固然是成人生活的预备，但一面也自有独立的意义与价值。"[2] 鲁迅从进化的角度出发，也极其认同后起的生命的意义和价值高于前者，"子"的意义与价值要高于"父"的。他说"所以后期的生命，总比以前的更有意义，更近完全，因此也更有价值，更可宝贵；前者的生命，应该牺牲于他。"[3] 陈鹤琴从儿童心理的角度也认为"儿童不是'小人'，儿童的心

---

① 王浩：《作为"存在的儿童"简论》，《教育学术月刊》2009 年第 12 期。
② 周作人：《儿童的文学》，《新青年》1920 年第 8 卷第 4 号。
③ 鲁迅：《我们现在怎样做父亲》，《新青年》1919 年第 6 卷第 6 号。

理与成人的心理不同，儿童时期不仅作为成人之预备，亦具他的本身的价值，我们应当尊敬儿童的人格，爱护他的烂漫天真。游戏是儿童的生命，游戏具种种教育上的价值使我们更加宜利用的，但是我们也要明白这个游戏是随年岁而变迁的"①。无须多举例子就可以清晰地看出，先进知识分子们对儿童的理解与认识是科学的、合理的，充满了现代性的色彩，即使将他们在九十多年前提出的儿童观与现今人们所持有的儿童观相比较，也绝非过时与落伍的。而在此，更为重要的在于，他们的儿童观对我们理解今天的儿童仍有着重要的借鉴意义与指导价值。因此，相对于传统文化中的儿童观来说，这种对儿童的现代见解，确实是极其深刻的革命。同样可以肯定一点的是，这种对儿童的认识与理解也比较准确地体现了现代化的人性解放内涵。诚如马克思所说："任何一种解放都是把人的世界和人的关系还给人自己。"② 所以，新文化运动时期的"儿童的发现"以及由此而形成的儿童解放——把儿童从传统的文化中解放出来的努力，把儿童从成人阴影的遮蔽中解救出来，把儿童从"父为子纲"的伦理关系中解放出来，把儿童从家族的束缚中解放出来，无疑是要把儿童当作儿童来对待，把儿童的世界还给儿童自己，确认儿童是他们自己生活世界主人的一种尝试，无论在当时还是今天看来，这种尝试是成功的，也是富有意义的。显然，立足今天的现实而言，这也是一种远见卓识，体现的是一种现代化的儿童观，这无疑也符合人类自我认识和社会发展的基本规律。

新文化运动时期，先进的知识分子在发现儿童、加深对儿童理解的同时，还包含着他们对儿童解放的认识，形成了他们的儿童解放观。例如，在《我们现在怎样做父亲》一文中，鲁迅曾积极地号召，要先觉醒的父亲来解放孩子。他说："子女是即我非我的人，但既已分立，也便是人类中的人。因为即我，所以更应该尽教育的义务，教给他们自立的能力；因为非我，所以应同时解放，全部为他们自己所有，成一个独立的人。"③持有同样思想的还有周作人。与鲁迅直接谈论儿童解放的方式不同，周作人则直接站在反对"祖先崇拜"的立场上呼吁和推崇"子孙崇拜"，通过反对"祖先崇拜"而推行"子孙崇拜"的方式来达到他儿童解放的目的。

---

① 陈秀云、陈一飞编：《陈鹤琴全集》第一卷，江苏教育出版社2008年版，第7页。
② 《马克思恩格斯全集》第1卷，人民出版社1974年版，第443页。
③ 鲁迅：《我们现在怎样做父亲》，《新青年》1919年第6卷第6号。

他说："在自然律上面，的确是祖先为子孙而生存，并非子孙为祖先而生存的，我们切不可崇拜祖先，也切不可望子孙崇拜我们……所以，我们不可不废去祖先崇拜，改为自己崇拜，——子孙崇拜。"① 从表面上看，鲁迅和周作人都是通过对家庭中孩子和成人关系的分析来谈论儿童解放问题的。而实质上，他们却是一致站在社会进步的基础上来阐释"解放儿童"思想的，因为家庭是社会的细胞，家庭中父子关系的改善、家庭的进步也即意味着社会的改善与社会的进步。同样，在此前提下对儿童地位的发现与肯定也是对儿童在社会中有属于他们自己地位的一种确认以及对儿童在社会发展中所具有的价值的一种发现与肯定。这一点，郭沫若曾有过明确的论述。他说："人类社会根本改造的步骤之一，应当是人的改造。人的改造应当从儿童的感情教育、美的教育着手。有优美纯洁的个人，才有优美纯洁的社会。"② 总而言之，社会的进步发展离不开作为将来成人的儿童所具有的重要价值与作用。由此也就不难看出，新文化运动中"儿童的发现"，也是一种旨在追求和体现儿童观念现代化的社会进步思潮，同时也是解放儿童，"毫无疑义的也是个人解放"③ 的思潮，而这种思潮从本质上体现的是人类自我认识的巨大进步。正如朱自强先生所言："在人类思想史上，对'儿童'、'童年'的发现乃是人类认识自己的最伟大的进步之一。"④ 而这种进步，体现的是儿童观念的现代化，人的观念的现代化，也即社会的现代化。

（四）对童年的眷恋和对窒息人性的时代的反叛

"一个在世俗势力压迫下的诗人，他孜孜以求的未来，正是过去，正是童年时代那副未被世俗灰尘所污染的心灵状态。"⑤ 实际上，在世俗势力的压迫下，诗人追求童年心灵状态，流露的是对童年的眷恋，且从更为广泛的意义上而言，其所隐含地是对窒息人性的时代的一种反叛，一种突围，一种超越的努力与尝试。而这种眷恋和反叛离不开诗人对童年、童心状态的清晰感知与体验，也离不开对其生活所处时代背景的深刻了解。不

① 周作人：《祖先崇拜》，《每周评论》1919 年第 10 期。
② 郭沫若：《儿童文学之管见》，《创造周刊》1922 年。
③ 张奚若：《国民人格之培养》，《独立评论》1935 年 5 月第 150 号。
④ 朱自强：《童年：一种思想的方法和资源》，《青年教师》2008 年第 11 期，第 14 页。
⑤ 刘再复：《独语天涯》，上海文艺出版社 2001 年版，第 122 页。

得不说，这种带有对比性、反思性的感知、体验与了解，倾注了诗人太多的情思，也暗含着诗人的某种精神苦闷。而且，它不仅是诗人对自己内在心灵的一种开掘，同时也是对未来出路的一种探索。实际上，具体到新文化运动中的先进知识分子而言，体现他们观念和行为的"儿童的发现"这一历史现象，也体现了上述的特性。换句话说，"儿童的发现"体现出来的是先进知识分子对童年的眷恋和对窒息人性时代的反叛。这种人格与精神上的共同追求，是20世纪初期刚刚觉醒的一代先进知识分子的共同的思想和心声。

这种思想和心声，体现在周作人这里，是对成人失去"赤子之心"而感到深深的惋惜。"世上太多的人虽然都亲自做过小孩子，却早已失去了'赤子之心'，好像'毛毛虫'变成了蝴蝶，前后完全是两种情状，这是很不幸的。他们忘却了自己的儿童时代的心情，对于正在儿童时代的儿童的心情于是不独不能理解，与以相当的保育调护，而且反要加以妨碍；儿童倘若不幸有这种人做他的父母师长，他的一部分的生活便被损坏，后来的影响更不必说了。"①

这种思想和心声，体现在丰子恺这里，是对童心的顶礼崇拜与童年的无限向往。"我在世间，永没有逢到像你们样出肺肝相示的人。世间的人群结合，永没有像你们样的彻底真实而纯洁。"② "他（孩子）能撒去世间事物的因果关系的网，看见事物的本身的真相。他是创造者，能赋给生命于一切的事物。他们是'艺术'国土的主人。唉，我要向他们学习！"③

这思想和心声体现在鲁迅这里，是他"对自己这代人失去的乐园的怀念，对水生与宏儿这一代人不再失去乐园的无力而'茫远'的守护愿望"④。然而，处在铁屋中的他真的能守护得了吗？

这里，笔者不再列举其他先进知识分子的思想和心声，而是想在此进一步说明：不仅知识分子的思想和心声体现出了他们对童年的眷恋和对窒息人性的时代的一种反叛，而且，在他们的身体力行中，也富含着他们的这种思想和心声，即他们提出新的儿童观念，为儿童创办报纸、为儿童创

---

① 周作人：《爱丽丝漫游奇境记》，见王泉根主编《周作人与儿童文学》，浙江少年儿童出版社1985年版，第111页。
② 丰子恺：《给我的孩子们》，《文学周报》1926年第4卷第6期。
③ 丰子恺：《智者的童话》，团结出版社2008年版，第74页。
④ 朱自强：《童年：一种思想的方法和资源》，《青年教师》2008年第11期，第16页。

作文学作品、他们成立社团等都深刻地体现了这一点。而且，这一点深刻地包含着他们通过儿童来改变他们所生活的社会与构建未来的一种新的希望与尝试。

二　"儿童的发现"的历史贡献

在新文化运动时期，作为一场石破天惊的思想启蒙运动、追求儿童观念现代化的社会进步思潮和前所未有的儿童文化热潮的"儿童的发现"、对童年的眷恋和对窒息人性的时代的反叛而言，它所取得的成绩是前所未有的，同样其内容也是辉煌与令人侧目的。具体而言，"儿童的发现"作为一项重要的发现，它的历史贡献主要体现在以下几个方面，现予以总结说明：

（一）传统儿童观的动摇与变革

新文化运动时期"儿童的发现"的历史贡献，首先在于它推动了中国传统儿童观的现代转型，换句话说，它动摇了封建社会中传统陈旧落后的儿童观，导致了传统儿童观的变革。

"儿童观就是人们对儿童总的看法与基本观点"①，也是人们对儿童存在的价值以及社会地位等方面的基本评价，是与儿童密切相关的客观现实在人们头脑中的一种主观反映，它主要涉及儿童的地位与权利；儿童的心理发展特点；童年期或儿童期存在的意义与价值；儿童发展与教育之间的关系等。在不同的历史发展阶段，人们对儿童的认识既有一致性，也存在着明显甚至根本性的差异。然而，只就中国而言，在千百年来的封建专制社会中，"长尊幼卑"、"缩小的成人"、"小大人"、"光耀门楣的工具"等一直是传统儿童观的核心。并且，传统儿童观伴随着时间的推移已经渗透和融化在家庭生活、社会教育与文化习俗的方方面面，根深蒂固地盘结在成人的头脑中，成为成人规范现实儿童生活、儿童行为、儿童成长与发展的指导观念以及价值标准。由上论述可以看出，儿童观不仅涉及儿童本身、儿童教育，而且涉及父子关系、家庭伦理道德、等级秩序以及无处不在的社会深层文化心理等。不仅如此，从学科的角度而言，儿童观不仅设

① 刘晓东：《儿童教育新论》，江苏教育出版社 1998 年版，第 1 页。

计到哲学、心理学、人类学还涉及社会学等。因此，新文化运动时期的
"儿童的发现"以及由此而产生的以"儿童为本位"的新型儿童观，作为
一种思想革命和文化启蒙的结果，作为"对已有儿童观的扬弃"①，导致
传统儿童观的一系列变化和更新是自然而然的结果。这种变化和更新主要
体现为以下三点：

1. 儿童价值观的变化

在中国漫长的封建社会中，人们往往从家庭或家族整体利益的角度出
发来认识儿童的价值。所以儿童的价值就被打上了家族的烙印。在成人看
来，儿童的全部意义和价值就在于传宗接代，光耀门庭。除此之外，成人
还将儿童当作自己的私有财产加以处理与使用，认为儿童必须依附于大
人。另外，再加上成人认为儿童是调皮捣蛋不听话，所以，儿童的未来要
实现成人规范下的成长预期与标准，就必须对他们进行精心的雕琢，可谓
"玉不琢，不成器"。于是，在这样的认识前提下，儿童的发展需求和独
立人格完全被忽视，生命价值和尊严也没有得到确认。这正如熟悉中国传
统历史的周氏二兄弟所言说的那样："儿童者本其亲长之所私有，若道具
生畜然"②；"所有小孩，只是他父母福气的材料，并非将来的'人'的
萌芽。"③ 如果我们再从鲁迅对封建社会中国人作出的价值判断和从儿童
当作被吃的对象来分析儿童的价值，那么可以明确地认为，儿童自身存在
的价值几近于零。因为鲁迅曾说："中国人向来就没有争到过人的价格，
至多不过是奴隶，到现在还如此，然而下于奴隶的时候，却是数见不鲜
的"④，"大小无数的人肉的筵宴，即从有文明以来一直排到现在，人们就
在这会场中吃人，被吃，以凶人的愚妄的欢呼，将悲惨的弱者的呼号遮
掩，更不消说女人和小儿。"⑤ 以上就是中国传统社会中主流的儿童价
值观。

到了新文化运动时期，在儿童问题普遍关注的情况下，在"儿童的
发现"的时代驱使下，先进知识分子们所形成的对儿童价值的认识与传
统的儿童价值观相比发生了根本甚至是翻天覆地的变化。这种变化是在对

---

① 刘晓东、卢乐珍等：《学前教育学》，江苏教育出版社 2004 年版，第 32 页。
② 周作人：《儿童问题之初解》，载《绍兴县教育会月刊》1914 年第 6 号。
③ 鲁迅：《随感录二十五》，《新青年》1918 年第 5 卷第 5 号。
④ 鲁迅：《灯下漫笔》，《莽原》1925 年 5 月。
⑤ 同上。

传统儿童价值观批判的基础上形成的。首先，他们认为儿童有其独立存在的意义与价值，并且认识到了儿童自身所蕴涵的无限力量。"儿童期的二十几年的生活，一面固然是成人生活的预备，但一面也自有独立的意义与价值"①，"儿童时期不仅作为成人之预备，亦具他的本身的价值"②，"儿童大抵是天才的诗人，所以他们独能鉴赏这些东西（儿童文学名著）"③；其次，他们认为，年幼的儿童以及儿童身上表现出来的行为对于受世俗压迫的成人也有重要的启示意义与价值，从孩子身上他们可以得到某种特殊的人生启示，并号召和提倡成人向儿童学习。例如，丰子恺就不无遗憾地说："我今晚受了这孩子的启发：他能撤去世间事物的因果关系的网，看见事物本身的真相。他们是'艺术'国土的主人。唉，我要向他们学习！"④ 最后，他们从儿童与国家的关系出发，认为儿童对于民族国家的兴旺与发达也具有重要的意义与价值。"盖儿童者，未来之国民，是所以承继先业，即所以开发新化，如其善遂斯旧邦可新，绝国可续，不然虽当盛时而赫赫文明难为之继。"⑤

由以上三方面的叙述可以看出，儿童不仅对于自己，对于成人，对于民族国家而言都具有重要的意义与价值。毫无疑问，这种对儿童价值的认识突破了原来家庭或家族背景下的狭隘、落后的儿童价值观范围，深化与拓展了儿童的价值内涵。"贫穷的儿童"变成了"富有的儿童"。而这也就深刻地表明，一种新的儿童价值观已经产生并形成。

2. 儿童地位观或权利观的变化

在漫长的封建社会中，儿童对于家庭或家族有重要的价值，从这个角度出发，儿童在家庭或家族中应该有着重要的地位或享有重要的权利，而事实上却绝非如此。儿童在整个家庭或家族关系中却鲜有自己的地位或权利，换句话说，儿童在家庭中处在边缘地位，是作为边缘人或槛外人而存在的，这正如《周易》中对"童"所概括的那样，"童从僮，奴隶也。"⑥儿童的这种边缘或奴隶地位，鲁迅从家庭中父与子的关系角度曾给予了简

---

① 周作人：《儿童的文学》，《新青年》1920 年第 8 卷第 4 号。
② 陈秀云、陈一飞编：《陈鹤琴全集》第一卷，江苏教育出版社 2008 年版，第 7 页。
③ 周作人：《爱丽丝漫游奇境记》，见王泉根主编《周作人与儿童文学》，浙江少年儿童出版社 1985 年版，第 111 页。
④ 丰子恺：《智者的童话》，团结出版社 2008 年版，第 74 页。
⑤ 周作人：《儿童问题之初解》，《绍兴县教育会月刊》1914 年第 6 号。
⑥ 《周易》。

单具体的说明并进行过尖锐的描述。他说，"父对于子，有绝对的权力和威严，若是老子说话，当然无所不可，儿子说话，却在未说之前早已错了。"① 事实上，鲁迅的这种描述本身，也深刻地道明了儿童在成人眼里是没有尊严的。因为，传统的社会，只是一个尊老的社会。所以，在这种情况下，"孩子从未被作为独立的个体来对待，而是群体的一部分；因而除了少数的儿童游戏的场合外，传统社会的小孩子几乎没有属于自己的独立空间。"② 孩子非但没有自己的独立空间，同时也没有属于自己的时间。毫无疑问，缺少独立空间与时间的孩子，其作为权利的主体也是得不到成人的承认的。另外，封建社会中的"师道尊严"从教育的角度直接鲜明地道出了师、生在师生关系中所处的不同地位，毫无疑问，在此学生（儿童）处于卑劣的地位，教师处在尊严的地位。教师与学生（儿童）在地位方面毫无平等可言。以上是封建社会中人们对不同环境中儿童地位观和权利观的基本认知。

到了新文化运动时期，先进知识分子们对儿童地位与权利的认识与传统社会中人们对儿童地位与权利的认识相比有了明显的改变。首先，他们认为子女（儿童）在家庭中有自己的地位；在家庭中，亲子关系以爱为底色，家长与孩子之间是平等的，家中的一切设施都要以儿童为本位。儿童具有生存的权利，"到了人类，对于恋爱的融合，自我的延长，更有意识，所以亲子的关系，尤为深厚……祖先为子孙而生存，所以父母理应爱重子女，子女就应该爱敬父母"③，"一切设施，都应该以孩子为本位"④；其次，他们认定儿童是未来的国民或国民的一员，在国家社会中也有属于他们自己的地位。"今天的儿童便为明天的国民"⑤，"就社会学说，儿童不是他父母的儿子，乃是社会的一个新分子"；⑥ 最后，他们还极其深刻地认识到儿童在人类中也有属于他们自己的位置，并且不能将儿童与成人强为统一而忽视了儿童的存在。"人类只有一个，里面却分作男、女及小孩三种；他们各是人种之一，但男人是男人，女人是女人，小孩是小孩，

---

① 鲁迅：《我们现在怎样做父亲》，《新青年》1919 年第 6 卷第 6 号。
② 徐杰舜主编：《人类学教程》，上海文艺出版社 2005 年版，第 187 页。
③ 周作人：《人的文学》，《新青年》1918 年第 5 卷第 6 号。
④ 鲁迅：《我们现在怎样做父亲》，《新青年》1919 年第 6 卷第 6 号。
⑤ 郭沫若：《儿童文学之管见》，转引自《1913—1949 儿童文学论文选》，少年儿童出版社 1962 年版，第 35 页。
⑥ 恽代英：《儿童公育在教育上的价值》，《中华教育界》第 10 卷第 6 期。

他们身心上仍各有差别的，不能强为统一"①，"子女是即我非我的人，但既已分立，也便是人类中的人。"② 不仅如此，在教育领域，尤其在教育的过程中，先进知识分子提倡以儿童为主体，确认儿童的主体和中心地位，并强调教师和儿童是平等的朋友关系。"儿童、教材和教师是教育上的三大要素。三者的关系，儿童是主体，教师度量儿童的能力与个性……教师应作儿童的朋友。"③

由上面的叙述不难看出，先进知识分子们对儿童地位与权利的认识，首先是肯定并确立儿童在家庭和教育中有他们的地位，在此基础上阐明了儿童与成人是平等的关系，毫无疑问，这也是对儿童权利的一种承认。另外，他们还从国家、人类的角度出发，赋予儿童在其中的应有位置，这不仅是对儿童地位认识方面的有益补充，也是对儿童地位认识拓展与深刻彻底的一种表现。至此可以大致判断：儿童从边缘的地位开始向中心的地位靠拢，儿童开始成为家庭的核心成员与教育中的主体。无疑这对人们加深对儿童地位的理解起到了积极作用。这同样深刻地表明，一种新型的儿童地位观或权利观在中国的历史上已经产生并形成。

3. 出现了新的儿童心理发展观

熟悉儿童心理学以及其历史的人都清楚，科学儿童心理学是在19世纪后半期诞生的。其创始人是德国生理学家和实验心理学家普莱尔（W. T. Preyer）。他的孩子出生之后，他对其进行了系统的追踪观察，即孩子从出生到3岁，他每天进行系统的观察并做记录，有时也进行一些实验性的观察，最后把这些观察记录整理成一部有名的著作《儿童心理》，于1882年出版。这本书被心理学界公认为是第一部科学的、系统的儿童心理学著作。书中包括三部分：儿童感知的发展，儿童意志（或动作）的发展，儿童理智（或言语）的发展。这些内容，是儿童心理发展观的直接体现。如果以此书的内容作为一个参考的标准，那么，分析新文化运动中"儿童的发现"的内容时，我们可以判断，这一时期，中国出现了新的儿童心理发展观的内容。

首先要说明的是陈鹤琴的《儿童的心理之研究》一书。《儿童心理之

---

① 周作人：《小孩的委屈》，王泉根主编：《周作人与儿童文学》，浙江少年儿童出版社1985年版，第29页。

② 鲁迅：《我们现在怎样做父亲》，《新青年》1919年第6卷第6号。

③ 陈秀云、陈一飞编：《陈鹤琴全集》第一卷，江苏教育出版社2008年版，第7页。

研究》是 1920 年底，陈鹤琴以儿子陈一鸣为研究对象，主要以感性描述的方式，就陈一鸣的动作、能力、情绪、言语、游戏、学习、美感、绘画等方面的发展，进行了多角度、连续的观察，并做了详细的文字、摄影记录。可以说，陈鹤琴的《儿童心理之研究》是我国儿童心理学的一部开拓性和奠基性之作。里面对儿童心理发展的记录与分析等，就深刻地表明了出现了新的儿童心理发展观。

除此之外，周作人在《儿童的文学》中描述到，"儿童学上的分期，大约分作四期，一婴儿期（一至三岁），二幼儿期（三至十岁）……"①由此分期，我们可以判断，在当时已经出现了新的儿童心理发展观。否则，周作人的儿童文学分配理论就是无稽之谈了。

由上面两方的叙述可以判断，新文化运动时期的"儿童的发现"，构建出了新的儿童心理发展观的内容，而在此之前是从未有过的事情，这就深刻地表明，一种新的儿童心理发展观在新文化运动中被建构了出来。

从以上三方面的分析中，我们清晰地看到，"儿童的发现"所形成的新的儿童认识，是对以往儿童认识的否定与反动，它极其深刻有力地动摇了传统陈腐、落后的儿童观，形成了新的儿童观。而在这些新型的儿童观中，尽管"儿童的发现"的先进知识分子也重新认识和厘定儿童之于家族的价值，儿童在家庭中的地位，儿童在教育中的地位，补充了儿童之于民族、国家的价值并高扬了儿童在人类中的应有地位，但在笔者看来，最为本质、最为核心的贡献在于，"儿童的发现"树立了以"儿童为本位"的现代儿童观念，这是新文化运动时期"儿童的发现"中最为深刻、最有意义和最有价值的发现，因为这极其鲜明有力地从观念层面打破了以"长者为本位"的伦理道德的儿童观，真正体现出了成人社会尊重儿童，尊重童年的心态与情感，同时也深刻体现了人类（成人与儿童之间）真正的平等精神与博爱情怀。

（二）儿童教育的现代化转向

"现代教育发展和改革的一个重要特点，即现代教育的开端是以儿童

---

① 周作人：《儿童的文学》，《新青年》1920 年第 8 卷第 4 号。

研究为基础，以促进社会发展为指向的。"① 与此类似，新文化运动时期"儿童的发现"所形成的现代儿童观，也预示和体现了中国教育的现代化转向，并推动着儿童教育的现代化转向。实际上，新文化运动中"儿童的发现"所引起的儿童观转变，也是一次教育观念与教育实践的转变，转变的方向是由传统转向现代，可谓儿童教育的现代化转向，这主要体现在以下两个方面：

1. 儿童教育观念的现代化

在儿童教育观念的现代化转向方面，首先，是教育目的的转向，这种转向是建立在对儿童认识的基础上，伴随着对传统教育目的的批判同时进行的。由于先进的知识分子们认识到了儿童是"活泼泼的个人"②、"完全的个人"③，而非矮小的成人，故此，他们"对于教育的希望是把儿童养成一个正当的'人'"④，"世界社会的好分子"⑤，"教育的价值是在培养健全的人格"⑥，"让儿童做一个堂堂正正的人。"⑦ 有鉴于此，对于传统那种把儿童培养成一个"暮气沉沉、毫无个性、呆板平庸的顺民"⑧ 或"把他做成一个忠顺的国民"⑨ 的教育目的或宗旨，他们对其大加反对与挞伐，认为这"都是一个'拯世救民'的仁政主义、牧民政策"⑩，结果会"把活泼泼的个人，做成枯落的秋草"⑪，"把有用的人都变成了书呆子。"⑫ 另外，在现代教育目的确立方面，尤其值得一提的是 1922 年 10 月由全国教育联合会第八次会议议决通过的《学校系统改革案》。在这个文本（即壬戌学制，又称新学制）中，第一次从国家意志的层面制定出

---

① 郭法奇、张胜芹、张玲：《杜威与美国的儿童研究运动》，《教育学报》2008 年第 4 期，第 24 页。

② 蒋梦麟：《什么是教育的出产品》，《新教育》1919 年第 11 期。

③ 周作人：《儿童的文学》，《新青年》1920 年第 8 卷第 4 号。

④ 周作人：《关于儿童的书》，转引自《1913—1949 儿童文学论文选》，少年儿童出版社 1962 年版，第 463 页。

⑤ 同上。

⑥ 朱自清：《教育的信仰》，《春晖》1924 年第 34 期。

⑦ 同上。

⑧ 蒋梦麟：《历史教授革新之研究》，《教育杂志》1918 年第 4 期。

⑨ 周作人：《关于儿童的书》，转引自《1913—1949 儿童文学论文选》，少年儿童出版社 1962 年版，第 463 页。

⑩ 同上。

⑪ 同上。

⑫ 同上。

了教育的"某(谋)个性之发展"① 的目的与宗旨。而这也就深刻地表明:在"儿童的发现"的驱使下,教育目的方面,儿童教育的现代化转向已经形成了由知识分子个体的呼吁到国家确认的转变,达成了社会的共识。

其次,是教材和教育内容观念的现代变革。有关封建社会中的儿童所用的教材、课本和教育内容的情况,麦高温曾这样评价说:"中国的课本,也许是学生手中最枯燥、最陈腐、最古怪的东西了。书的作者恐怕从来没有考虑过学生们的兴趣爱好。书的内容因单调而显得死气沉沉,既缺幽默又少机智,它们最大的'功劳'似乎就在于从来不会在孩子们那活泼爱笑的脸上增加一点轻松。"② 不仅如此,"全国所有学校用的都是同样的书,且书中满是抽象细致的论述、深奥的伦理辩论和其他一些更适于成年人而不是孩子去思考的东西。另外书中既没有画片,也没有图解。这些课本都印在那种又薄又脆的纸上,文字拥挤不堪,字迹模糊不清,纸质封面也容易折角,看上去极不雅观。"③ 由此可以看出,无论是图书设计或是课本内容,传统的教材或课本都没有考虑到儿童身心发展的特点与实际需要,而是完全将重点投注在成人的世界里,关注的是成人的需求与目的。这自然也就可以想象儿童学校生活的内容是何其的单调与乏味,也必然引起不了儿童真正的兴趣、甚至扼杀儿童的好奇心与求知的兴趣。否则,许多类似鲁迅年幼时的心灵就不会时常跑出牢狱似的"三味书屋"而溜进兴味无穷的"百草园"了。

到了新文化运动时期,先进知识分子们在突破了传统儿童观的限制、认识到儿童身心发展的年龄特点以及在初步发现了儿童不同于成人之后,于是,在教材观念的变革上,他们提出了"从儿童生活上着想,根据儿童之生活需要编订教材,形式则注重儿童化,内容则适合儿童经验"的指导原则,也即"助儿童现在心理与教材类化,使儿童参与教材,如身历其境,视教材为其精神生活之一部而能助其发展"④。在幼儿教育领域,

----

① 璩鑫圭、唐良炎编:《中国近代教育史资料汇编·学制演变》,上海教育出版社1991年版。

② [英]麦高温:《中国人生活的明与暗》,朱涛、倪静译,中华书局2006年版,第66页。

③ 同上。

④ 璩鑫圭、唐良炎编:《中国近代教育史资料汇编·学制演变》,上海教育出版社1991年版。

陈鹤琴提出了"幼稚园的课程可以用自然、社会为中心"① 的观点。不仅如此，他们还"反对把一时的政治意见注入到幼稚的头脑里去"②。在 20世纪 30 年代初，也即 1931 年 4 月，陶行知先生还专门就儿童用书内容方面提出了三项标准。一本书之好坏，可以以下列三种标准判断它。一、我们要看这本书有没有引导人动作的力量，有没有引导人干了一个动作又干一个动作的力量。二、我们要看这本书有没有引导人思想的力量，有没有引导人想了又想的力量。三、我们要看这本书有没有引导人产生新价值的力量，有没有引导人产生新益求新的新价值的力量。在儿童教育内容方面，这里还有一个值得一提的历史现象。在 1931 年 5 月，《儿童教育》杂志还专门开辟一个小专栏，就儿童教育的"鸟言兽语"内容展开了专门的探讨与争鸣。其时，无论是教育界和儿童文学界，都纷纷加入了进来。例如，吴研因、尚仲衣、陈鹤琴和儿童文艺研究社的不少成员都对"鸟言兽语"进行了深入的探讨和交锋。例如，陈鹤琴还专门写了一篇《"鸟言兽语的读物"应当打破吗?》的文章为鸟言兽语的读物进行辩护。在其中，他曾认定"鸟言兽语的读物，自有他（它）的相当地位，相当价值，我们成人是没有权力去剥夺儿童所需要的东西的，好象（像）我们剥夺小孩子吃奶的那一种权利"③。在同一年的 3 月 5 日，何键本着"选中外先哲格言勤加讲授，择学行兼优人是办理"的宗旨，还专门在影响深远的《申报》上撰写了《何健咨请教部改良学校课程》一文，专门就学校课程内容改革提出了他的具体建议。毫无疑问，以上有关教材、课程的各种论争以及一系列观念的提出，都为实践中教材与课本内容的变革提供了指导思想。

再次，是教育方法的革新。在传统社会中，教师或成人"太把学生看的高，以为他们是三头六臂，至少也是四只眼睛的，将来要扭转乾坤，德得才兼文武"④，所以"对学生一律实行'填鸭式'的教学"⑤ 方法，更有甚者，由于他们"把儿童当作小魔鬼，想方设法将其制服，不惜动

---

① 陈秀云、陈一飞编：《陈鹤琴全集》第二卷，江苏教育出版社 2008 年版，第 115 页。
② 周作人：《关于儿童的书》，王泉根编：《周作人与儿童文学》，浙江少年儿童出版社 1985 年版，第 49 页。
③ 陈鹤琴：《"鸟言兽语的读物"应当打破吗》，见《1913—1949 儿童文学论文选》，少年儿童出版社 1962 年版，第 159 页。
④ 周作人：《苦竹杂记·谈中小学》，岳麓书社 1987 年版，第 210 页。
⑤ 同上书，第 211 页。

用酷刑"①的方式来教育儿童。由此可见，这样的教育方法充满和散发着浓厚的封建专制主义气息，其结果必然是束缚了儿童的个性，窒息了儿童的心灵，它真的在把儿童变成死气沉沉的羔羊的同时，也让儿童感到了无比的憎恶与难受。在认识到传统教育方法窒息儿童心灵和压抑儿童个性成长的前提与基础下，到了新文化运动时期，先进的知识分子同样对传统的教育方法进行了无情的批判与抨击。在本着"儿童是儿童"、"儿童是完全的个人"的认识前提下，他们提倡教育要按照儿童身心发展的规律来实施，遵循自然的次序，因材施教，倡导"顺性开导"，反对压制拘禁的教育方法。即"深知儿童身心发达之程序，而择种种适当之方法以助之，干则灌溉之，弱则支持之，畏寒则置之温室，需食则资以肥料"②；"个人各秉特殊之天性，教育即当因个人之特性而发展之，且进而至其极"③，"小孩子性情活泼，没受惯拘束，活像出生的草木一般，别要压制他，顺着他的样子，他自然会生长发达起来，若是压制拘束狠了，他便不能够生长"④，更不会生长出健康的人格来。

2. 儿童教育实践的现代化

在新文化运动时期，先进知识分子们提出的一系列新的儿童观和教育观念，不仅对人们头脑中原有的儿童观念和儿童教育观念起到了冲击与瓦解的作用，同时也导致了儿童教育实践的深入变革与发展。在儿童教育实践的变革与发展方面，首要的是教材改革和儿童用书内容方面的变化。如前所述，由于对儿童有了新的认识，对传统的教材和课本内容进行了批判，同时树立了新的教材观念和形成了儿童成长发展所需要的课程观念，于是，在此基础上，一系列适合儿童身心发展的教材或课本内容便纷纷问世了。这一时期，商务印书馆抽出专门的人员，花费大量的时间和精力出版了一大批的儿童教育教材，其内容是儿童喜闻乐见的童话、歌谣、寓言等，而且，这些内容生动活泼，充满了儿童的天性、童真与情趣，深受孩子们的欢迎。除了教材和课本内容的变革与发展外，儿童教育实践中最引

① 周作人：《看云集·体罚》，见舒芜编《苦雨斋》，天津教育出版社 2007 年版，第 209 页。

② 蔡元培：《新教育与旧教育之歧点》，《北京大学日刊》1918 年第 15 期。

③ 蒋梦麟：《个人之价值与教育之关系》，《教育杂志》1918 年第 4 期。

④ 陈独秀：《王阳明先生训蒙大意的解》，见任建树等编《陈独秀著作选》第一卷，上海人民出版社 1984 年版，第 92—93 页。

人注目的当属陈鹤琴的"活教育"与陶行知的"生活教育"。从他们二人所倡导的教育实践过程来看，其实践的精神和宗旨以及立足点都是与新文化运动时期的"儿童的发现"分不开的。有关二人的教育实践探索，相关的研究成果已经很多，这里不再赘述。

（三）儿童读物的兴盛与繁荣

新文化运动时期"儿童的发现"的又一历史贡献，就是促进了儿童读物的兴盛与繁荣。儿童读物是指成人创造出来的适合儿童阅读的东西，其形式是报纸、杂志、书籍等。

在漫长的封建中国，由于成人对于儿童没有正当的理解，再加上"中国人总是为成年人着想，两千年来没有哪位作家为孩子们写过什么，没有任何一个时期的艺术家为了带给孩子们欢乐而拿起画笔，去描绘孩子们的生活，也没有一位学者提议编写一套易学、有趣的教科书"[1]。所以，"孩子们的手中经常会被塞上这些经典书籍（四书五经），这些书看起来枯燥无味，印刷的也很糟糕，而且整本书里连一张插图都没有，总之，它们给人的感觉是死气沉沉的。"[2] 儿童书籍的情况如此，儿童报纸、儿童杂志的情况也大抵如此。由此足以见得，儿童读物在传统的中国一直都是付诸阙如的。这正如盛巽昌从儿童报纸角度所概括的那样，"旧中国的文化是落后的，为儿童出版的报纸，在一九一九年'五四'运动前，没有儿童报纸，社会上只有为数极微的几份少年儿童创办的刊物。"[3] 又如周作人所言说的那样，"中国学者中没有注意儿童研究的，文人自然也同样不会注意，结果是儿童文学一大堆的虚空，没有什么好书，更没有什么好画。"[4]

然而，历史发展到新文化运动时期，在"儿童的发现"的时代氛围中，当儿童以一种独立的精神个体和独特的身份被成人和社会所理解与接受时，当知识分子们在此基础上提出了关心儿童的强烈主张，即"我们

---

① ［英］麦高温：《中国人生活的明与暗》，朱涛、倪静译，中华书局 2006 年版，第 67 页。

② 同上书，第 48 页。

③ 盛巽昌：《解放前儿童报纸鸟瞰》，《现代儿童报纸史料》，少年儿童出版社 1986 年版，第 103 页。

④ 周作人：《长之文学论文集跋》，见王泉根编《周作人与儿童文学》，浙江少年儿童出版社 1985 年版，第 37 页。

为着以后的儿童的福利，须要给他们以与我们当初所遇的不同的境遇"①，并认为"这并不是文学上的问题，而是要他们爱好文学非从根本入手不可"② 时，于是可以看到，在上述诸种认识的启发与推动下，众多出版机构开始出版儿童报纸和儿童杂志，不少先进的知识分子开始拿起笔来描绘儿童的生活，为儿童创作文学艺术作品，创编儿童丛书。

首先是儿童报纸的兴盛与繁荣。儿童报纸作为儿童读物的一种形式，在前面的第二章中我们已经提到过一些。然而，在"儿童的发现"的时代背景下，儿童报纸在原有种类的基础上又有了新的增加。例如，从1929 年到1932 年，全国新增加的儿童报纸就多达19 份（见表5—1）。

其次是儿童杂志的兴盛与繁荣。与儿童报纸相类似，从1927 年到1937 年，全国的儿童杂志如雨后春笋般地冒了出来，除原来的一些儿童杂志外，这期间还"创办了《儿童新闻》、《小学生》、《新少年》、《少年》、《少年时代》、《儿童杂志》、《现代儿童》、《中学生》、《少年知识》、《儿童科学杂志》、《儿童天文学》等几十种刊物"③。

最后是儿童书籍的兴盛与繁荣。专供儿童阅读的儿童书籍在"儿童的发现"的驱使下也有了长足的进步与发展。在此背景下，不少的出版机构如中华书局、商务书馆、北新书局等出版了一系列的儿童丛书。例如，1927 年，中华书局出版了一套《儿童文学丛书》；商务书馆在1930 年和1933 年分别出版了《世界儿童文学丛书》和《小学生文库》；北新书局于1930 年和1933 年分别出版了《小朋友丛书》和《儿童文学创作丛书》。这些儿童书籍的出版，丰富了儿童的生活，也拓宽了儿童的精神视野。

由以上儿童读物的兴盛与繁荣的历史景象可以明确地判断：在儿童被发现的前提下，一种适合儿童精神特点的儿童读物形式便在原有的基础上逐渐兴盛与繁荣起来。这正如周作人在20 世纪30 年代所概括的那样，"近十年来注意儿童福利的人多起来了，儿童文学的书与儿童书的店铺日见兴旺，似乎大可乐观，我因为从前对于这个运动也曾经挑过两筐子泥土

---

① 叶圣陶：《叶圣陶论创作》，上海文艺出版社1982 年版，第71 页。
② 同上。
③ 蒋风：《中国现代儿童文学史》，河北少年儿童出版社1986 年版，第114 页。

的，所以象（像）自己的事情似的也觉得高兴。"[①]

表 5—1
1929—1932 年儿童报纸一览表

报刊名称	创刊时间	停刊时间	出版单位
《童报》	1929	1929	上海童报社
《镇海儿童周报》	1929	1933	浙江镇海县教育局
《台州童报》	1929		浙江台州童报社
《儿童时报》			
《中国儿童时报》	1930	1949	浙江绍兴儿童时报社
《儿童报》	1931		厦门集美教育推广部
《儿童日报》	1932		厦门儿童日报社
《儿童周报》	1932		广州儿童书局
《儿童》	1932		杭州慈幼路儿童报社
《小孩报》	1932		山西太原小孩报社
《儿童晨报》	1932	1937	上海晨报社
《少年真理报》	1932		上海少年真理报社
《儿童周报》	1932		汉口观音阁实验小学编印
《粤秀》	1932		广州中山大学附属小学
《大通时报》	1932		湖北省立汉口第三小学
《儿童报》	1932		江苏如皋县编印
《儿童晨报》	1932	1933	天津儿童晨报社
《北平儿童周报》	1932		北平儿童周报社
《儿童周报》	1932		上海儿童周报社

资料来源：《现代儿童报纸史料》，少年儿童出版社 1986 年版，第 205—207 页。

（四）"人的发现"的补充与完善

"西洋在十六世纪发现了人，十八世纪发现了妇女，十九世纪发现了儿童，于是人类的自觉逐渐有了眉目，我听了真不胜歆羡之至，中国现在

---

① 周作人：《儿童故事》序，见王泉根编《周作人与儿童文学》，浙江少年儿童出版社 1985 年版，第 58 页。

已到了哪个阶段我不能确说。"①这是周作人在 20 世纪 30 年代对中国"人的发现"的（包括妇女和儿童）感慨。在"人的发现"方面，他虽然没有确定"中国现在已到了哪个阶段"，情况如何，但在郁达夫看来，"个人的发现"是在五四时期即新文化运动过程中完成的。因为他说，"五四运动最大的成功，第一要算'个人'的发见（现）"②。而对于"个人的发见"（现）及其价值，郁达夫给出了明确的说明，即"以前的人，是为君而存在，为道而存在，为父母而存在的，现在的人才晓得为自我而存在了。我若无何有乎君，道之不适于我者还算什么道，父母是我的父母；若没有我，则社会，国家，宗族等那（哪）里会有？"③ 由此可以看出，郁达夫认定的"个人的发现"中的个人，是个人意识极其成熟的成人，而非个人意识较弱的儿童。

由上面的论述而言，"人"的发现或者说"个人的发现"，并不意味着"儿童"的发现，这是笔者对前面周作人和郁达夫的见解进行分析后形成的一种基本事实判断。所以，由"人的发现"的完整性角度而言，缺少了"儿童的发现"，"人的发现"是残缺不全的，其给人们思想观念方面带来的冲击也绝非系统与深刻的。而这也就意味着历史还会继续去呼唤人们去发现儿童，认识儿童，去深化人的内涵与外延。基于此，笔者认为，以"儿童本位"儿童观为标志的"儿童的发现"在新文化运动时期的完成，是继"人的发现"之后的又一伟大的认识成就与收获壮举，它是对"人的发现"的进一步深化、丰富与有益的补充。具体而言，它在丰富"人的发现"内涵的基础上，拓宽了"人的发现"的外延，他把儿童与人辩证有机地统一在了一起，形成了儿童是人、把儿童当人看的基本价值观念，在此也可以说，"儿童的发现"也即"人的发现"，"人的发现"也即"儿童的发现"。不仅如此，笔者还认为，从思想进步和发展的角度而言，"儿童的发现"是成人思想祛昧的过程，而这一过程，也是成人发现自己、提升自己认识能力的过程，也是"人的发现"的一种体现。所以，由这个意义上而言，"儿童的发现"也是"人的发现"的补充与

---

① 周作人：《长之文学论文集跋》，见王泉根编《周作人与儿童文学》，浙江少年儿童出版社 1985 年版，第 36 页。

② 刘运峰编：《1917—1927 中国新文学大系导言集》，天津人民出版社 2009 年版，第 132 页。

③ 同上。

完善。

我们从以上四个方面简要总结了"儿童的发现"的历史贡献。总而言之,新文化运动时期的"儿童的发现"建构出了新型的以"儿童为本位"的近现代的儿童观与教育观,同时它也导致了儿童与人的观念的现代化。不仅如此,就世界范围内而言,如果说在19世纪末瑞典教育家爱伦·凯曾预言说的20世纪是"儿童的世纪"① 这一预言如实的话,那么在这方面,中国新文化运动时期的"儿童的发现"以及它所具有的上述历史贡献,在笔者看来,本身也构成了"儿童的世纪"一部分内容,而这一部分内容以及由此而反映出来的先进知识分子的批判精神、探索精神、关注儿童的热烈情怀、关注社会进程的行动与期待,对于中国今天的儿童政策的制定、儿童福利的完善、儿童教育研究的开展与儿童教育实践的深化而言,仍然是一份世纪性的值得继承和发扬的丰厚遗产。

三 小结:一段儿童的历史

历史的道路往往充满了偶然性和荒诞性,它没有自己的"生物进化轨道模式"可以遵循,也不会按照既定的规律向前自觉地发展,而是会随着时间的推进而趋向虚无。从这个意义上而言,新文化运动时期的"儿童的发现"也多少具有上述历史发展的某些特性,因为它的起落消长现象就充分说明了这一点。尽管如此,笔者认定,对于中国而言,新文化运动时期"儿童的发现"的这一段短暂历史,是属于儿童的,是一段儿童的历史。这也是与中国以往历史的一种根本区别。因为中国先前的历史,是成人的历史,男人的历史,是帝王将相的历史。尽管这一段儿童的历史,儿童没有亲自或直接参与到社会发展的进程中来,成为推动历史发展的主人,更没有提出他们自己的要求,表达他们的愿望,争取他们的权利,诉说他们的悲惨境遇与不幸生活等。但在这一短暂的时段里,通过先进知识分子筚路蓝缕的解放与发现儿童之举,通过他们为儿童权利奔走的行为语言,通过他们发出的"救救孩子"的人道主义声音,儿童以这种特殊而又间接的方式逐渐进入了国人的眼中并逐渐被社会和国家有所重

---

① 杨汉麟、周采:《外国幼儿教育史》,广西教育出版社1998年版,第247页。

视，被历史所记录。也是从这一时期开始，历史的目光，开始投向儿童。并且，在中国广袤的大地上，在中国，在人的历史发展长河中，儿童逐渐从社会边缘的地位向着中心的地位开始了艰难的也是富有意义的长途跋涉。从历史发展的实际情况来看，这跋涉没有结束，今天依然处在艰难的行进中。

第六章　"儿童的发现"的现实启示

对新文化运动中"儿童的发现"的诸多内容进行梳理、探索与研究，对"儿童的发现"这一历史现象的深入考察与分析，不是为了回到过去，而是面向现在和未来，这便回到了问题的原点，即研究新文化运动中"儿童的发现"，对于儿童生活的现代中国而言，有什么样的借鉴意义或特殊启示。或者，就"儿童的发现"的这一历史现象进行研究，从中我们可以吸取或借鉴什么，以此来更好地服务于中国儿童的成长与发展。这是本章所力图要解决的根本问题。

一　对儿童教育研究的启示

"近世科学的发达和资本主义的进展把整个地球打成一片；无论愿意与否，现在中国已是世界的一部分，已不能再享受闭关自守的桃花源生活了。世界已是整个的世界，中国社会一切的转移，也只是受世界巨潮的动向所激荡。因之，现代中国学术思想的推移，也不过是跟着世界学术思潮的蜕变而转换吧。"[①] 这是伍启元先生在 20 世纪 30 年代对新文化运动时期的世界与中国关系的基本认识。从中国思想与学术演变与发展的历史而言，他的这种判断是客观的，他得出的基本结论也是合乎历史发展的事实的。其实，只就"儿童的发现"勃然兴起的主要原因之一即西方学说的东渐与影响来看，就充分体现了这一点。因为，"儿童的发现"就是在吸收近现代西方各种思想与学说的基础上而形成的。它受到了人权学说、人类学、生物学、进化论思想、儿童心理学、儿童学、儿童教育学甚至生命哲学、社会学等不同学说的多重影响。而且，如果从构成儿童观的具体内

---

① 伍启元：《中国新文化运动概观》，黄山书社 2008 年版，第 3 页。

容来看，可以发现，这些思想也是相互交织在一起的。进一步而言，西方近现代的先进思想观念对中国新文化运动时期的"儿童的发现"所起的作用是直接与现实的，同时也具有明确的针对性。不仅如此，就参与"儿童的发现"的先进知识分子来看，他们大都有过留洋的经历和背景，都曾深受西方或日本近代思想与文明的深刻影响。而这都体现在了他们的论说或著作中，体现在他们对儿童思考后所形成的儿童观念中。

此外，从实际情况来看，新文化运动时期参与"儿童的发现"的先进分子在知识背景方面存在巨大而明显的差异。例如，他们当中有文学研究与创作的背景；有哲学研究的背景；有政治研究的背景；有心理学、儿童学研究的背景；还有的则是文学、艺术、政治等多学科的知识背景。然而，尽管存在着专业知识背景的巨大差异，他们都将关注的目光投射到了儿童的身上，通过对儿童的思索、研究并形成了具有前瞻性的儿童思想与观念。

毫无疑问，新文化运动时期"儿童的发现"中上述特定现象和情况，就中国儿童教育学学术的发展与进步而言，值得我们密切关注、认真思考与精心总结。然而，只就深化和推进当代中国儿童教育的研究而言，以下四点是我们对上述现象思考后而得出的基本结论或者说是基本的启示：

（一）全面深入地学习西方的先进思想观念

新文化运动中，"儿童的发现"的思想资源来自西方，"儿童本位的教育学是从西方传入的"①。所以，由此历史事实或现象而言，在今天，中国的儿童教育研究在探寻本土化的过程中依然有向西方学习先进思想观念的必要，即我们依然需要全面深入地向西方学习先进的儿童思想以及教育观念，以此来改善和提高我们的儿童观念和教育观念，从而不断地提高我们国家儿童教育理论研究的现代化与科学化水平。而这也就深刻地意味着，中国的儿童教育研究者们在立足本土的基础上应具备全球的视野和开放的视界，作为研究者要自觉拒绝将研究的目光和关注的视野仅停留和局限在中国本土狭隘的环境。唯其如此，我们的儿童教育研究才能够在不断拓宽视野的前提下，跟上世界儿童教育研究的步伐，才有可能在与其他国

---

① 庞丽娟主编：《中国教育改革30年·学前教育卷》，北京师范大学出版社2009年版，第122页。

家展开对话与交流的过程中发出自己的声音，而在此基础上，我们也才有可能为世界儿童教育研究的不断进步与发展贡献出一部分自己的内容。

　　近代史告诉我们，在学习西方的道路上，我们曾有过一段屈辱的历史，饱尝过西方国家隐蔽的"文化殖民"的政策与行为的入侵，且这种"文化殖民"所带来的恐惧与反感心理在部分国人的心中还没有彻底根除。所以，在此前提下，提倡儿童教育研究全面深入地学习西方，我们此举背后的态度，有可能会被一部分人认作是具有接受帝国主义"文化殖民"侵蚀的倾向。然而，事实却绝非如此。首先，当代的国情与新文化运动时期的中国国情有了根本的差异与翻天覆地的变化。现在，中国已经没有了像民国初期那种恶劣的政治与社会环境，我们的民族国家已经独立，摆脱了被殖民的历史，而且我们的国家正快步行进在富强的道路上。在外交方面，中国本着"和平共处"的五项原则与周边和西方的国家建立了良好互信的合作关系。所以，这种有利的国情和时代背景为我们学习西方的先进思想提供了基本的保证。其次，我们提倡儿童教育研究全面深入地向西方学习，正如刘晓东先生所言说的"是民族自主的探寻和选择"①，我们是自主、自愿的，而非被迫、被动、盲目的跟从或迷信，也非带着任人宰割或屈辱的心理。不仅如此，这种向西方学习背后的认识与鲁迅所极力主张的"拿来主义"的思想是一致的。所以，我们相信，在此基础上，"中国人学习西方的观念，一旦形成自己的观念，就已经是中国式的了，就是中国的观念了，这种新观念也许与中国本土的、传统的观念有所抵触，这时我们不应当惊恐，不应当闭关锁国，而是要继续反思自己所学的东西，同时还要考虑自己本土文化的特点，想一想是不是应当改造本土文化、传统文化。"② 而且，在今天，全面深入地向西方学习，对于我们而言，目的是为了使中国的儿童教育研究更上一层楼，更是"为了吸取异域的思想资源以改造我们的文化，让民族文化绝处逢生，焕发生机"③。所以，那种因"文化殖民"而带来与残留的恐惧与反感心理是需要革除与摒弃的。此外，我们深信，一个健康而强大的中国，一位理性而成熟的学者，在儿童教育研究学习西方的道路上是自立的、自主的与自助

---

　　① 庞丽娟主编：《中国教育改革30年·学前教育卷》，北京师范大学出版社2009年版，第122页。
　　② 同上。
　　③ 同上。

的，也是清醒的，他不会在学习西方的道路上蒙蔽自己的双眼，不会在面对西方先进儿童思想资源而丧失自己的研究立场，失去选择的价值标准或原则，更不会在面对西方儿童教育思想时而迷失自己脚下深爱的这片热土以及那一个个天真烂漫的儿童。

（二）开掘传统文化中有益的儿童思想资源

我们在提倡儿童教育研究要全面深入地向西方学习的同时，并非对中国传统的文化中有益的儿童思想与观念不理不睬，虚无处置。这里，我们的目的是在学习西方与了解中国的基础上，走自己的路，寻找适合中国的儿童教育研究所要走的理想道路。只有这样，我们才不会走历史的老路。这正如美国的未来学家阿尔温·托夫勒所说："如果我们不向历史学习，我们就将被迫重演历史。"① 另外，传统文化并非一无是处，其中也包含着有价值的成分或内容。故此，儿童教育研究作为教育体系的重要一环要担负起开掘传统思想、继承传统优秀思想、传递传统思想中富有价值成分的责任，而这也应对与体现了"教育体系负有传递传统价值的职责，这是正常的事情"② 的理念。客观而言，在"儿童的发现"的思想资源方面，新文化运动时期的先进知识分子们所采用的都是西方学说、理论，而对于中国传统文化中优秀的儿童思想以及资源，他们并没有进行相应的开掘。尽管后来刘半农、周作人、沈尹默等人也对中国传统的儿童歌谣等进行了较为系统的收集与征订，整理出近万首的儿童歌谣，对继承和传递传统文化、对当时儿童文学的发展起到了积极的推动作用，但这样的工作在今天看来仍然是不够的。这一历史现象就深刻地提示我们，就儿童教育研究而言，我们必须立足在现实的基础上，站在儿童的立场与保护儿童的角度，从传统的文化中找出富有价值与意义的儿童思想与观念。这样去研究历史，我们可能会发现，古人对儿童的理解、见识与我们今天对儿童的理解与见识存在着一致性和同一性。而这部分有价值的思想与资源对于今天的儿童教育研究而言，仍然是一笔丰富的遗产，值得我们继承、传递与发扬光大。

---

① 阿德勒：《西方的智慧》，周勋男译，吉林问世出版社1987年版，第2页。
② 联合国教科文组织国际教育发展委员会编著：《学会生存——教育世界的今天和明天》，教育科学出版社2006年版，第85页。

从历史的角度而言，通过对传统文化中优秀儿童思想资源的开掘，不但历史因此会被有机地连接了起来，儿童由此也必将会生动与鲜活起来。不仅如此，儿童作为一种历史的存在，从过去也就一直延伸到了今天，而作为历史的儿童和儿童的历史也会逐渐清晰地被展示出来。由此，我们的儿童教育研究也必将因此更具有历史的深度与内涵，更加具有生命的活力与思想的厚度。而且，我们的儿童教育研究才有可能在此基础上不断地推陈出新，取得一系列的新的研究成果。这正如著名历史学家余英时先生所言说的那样："只有'温故'才能'知新'，只有'推陈'才能'出新'。"①

（三）合理吸收与借鉴相关学科的研究成果

"假如我们粗略浏览一下许多教育史的目录，我们首先必然看到，在（儿童）教育学领域里，相当大比例的革新家并不是职业的教育者。夸美纽斯创办和管理过许多学校，但他受的训练是神学和哲学。卢梭没有讲过课，虽然他也许有过孩子，但我们知道，他自己从来没有教育过他们。福禄贝尔是幼儿园的创始人和感觉教育的提倡者（不论他做的怎样不够），但他是一位化学家和哲学家。赫尔巴特是心理学家和哲学家。在我们同时代的人当中，杜威是哲学家，蒙台梭利夫人、德可乐利和克拉巴埃德等都是医生，后面的两位还是心理学家。裴斯泰洛齐也许是纯粹的和不折不扣的教育工作者中最卓越的教育学家了（虽然他是一位很现代的教育家），但在新方法、新程序上都没有什么创造。"② 从皮亚杰对西方近现代教育学学术发展的历史总结中可以清晰地看出，儿童教育学的发展，倒是不少的"外行"作出了很大的贡献。实际上，如果从儿童教育学的角度来审视新文化运动时期的"儿童的发现"以及新型儿童观的诞生，同样可以清楚地看到，这一切恰恰是由儿童教育的"外行"周作人、鲁迅、叶圣陶等儿童文学专业人士所成就的。例如，当儿童研究在中国刚刚起步的阶段，周作人曾颇有洞见和前瞻性地指出，"儿童研究故与人类学相关，歌谣游戏之研究，亦莫不有藉于此；以进化论见地儿童学之发达，推究所极

---

① 余英时：《现代儒学的回顾与展望》，生活·读书·新知三联书店 2005 年版，第 420 页。
② ［瑞士］皮亚杰：《皮亚杰教育论著选》，卢濬译，人民教育出版社 1990 年版，第 123 页。

自以是为之原宿矣。"① 无疑，在他的认识中，充分体现着研究儿童要借鉴人类学的思想。不仅如此，恽代英从社会学角度对儿童的概括，即"就社会学说，儿童不是他父母的儿子，乃是社会的一个新分子"②，也充分说明了他的儿童见解是借鉴与吸收了社会学的知识或思想。更不用说陈鹤琴、张雪门、陶行知、蔡元培与凌冰先生的儿童思想来源了。由上面叙述的内容，我们可以鲜明深刻地感受到两点：其一，对儿童进行深入研究，离不开对其他相关学科思想的合理借鉴与吸收；其二，儿童教育问题在新文化运动时期是一个开放的问题域，它吸引了众多杰出的文人、学者、思想家和教育家的探寻目光。

同样，由上面的叙述不难看出，新文化运动时期的儿童研究者们在从事儿童研究以及儿童教育研究方面，已经为我们开了吸收和借鉴相关学科研究成果的范式、先河或开了风气之先。由此可以判断，这是中国儿童教育研究在发生期借鉴相关学科思想的一个起点，但毋庸置疑，这是一个富有价值、富有意义、给人启迪与让人深思的起点。基于此，笔者强烈呼吁，在儿童教育研究的思想来源方面，我们依然要合理学习、吸收与借鉴其他学科的研究成果。不仅如此，笔者同时还认为，就今天中国的儿童教育研究而言，以开放的心态和博大的情怀吸收和借鉴相关学科的研究成果依然是儿童教育研究者要坚持的一项基本原则，这正如皮亚杰所言："教育研究的根本问题就是要从其他学科的联系中得到充实，以及研究者从其孤立的研究状态中解放出来。"③ 只有这样，儿童教育研究的空间才会不断地拓宽，儿童教育研究才会有新的思想以及理论创新的可能，才会有新的理论生长点，儿童教育学才有可能逐渐地从无知走向有知，从无序走向规范和科学，才能与其他学科有机地融合在一起，并为其他学科的进步与发展提供一定的思想资源。毫无疑问，这也是为什么刘晓东先生一直在极力强调的"教育学应当打开自己的学科视野。只有具有包容所有学科的心志，教育学才可能实现自己的'天命'"④ 的原因之一所在。

另外，作为一个开放的问题域，今天的儿童教育研究仍然需要其他专

---

① 钟淑河编订：《周作人散文全集》第 2 卷，广西师范大学出版社 2009 年版，第 290 页。

② 恽代英：《儿童公育在教育上的价值》，《中华教育界》第 10 卷第 6 期。

③ ［瑞士］皮亚杰：《皮亚杰教育论著选》，卢濬译，人民教育出版社 1990 年版，第 129 页。

④ 刘晓东：《蒙蔽与拯救：评儿童读经》，江苏教育出版社 2009 年版，第 327—328 页。

业的杰出人士来予以关注或倾情参与，这不仅仅在于儿童教育问题事关儿童的幸福与儿童的健康成长，关系到儿童的一生，而且还在于，儿童教育问题也是事关民族兴旺、国家进步与社会发展的重要问题。我们深信，随着其他专业领域杰出人士对儿童以及儿童教育研究关注的日益加深，儿童教育研究的领域也必将会得到富有成效的拓展，儿童教育学术研究的氛围也必将会更加的活跃与浓厚。这里，如果联系到 2009 年 10 月 21—23 日在南京师范大学教育科学学院举办的"首届全国儿童教育理论高层论坛"学术会议的一些具体情况来加以说明，我们就更能深刻地感受与体验到这一点。因为此次学术会议特别邀请到了从事儿童文学理论研究的朱自强与方卫平两位著名学者。在论坛上，他们二人作了有关儿童、童年、儿童文学的学术发言①。笔者作为论坛的参与者认为，他们的参与本身就说明和体现了儿童教育研究领域的拓宽。更为重要的是，笔者认为他们二人的发言在一定程度上对儿童教育研究领域的拓宽起到了积极的促进作用。不仅如此，他们二人在论坛开展过程中针对其他儿童教育研究者的演讲所做出的发言、评论在一定程度上也活跃了此次论坛的气氛。

总之，如果我们做到合理吸收与借鉴相关学科的研究成果，并吸引其他研究领域的学者关注并参与到儿童教育研究的过程中来，那么，在此基础上，儿童教育的研究必将会结出累累硕果，而这些成果也会在广阔的范围内对国家儿童政策的制定、儿童权利保护方面的决策等提供有益的指导与帮助。

（四）研究者从专业中漂游出来，关怀社会

新文化运动时期不同专业领域的先进知识分子研究儿童、关心儿童的现象以及他们心系民族国家安危、心怀社会进步的渴望和改造社会的实践行为给我们带来的启示还在于，今天的儿童教育研究者不应当被自己的专业所困，而应当善于从自己的专业中漂泊或游离出来，做到入乎其内，又能超乎其外，即在守持个人专业研究立场的基础上，去关怀社会生活中的儿童，尤其是处境不利的儿童。特别是在今天，"科学的高潮把人推进到各种专业学科的隧道里。他越是在自己的学问中深入，便越是看不见整个

---

① 在此次论坛上，朱自强作了"面朝灯塔——漫谈儿童文学思想"和"幼儿文学：学前教育的珍贵资源"的发言。方卫平作了"原创儿童文学中的童年叙事美学及其批判"的发言。

世界和他自己，因而陷入胡塞尔的弟子海德格尔用一个漂亮的近乎魔术般的名言所形容的'存在的被遗忘'中。"① 这就更加提醒和启示研究者要从专业学科的幽深隧道里或洞穴中伸出身体、探出头来，以"局外人"的角色、用平和的心态与温暖的眼光来欣赏与理性看待自己的研究，将自己的研究成果与儿童在社会中的实际生存状况紧密联系起来加以思考，与社会的进步与发展连接起来，与中国现代化的进程联系起来，并进而在广阔的社会范围内从多个角度、不同层面来关心儿童，研究儿童与教育。与此同时，研究者还需借助先进的思想、价值观念与自己研究的科学成果来思考儿童教育研究与实践中的是非曲直，并对社会生活中的一些不良的现象展开理性的批判，从而为儿童创造良好的生存空间与成长的社会环境。实际上，经常关注儿童的人大都会清楚，2008 年 5 月汶川大地震后，学前儿童教育研究领域的冯晓霞教授、虞永平教授、顾荣芳教授等人冒着酷暑炎热到灾区关怀儿童、关心教师的行为就是关怀儿童、关心社会精神的一种生动体现，这也为其他的儿童研究者作出了积极的表率。

　　这里笔者还想补充说明一点的是，上面所提到的儿童研究者对社会的关怀，是一种充分个人化的关怀，即从个人的实际情况出发而进行的一种社会关怀，这不是要求所有的研究者都按照统一的标准、同一的行动去进行同样的社会关怀。而如果按照统一和同一的硬性去要求所有的研究者，这无疑是对研究者的一种强迫，也是对他们的一种不尊重。不仅如此，从关怀的角度而言，我们要意识到，研究者的关怀越是个人化与具体化，其所对社会产生的影响也必将更加深刻与长远，其所具有的作用必将愈加明确与针对性。实际上，如果我们对新文化运动时期不同先进知识分子关怀儿童、关心社会的具体行为进行比较分析后可以发现，他们关怀儿童、关心社会的方式、内容和途径存在着明显的差异是不争的事实，即他们的关怀都是一种充分个人化的关怀方式。然而，尽管说他们的关怀行为方式存在着明显的个人差异，但他们关心儿童、关怀社会的情感却是一致的、相通的。

（五）重视周作人对"儿童的发现"所作的贡献

　　笔者在浏览与梳理文献时，尤其是在查阅中国学前教育史教材时，发

---

① ［捷］米兰·昆德拉：《小说的艺术》，孟湄译，生活·读书·新知三联书店 1995 年版，第 2 页。

现了一个奇怪的现象，即独独没有发现周作人在其中的位置，也就是说，在介绍近现代学前教育历史的人物与学前教育思想时，周作人的儿童观以及儿童教育思想都是付诸阙如的。出现这样的结果，固然有多方面甚至是复杂的原因，只就周作人而言，他在抗日战争期间投敌变节就是因素之一。在笔者看来，尽管周作人在中国现代史上留下了这不光彩的一笔，但我们不能就此而因人废言，因人废史，更不能因此而抹杀或忽视他在新文化运动时期对"儿童的发现"所作出的重大理论贡献，而这也是我们在评价历史人物所持的基本立场与基本的价值尺度。实际上，本着严肃认真的态度与求实、求是的精神，对新文化运动时期"儿童的发现"的实际情况作一考察可以发现，周作人在中国本土学前教育发生、发展的阶段曾做了不少有益的探索工作。而且，相比其他关心儿童问题的先进知识分子而言，他在新的儿童观的形成与建构方面作出的理论贡献是重要而且是重大的，在论述儿童观的内容方面是丰富多彩的。不仅如此，他对儿童的理解与认识也是深刻与透彻的，充满了他关心儿童、热爱儿童的真实情感。这也是同一时期其他先进知识分子难以比拟的。除此之外，"我们认为周作人应当属于中国现代儿童文学拓荒者的行列，在儿童文学史上应有其一定的地位，先前那种把他一棍子打死的做法是不够实事求是的。"① 所以，我们儿童教育研究领域没有理由将他埋没，将他的理论贡献遗忘。

另外，从中西对比的意义上而言，如果说近代西方的"儿童的发现"与卢梭紧密联系在一起，那么，中国的"儿童的发现"就是与周作人紧密联系在一起的。尽管说，周作人更多地是从儿童文学的角度、以一位文学家的身份来从事儿童研究与儿童文学研究的。但毋庸置疑的是，周作人的"儿童的发现"，也是 20 世纪初期世界儿童教育思潮发展所不可缺少的一部分，也是中国对世界儿童教育思潮所作的一种贡献。所以，就此意义而言，在儿童文学史上有一定地位的周作人，在中国学前教育史上应占有一席之地也是毋庸置疑的，所以，过往的学前教育著作和儿童教育研究缺乏对周作人儿童观的呈现与梳理，儿童教育研究领域对周作人的忽视，显得同样不够实事求是。

基于上面两方面的叙述与分析，笔者在这里提一点建议，作为后人的我们在重新编写中国学前教育史和进行儿童教育思想史的研究时，不宜忽

---

① 王泉根编：《周作人与儿童文学》，浙江少年儿童出版社 1985 年版，第 17 页。

视周作人对中国"儿童的发现"所作的贡献,即我们没有理由也无必要对他在儿童观方面所作的重大贡献不理不睬。相反,我们应当严格、客观地从具体的史实与资料出发,详细认真地对周作人的儿童思想进行分析与研究,在此基础上,恢复他在中国儿童教育史上应有的历史地位,还原他在这方面的历史事实真相,凸显他在理论方面所作的重大贡献。正如前面所说,这是我们对待历史的实事求是的科学态度和基本立场。实际上,如果我们拓宽学术研究的视野,把目光投向儿童文学研究领域进行一番观察可以发现,周作人早已经是众多儿童文学研究者绕不过去的一座山峰,他作为一个特殊的,也是极具代表性的对象而反复不断地被儿童文学研究者所研究、挖掘,在此基础上他们也取得了丰硕的研究成果。然而,回过头来再审视一下儿童教育研究领域,我们可以发现,周作人的儿童观以及相应的儿童思想研究在今天还处在起步阶段,这对真正关心儿童、儿童教育以及儿童教育研究的人而言,不能不说是一个不小的遗憾。①

总之,从不宜忽视周作人对中国"儿童的发现"贡献的角度出发,笔者还在进一步反思,是否同样存在一些对中国"儿童的发现"作出了贡献的知识分子在今天仍被掩埋在历史的深处,等待着我们去挖掘与发现?不仅如此,同样从周作人被忽视的这一历史现象出发,笔者还坚定地认为:历史,真的还需要靠自己去发现,仅通过阅读别人的书籍和他人的介绍是远远不够的。而这也是我们在对待历史以及从事历史研究所应具备的基本信念与态度。如此,一些历史的真相才有可能被揭示出来,并对我们今天去创造新的历史起到借鉴与指导作用。

二 对儿童教育实践的启示

通过对新文化运动中"儿童的发现"内容的分析,可以判断出先进知识分子们背后所持有的教育观。不仅如此,他们直接表达出来的儿童见

---

① 在儿童文学领域,著名的儿童文学研究者王泉根、班马、朱自强、方卫平、孙建江、韩进等人都曾对周作人的儿童观、儿童文学观进行过深入细致全面的研究,并赋予他在中国现代儿童文学史上应有的地位,而在我们儿童教育领域,除了刘晓东对周作人的儿童观进行过相对系统的梳理与研究外,鲜有其他的研究者对周作人的儿童观以及教育观给以系统、认真的研究与深刻的探索。这种现象也多多少少地反映出儿童教育研究领域对儿童文学领域的隔膜,由此也启示我们打破学科的限制、拓宽学术的视野是多么的重要与关键。

解，对今天儿童教育的具体实践而言，仍有着重要的借鉴意义与指导价值。而这也是儿童观决定教育观这一简明道理的具体体现。

（一）珍惜、保护儿童的生命

"儿童的生命具有不可算度的价值，儿童的未来具有不可预定的可能性。"[1] 由此可见儿童的生命是无价的，而且儿童的生命连接着儿童的未来，对儿童的未来具有重要的意义与价值。可以说，离开了生命，离开了对儿童生命的珍惜与保护，不但儿童自身的发展没有保障，而且一切与儿童有关的行为都将必然失去意义，甚至整个人类社会也将会因此而失去未来。实际上，在新文化运动时期，先进知识分子对儿童生命以及儿童生命价值的思考与关注，同样包含着这样的深意。例如，鲁迅曾说："所以后起（儿童）的生命，总比以前的更有意义，更近完全，因此也更有价值，更可宝贵；前者的生命，应该牺牲于他（儿童）。"[2] 叶圣陶也坚定地认为："小孩的体力与心理都需要适当的营养。有了适当的营养，才能发生高度的创造力，否则创造力就会被削弱，甚至于夭折。"[3]

然而，对此反观今天中国的儿童教育，我们可以发问，儿童的生命是得到了教育的珍惜，还是遭到了教育的冷漠、无视甚至是扼杀？这里我们还是先看一个近期发生的例子再作判断。"近日，潍坊临朐县一初一学生'意外'死在宿舍后面的沟里。对于学生的身亡，校方坚称是一起意外事故。有知情人爆出惊天内幕，这个孩子被老师罚站，而老师忘记这回事，最终他冻死在寒夜里。"[4] 实际上，像张纪鑫这样因为教师"体罚"而出现的生命悲剧在近年来是屡见不鲜的教育事实或事件，这也是一个非常危险的信号，说明我们的教育把儿童的生命以及儿童当作成一个无足轻重的事物或存在来加以对待，甚至随意处理。假如说只有一个张纪鑫被冻死，还可以认为是个别教师的"意外"事故，那么，当有那么多如花的儿童生命如悲剧一样在教育领地过早地凋谢且类似这样的悲剧还在频繁上演，这就绝对不是"意外"所能够承受与担待得起的。

毫无疑问，这是一个让人心痛深思的案例，也是一个让人颇感愤怒的

---

① 金生鈜：《保卫教育的公共性》，福建教育出版社2008年版，第85页。
② 鲁迅：《我们现在怎样做父亲》，《新青年》1919年第6卷第6号。
③ 胡晓风等编：《陶行知教育文集》，四川教育出版社2007年版，第518页。
④ 孙银峰：《14岁男生冻死宿舍外》，《鲁中晨报》2009年12月22日。

"教育杀人"事件。由此我们不禁要深问：教育到底是在育人？还是在杀人？思考的结果使我们深刻地意识到一点：儿童神圣的生命在教育的面前并没有受到应有的敬畏、珍惜与保护，相反却遭到了无情甚至冷漠的扼杀。由此"教育杀人"的现象也可以看出，我们教育的生命保护意识是何等的微弱与阙如，我们教育的生命人文关怀精神又是何等的缺乏。生命意识的微弱、渺茫和生命人文关怀精神的缺失几乎让人看不到教育的希望与火光的同时，也让人们对教育感到无比的绝望、痛心与悲哀，甚至让人深刻感叹和怀疑现今的教育还是"儿童"的教育吗!？

在一切事物中，人的生命无疑是最宝贵的。这也是为什么在现今的社会中，我们国家提倡"以人为本"，用人性化对待一切的重要根源。同样，由此来看教育，笔者认为，让人信以为真、信以为善、信以为美和充满爱的教育，它也一定是"以人为本"的，"以儿童为本"的，而在相对抽象的"本"中，最根本的是以孩子的生命为本，换句话说，敬畏孩子的生命，珍视孩子的生命尊严，尊重孩子的生存权利，保护孩子的生命才是最根本的。正是因为如此，笔者坚定地认为，当教育者在面对着每一个鲜活的儿童生命时，都要自觉地去呵护与珍惜每个儿童的生命，做儿童生命的守护者，这样才有可能让每个生命都能感觉到自己是重要的，是有尊严的，同时也才有可能让儿童体验与享受到生命的尊严与欢乐，从而使他们更加地珍惜、热爱与保护自己的生命，做自己生命的主人而不是生命的奴隶。笔者在这来言说教育与生命的关系时，仍然觉得意犹未尽，所以，我想用杜威的关于经验对于教育的重要性、大家都知晓的表述方式来加以引用说明。杜威曾说："教育是在经验中、由于经验和为着经验的一种发展过程，愈是明确地和真诚地坚持这种主张，对于教育是什么应有一些清楚的概念就愈加显得重要。"① 套用杜威的这句话，我们可以这样来表述：教育是在生命中、由于生命和为着生命的一种发展过程，愈是明确地和真诚地坚持这种主张，对于教育是什么应有一些清楚的概念就愈加显得重要。进一步而言，在我们看来，教育是生命的教育，生命是教育的生命，对生命的珍惜和尊重，也正是教育的灵魂与根本价值所在，而衡量一种教育的基本价值尺度是看它在多大程度上尊重了生命以及保护了生命和促进

① ［美］杜威：《我们怎样思维·经验与教育》，姜文闵译，人民教育出版社2005年版，第250页。

了生命的健康发展。在此，我们还想更进一步说明的是，教育应把生命视作目的，把儿童视作目的。教师应该像苏霍姆林斯基那样，把整个心灵献给孩子，以生命去体验生命，用生命去拥抱生命，用生命去感悟生命并进而展开生命的对话。由此角度而言，忽视生命，冷漠生命的教育也就远离了儿童，远离了人性，教师也逐渐远离了自己的生命。自然地，教育也就会因生命的缺场而处在死亡的边缘，也行将走到死亡的尽头。毫无疑问，这样的教育也是我们应该加以摒弃和坚决反对的。

"生命至上"是新文化运动时期"儿童的发现"内容的首要特色。今天，在纪念与反思五四新文化运动 90 周年的时刻，只就我们的儿童教育实践领域而言，对于"儿童的发现"的思考，首要的仍然是对儿童生命的敬畏，对儿童生命的思考，对儿童生命的关注与保护，对于儿童生命的尊重。进一步而言，在今天，作为教育者要立足于儿童生命的立场认真地看一看，负责任地想一想，对于新文化运动时期远未完成的"儿童的发现"工作，我们作为知识分子先辈的后继人，作为新文化运动的一分子，该如何去继承他们"儿童的发现"的开拓精神，如何在珍惜儿童生命、保护儿童生命的基点上贡献自己的一份绵薄之力，以此使儿童如花的生命尽情地绽放在明媚的阳光里，如何为儿童的生命之树茁壮成长作出应有的努力。

（二）发现儿童，理解儿童

教育若达到促进儿童精神成长与身心发展的目的，让儿童深刻地体验到发自内心的幸福与快乐，首先要做的就是要发现儿童，理解儿童，把握儿童成长的规律。实际上，在新文化运动时期，从深切关心儿童成长的郭沫若所极力倡导的"创作儿童文学者，必先体会儿童心理，犹之绘画雕塑家必先研究美术的解剖学"[①] 的建议、陈鹤琴明确提出的"幼儿期是身体和智力发展的极为重要的时期，必须掌握其特点、掌握其生长发展的科学规律，才能把幼儿教好、养好"[②] 的主张，到蔡元培所推崇的"教育

---

① 郭沫若：《儿童文学之管见》，转引自《1913—1949 儿童文学论文选》，少年儿童出版社 1962 年版，第 38 页。

② 北京市教育科学研究所编：《陈鹤琴全集》第二卷，江苏教育出版社 1989 年版，第 661 页。转引自唐淑、钟昭华主编《中国学前教育史》，人民教育出版社 1993 年版，第 260—261 页。

者，与其守成法，毋宁尚自然；与其求划一，展个性"① 的教育理念和周作人对"儿童教育，本依其自动之性，加以激励，因之入胜，而其造诣所及，要仍以兴趣之浅深为导制。今对于征集成绩品之希望，在于保存本真，以儿童为本位"② 的美好期待以及鲁迅的"孩子的世界，与成人截然不同；倘不先行理解，一味蛮做，便大碍于孩子的发达。所以一切设施，都应该以孩子为本位"③ 的教育献言、主张与建议等，都是在一点上特别强调，即了解儿童、发现儿童才是服务好、教育好儿童的基本前提。深谙儿童教育的人都清楚，如果在不了解儿童、缺乏对儿童科学认识与发现的前提下对儿童实施教育，其结果势必会阻碍儿童的成长与发展，而在此教育过程中的儿童，体验更多的不是幸福与喜悦，可能是痛苦和梦魇，而这种痛苦和梦魇可能会伴随儿童的一生，严重的会导致他们对教育和学习丧失原有的兴趣与热情，儿童的前程由此而可能会被葬送。

　　从今天中国儿童教育的现实情况来看④，一些教育者对儿童的了解，对儿童的认识，对儿童的发现依然是有限的。不仅如此，不少人常常会在缺乏对儿童了解、认识与发现的基础上，本着为孩子前程着想的意愿出发，"把孩子强迫纳入我们称之为理想的某种行动模式中"⑤。而这种严酷而又发人深省的现实就启示我们，发现儿童，认识儿童，理解儿童依然是一项重要的和基础性的工作，这项工作无论对于儿童眼前的发育或是长远的健康成长与发展，对于儿童幸福与快乐的体验与获得，对儿童健康人格的成长这都是非常必要和关键的。不仅如此，我们更要清醒地意识到，"儿童教育是一门科学。只有了解儿童，才能教好儿童"⑥。尤其在今天这样一个开放多元与信息泛滥的社会里，"儿童溜入了广阔的成人世界——一个充满了危险与机会的世界，在这个世界中，电子媒体正在扮演着日益重要的角色。"⑦ 这就更加提醒教育者，以一种动态的眼光，科学、开放

　　① 高平叔编：《蔡元培教育文选》，人民教育出版社 1980 年版，第 49 页。
　　② 周作人：《成绩展览会意见书》，《绍兴教育会刊》1914 年第 9 号。
　　③ 鲁迅：《我们现在怎样做父亲》，《新青年》1919 年第 6 卷第 6 号。
　　④ 笔者在前面所列举的一系列教育和社会中的事件，其所反映出来的问题表明：我们还没有真正发现儿童，我们还缺乏对儿童的理解，没有从儿童的角度与立场出发，真正做到尊重儿童，善待儿童。
　　⑤ ［印］克里希那穆提：《一生的学习》，张南星译，群言出版社 2004 年版，第 23 页。
　　⑥ 陈鹤琴：《家庭教育》，华东师范大学出版社 2006 年版，第 13 页。
　　⑦ ［英］大卫·帕金翰：《童年之死》，张建中译，华夏出版社 2005 年版，第 225—226 页。

的心态融入儿童的生活世界，理解儿童的精神世界，进入儿童的心灵世界，从不断变化的时代社会生活背景去发现儿童、理解儿童，显得多么的重要与关键，这样做不仅是教育有所作为的基本前提，也是教育融入迅速多变与多元社会的必要途径，同时也是成人社会对儿童的一种尊重和保护。

从教育具体开展的角度而言，教育若是离开了对儿童的了解与发现，认识不到儿童独立存在的意义与价值，关注不到不断变化的儿童的生存状况与丰富的精神内容，那么在此背景下的教育过程可能就是教师唱独角戏的过程，相应地，教育由此会演变成一种教师表演性的存在，而学生会成为一种看客的存在，作为看客的学生体验更多的可能是消极的情感，师生间的关系也会逐渐变得消极与冷漠。毫无疑问，这样的教育也会因儿童的缺位失去精彩纷呈的一面，教育也会因此而远离人性成了一具空壳。不仅如此，在此教育过程中的教师也会因此而失去教育的资格，正如苏霍姆林斯基所概括的那样，"教师不了解儿童，就不可能成为教育者"①。

总之，"人们如何看待儿童决定了如何教育与养育儿童以及社会怎样对儿童的需要作出反应"②。这同样在表明，了解儿童，发现儿童，在此基础上重新去了解与发现儿童，是教育要做的具体工作，也是富有价值的社会工作。且这种工作，必须伴随教育的始终。而在此过程中，教育者也才会在不断了解与发现儿童的基础上、在教育的整个过程中体验到"了解与发现儿童"给自己心灵上带来的快乐与幸福。由此，教育也会因"了解与发现儿童"而散发出特有的芳香。为了让这快乐与幸福的芳香能充分地缭绕在教师和儿童生活的校园环境中，那么，教师们就要时刻自觉地提醒与暗示自己，我对"儿童的发现"的工作是否做的足够？我是否漏掉了一些与儿童有关的重要信息？

（三）敬畏天性，守护童心

"儿童的天性是与生俱来的，它规定着儿童的发展方向与发展历

---

① [苏联]苏霍姆林斯基：《把整个心灵献给孩子》，见《育人三部曲》，人民教育出版社1998年版，第9页。

② Morrison，G. S. *Early childhood education today.* published by Person Education，Inc，publishing as Prentice Hall，Copy. 2001 by Prentice – Hall，Inc. 81.

程。"① 天性对儿童的发展是如此的重要，那么，什么是天性呢？"在康德看来，"天性是人身上的自然性、宇宙性，它是自然意志、世界意志、宇宙意志"②，"它的内容是本能、无意识和意识的先天形式"③。作为儿童真心、真情、真性和儿童生命活力的天性内容在新文化运动时期先进知识分子的笔下被淋漓尽致地勾勒和描绘了出来，铺陈在世人的面前。例如周作人认为的"儿童没有一个不是拜物教的，他相信草木能思想，猫狗能说话，正是当然的事"④，是对儿童天性的直接表达；丰子恺的"我在世间，永没有逢到像你们样出肺肝相示的人。世间的人群结合，永没有像你们样的彻底真实而纯洁"⑤ 的感慨是对儿童纯真天性的羡慕；陈鹤琴从儿童心理角度所揭示的"小孩子是好游戏的，以游戏为生命的，是好模仿的，是好奇的，是喜欢成功的，是喜欢野外生活的，是喜欢合群的，是喜欢别人赞许他的"⑥ 内容，则是对儿童纯洁天性的真实概括。先进知识分子们对儿童天性的描绘，其实也是对烂漫童心的无限向往与深切留恋。在他们的笔下，天性是儿童作为人之初的真、善、美体现出来的，也是作为一幅浑然天成的人类童年期的山水画卷而被展示的。

新文化运动时期先进知识分子们对于儿童天性与童心的推崇对于我们今天的儿童教育实践而言，依然有重要的启迪与借鉴意义：面对着儿童纯洁的天性，烂漫的童心，教育要保持一份足够的敬畏，将守护童心的情感渗透进来，融入教育的环节与过程中。我们有理由相信，有了这份敬畏与守护，教育也就具备了天性与童心所具有的美好与神奇力量，也会引起孩子们对教育的无限欣喜与热切向往之情，而在这样的教育过程中，孩子们纯洁的天性和烂漫的童心才可能如花儿一样灿然绽放在明媚的阳光里，孩子们才能够体验到真实纯粹的幸福与快乐，并进而建立起良好健康的自信，形成美好的情感与对待世界和他人的健康态度。运笔至此，笔者也在进一步思考，现今一些学校或幼儿园的教育之所以让儿童感到无比的厌

---

① 侯莉敏：《儿童生活与儿童教育》，2006 年南京师范大学博士学位论文，第 33 页。

② ［德］叔本华：《作为意志和表象的世界》，商务印书馆 1982 年版。

③ ［德］康德：《任何一种能够作为科学出现的未来形而上学导论》，商务印书馆 1978 年版。

④ 周作人：《儿童的文学》，《新青年》1920 年第 8 卷第 4 号。

⑤ 丰子恺：《给我的孩子们》，《文学周报》1926 年第 4 卷第 6 期。

⑥ 陈鹤琴：《家庭教育》，华东师范大学出版社 2006 年版，第 8 页。

倦、深深的恐惧甚至产生强烈的逃避心理，我想这与它对儿童纯洁的天性与烂漫的童心缺少一份敬畏和守护是有直接关系的。而这也就恰恰从反面说明了教育必须"顺应儿童的天性，应当采择符合儿童天性的内容并以适当方式传递给儿童"① 的做法是多么的重要。顺应而不是背离儿童的天性，教育才能够让儿童体验与享受到成长的幸福与快乐，教育的天性与童心一面也会被长大的儿童有所留恋与回忆。这里笔者还想说的是，为了保存好儿童的天性，为了守护好儿童的童心，教育者需要将自己的天性与童心挖掘出来，以天性与童心来对待天性与童心，从而在教育的过程中实现真正的教学相长。

"任何教育改革必须依据人的天性。人本身必须成为教育的中心……如果我们遵循这些原则，儿童不仅不会成为负担，而且会以自然奇迹中最伟大、最令人欣慰的形象出现在我们面前。我们会发现自己所面对的将不再是一个被看做幼弱无依的生命像一个需要我们的智慧去填充的容器；而是一个具有崇高的尊严而被看做是我们自己的心灵塑造者的人，一个自我引导按照精确的时间表在愉快与欢乐中孜孜不倦地从事着创造宇宙中最伟大的奇迹——人——的工作的人。"② 笔者在这里之所以不惜大段地引用伟大的幼儿教育家蒙台梭利的话，是想说明，在当前的教育背景下，我们几乎没看到那按照精确的时间表在愉快与欢乐中孜孜不倦地从事着创造宇宙中最伟大的奇迹——人——的工作的人（儿童）。而这也就深刻地意味着在敬畏天性方面，在守护童心方面，当今中国的教育还有很漫长的道路需要去跋涉。

（四）解放儿童，放飞心灵

解放儿童，是新文化运动时期"儿童的发现"的内容之一，也是其重要的特色之一。而其解放的目的在于把儿童从成人高大的阴影中解放出来，把儿童从"父为子纲"与家族的束缚与限制中解放出来，把儿童从专制的教育中解放出来，凸显儿童独立与自由的本来面目，使儿童成为自己，能独立自主地走向前方。然而，穿越解放儿童的历史来到今

---

① 刘晓东：《论教育与天性》，《南京师范大学学报》（社会科学版）2003 年第 4 期。
② ［意］蒙台梭利：《蒙台梭利幼儿教育科学方法》，任代文译校，人民教育出版社 2006 年版，第 340—3341 页。

天，如果我们结合当下处在教育中儿童生活与学习的情况来考虑与思索新文化运动时期先进知识分子"解放儿童"的言行，可以发现，他们当初"解放儿童"的言行与目的在今天依然有着重要的启示意义，这意义就在于，中国的教育依然需要解放儿童，与此相应的是放飞儿童的心灵。

在今天，"中国的许多孩子的天性或生活正在遭受披着各种美丽外衣或高尚目的的各种'教育'的抑制、干扰甚至破坏。"① 实际上，统观与纵览教育中的儿童后可以发现，受到抑制、干扰与破坏的不仅仅是儿童的天性与儿童的生活，它还包括儿童的心灵、儿童的梦想、儿童的情感、儿童的生命与短暂且对儿童成长具有重要意义的烂漫童年。甚至说，儿童的身心均受到不同程度的损害。不仅如此，笔者还认为，抑制、干扰与破坏的主人也不仅仅是披着各种美丽外衣或高尚目的的各种'教育'，它还应该包括更多，例如色情、暴力、犯罪等一些不良的社会现象、一些利欲熏心的食品商、餐饮业主等也在无形中做着抑制、干扰与破坏儿童生活，限制儿童心灵翅膀伸展一些坏事。而所有这一切都表明，解放儿童，放飞心灵对于儿童的健康成长而言，其意义是不言自明的，其任务是艰巨的，其道路也是漫长的。

解放儿童，就是要把儿童从各种各样的外部束缚中挣脱出来，放飞心灵就是在解放儿童的基础上，让童心、梦想、自言自语重新回到儿童的身上，让儿童与日月山川草木虫鱼为伍，使作为一种自然存在的儿童的自然性充分的展现出来，如此，儿童才能够逐渐地成长起来，强大起来，做自己生命的主人，从而真正摆脱外界的压迫与限制，享受与体验真实的人生。而这也就深刻意味着为儿童创造一个健康成长的生活环境以及让儿童生活在自由的环境中是解放儿童、放飞心灵的应有之义了。这一点，需要靠家庭、学校和社会共同来完成。

总之，解放儿童，放飞心灵，是儿童成为儿童的基本保障，也是儿童获得幸福生活的必要条件，在这方面，教育绝不能以追求某种外在的目的强使儿童生活在没有梦想、缺乏诗意的阁楼里而暗自哭泣，更不能对儿童生活糟糕的外在处境漠然视之，逃离教育的责任。

---

① 刘晓东：《我们为什么要解放儿童》，《中国教育报》2010 年 1 月 7 日。

（五）谋求儿童个性的健康伸展

儿童是"活泼泼的个人"①、"完全的个人"②，儿童更是他自己，换句话说，"他是独特的个体"③。所以，认识到这一点，教育应当谋求个性的发展，崇尚自然而不能压抑儿童个性的发展。实际上，在新文化运动时，上述先进知识分子对儿童的个性化认识以及在此基础上提出的谋个性发展之教育目的，是他们共同的心声、愿望与期待，这种心声、愿望与期待不仅对当时传统的扼杀儿童个性的教育造成了直接有力的冲击，对当时的儿童教育指明了变革与前进的方向，而且对儿童教育实践的改善起到了积极的指导意义与价值。不仅如此，从当下来看，先进知识分子们的心声、愿望与期待对于今天的儿童教育实践仍具有重要的指导意义与现实价值，即当今中国的儿童教育依然需要在认识儿童个性、尊重儿童个性的基础上，充分谋求儿童个性的健康伸展。

实际上，现今的不少教育者仍然没有真正做到把儿童当作完全的个人来对待，社会所追求的还是整齐划一的教育而非个性化的教育。这种情况或现象无论是在家庭、学校或是幼儿园，还都比较普遍地存在。深入实践可以发现，无论是在家庭、学校或是幼儿园，儿童充分的个性化行为以及表现非但得不到家长的肯定、鼓励与赞扬，相反，有个性和独立见解的儿童，往往遭受的是家长和教师的公开否定、不公正对待，严重一点的是，儿童被视作一种异端性的存在，其个性化的行为经常遭到家长与教师的冷嘲热讽与歧视。毫无疑问，这种做法行为以及背后的儿童观非但不利于儿童个性的健康伸展，而且会招致孩子们的极力反对与滋生更加叛逆的心理，严重的会导致儿童心理的压抑与个性人格发展的扭曲。所以，由此角度而言，尊重儿童的个性差异，谋求儿童个性的健康伸展，依然是教育需要面对和极力要解决的工作或任务之一。不仅如此，由于"许多儿童能用语言来表达不同寻常的关于经验的思考"④，"每一个人意味着应当与众

---

① 蒋梦麟：《什么是教育的出产品》，《新教育》1919 年第 11 期。

② 周作人：《儿童的文学》，《新青年》1920 年第 8 卷第 4 号。

③ Janet Gonzalez – Mena. *Foundations Early Childhood Education in a Diverse Society*. McGraw – Hill Education2004，193.

④ Susan Engel. *Real kids*. Harvard University press · cambridge，Massachusetts · London，England2005，13.

不同，各有特点"①，所以，我们的教育就更应该在照顾到儿童个体差异、个性差异的基础上去谋求儿童个性的进一步伸展。如此，儿童的个性才会更加丰富，而教育的个性会因此而凸显出来，教育因此而会生动鲜活起来。

当然，我们也要清醒地意识到，教育在谋求儿童个性的健康伸展并非不考虑社会发展的实际需要，否则，这就与教育促进儿童发展与社会进步的双重功能发生了冲突，这也是真正关心儿童发展与社会进步的热心人士所不愿看到的现象与接受的结果。这里，笔者并非毫无边界、没有原则地去为谋求儿童个性的健康伸展而大声疾呼。毕竟，儿童个性的发展是在社会中实现的。笔者所要表达的是，在谋求儿童个性健康发展与社会要求之间寻求到合理的尺度。换句话说，我们希望的社会的发展，不能以牺牲儿童的个性发展为前提。相反，社会的发展，笔者认为，首先是建立在尊重儿童个性充分发挥与发展的基础之上，建立在人的潜能充分挖掘与发挥的基础之上，任何社会的充分发展，其实都是作为个体的人的个性的充分发展。另外，我们也要清醒地意识到一点，即教育谋求儿童个性的健康伸展，而不能以某种外在的整齐划一的追求或目的去压制儿童的个性，窒息儿童的个性生命与灵魂，更"无须把儿童藏起来，把他们与本来已经和他们合为一体的环境分离开来"②，与社会隔绝开来。如果这样做，那么，"我们不仅欺骗了我们自己，而且没有严肃认真地对待和尊重儿童"③。同样可以肯定的是，教育培养出来的儿童也必将难以适应社会的发展，他们难以在激烈竞争的社会中取得事业与人生的成功。

总之，以上五方面，都是"以儿童为本位"的精神或理念在教育实践中的贯彻和落实，是以儿童为立足点、出发点和落脚点的一种实践体现。但笔者还想表明的是，如若我们的教育想真正让儿童拥有一个幸福快乐和美好难忘的童年，若想真正让儿童健康成长，那么就必须要做到以儿童为中心而不能偏离这个中心，不仅如此，我们还需不断地研究儿童，尤其作为教师，要成为一个儿童研究的专家，并在研究、实践、反思的基础

① ［丹麦］索伦·克尔凯戈尔：《克尔凯戈尔日记选》，晏可佳、姚蓓琴译，上海社会科学出版社 2002 年版，第 137 页。

② ［美］冈尼拉达尔伯格、彼得莫斯、艾伦彭斯：《超越早期教育保育质量——后现代视角》，朱家雄、王峥等译，华东师范大学出版社 2006 年版，第 53 页。

③ 同上。

上去改善自己的教育工作，如此，我们的教育才能真正有所作为，才能真正促进儿童的健康成长与发展。

三 传统文化中儿童观的当代转型

中国传统文化中儿童观的改造或是中国传统文化中儿童观的转型问题，就已有的历史资料来看，在戊戌变法前后就已经初步开始，关于这一点，笔者在第一章中已经作了简要的叙述与分析。如果说之前的改造声势、改造范围与局面还比较小，那么到了新文化运动中，这种改造工作则是有所突破和超越并呈现出了开阔恢弘的气势。作为改造的结果，即新文化运动中的"儿童的发现"构建了新型的以"儿童为本位"的儿童观。尽管说新的儿童观已经出现，并产生了一定程度的历史影响。然而，穿越历史的长河来到今天，我们不无遗憾地看到，这种新型的儿童观念并没有在中国的文化中扎根，不仅如此，立足于教育的角度而言，这种观念也没有真正体现在成人对待儿童的行为与方式当中。相反，现实生活中成人对待儿童的行为方式以及行为方式背后所反映出的依然是新文化运动时期先进知识分子所批判的传统文化中的陈旧与落后的儿童观念与教育观念。如果任凭这样的观念支配我们的教育行为，那么，教育培养出来的儿童必将是新文化运动时期先进知识分子所极力批判的那种"完全忠顺的国民"以及丝毫没有个性与欠缺独立性的儿童。毫无疑问，作为"完全忠顺的国民"即未来的"人才"，必然与时代和社会发展对人才要求的标准相违背或相去甚远。而这就从文化观念层面启迪我们，传统文化中的儿童观必须在现代化迅速推进的今天进行相应的转变或革新，否则，我们要想实现教育促进儿童发展以及推动社会进步的双重目的最终必然会落空。在传统文化中儿童观的改造方面，首先我们要对其改造的阻力作一简要的分析，其次就儿童观转型应注意的问题作一简要阐释。

（一）儿童观转型的阻力

"儿童是永恒的"[①]，自从有了人类以来，就有儿童这一群体的客观存

---

① ［意］蒙台梭利：《童年的秘密》，马荣根译，单中惠校，人民教育出版社2006年版，第12页。

在，相应地，伴随这一群体指称的"儿童"称谓以及相应的儿童观念也就产生了。由此可见，儿童虽是永恒的，但"儿童观"并不是永恒的，是在人类认识发展的基础上形成的，它不仅是社会文化的一种建构和产物，也是一种社会意识。然而，不容否认的是，儿童观作为文化的一种内容一旦形成并趋向成熟，那么自然便具有范围较广的传播性、一定的历史延续性、强烈的保守性与强制的规范性，随着时间的推移，它会以一种集体无意识的方式深嵌在人们头脑与心灵深处，规范着人们的思想、行为甚至情感、态度等。这一点在西方黑暗的中世纪如此，中国漫长的封建专制社会亦然。因此，从这个角度而言，"儿童的发现"以及由此而伴随的儿童解放问题、儿童教育问题就不仅仅是一种直接而表面的社会现象，同时也是社会文化变迁过程中的一部分，是社会文明不断进步与发展的必然或者说体现着社会或国家的文明发展程度。诚如胡适在援引一位友人的话语而言："你要看一个国家的文明，只需考察三件事：一、看他们怎么对待小孩子？二、看他们怎样对待女人？三、看他们怎样利用闲暇的时间。"[①]因为，从"看他们怎么对待小孩子"这一简明的行为背后，我们可以判断并反思一个社会的儿童观是什么样子的。

就中国的儿童而言，他们生活在一个"长尊幼卑"、"祖先崇拜"、"父为子纲"、"家族至上"的较为完备的以长老为主导的文化环境或网络链条中。两千多年的"长老至上"[②]的文化编织了一张束缚与限制儿童心灵、思想、情感、态度与行动健康发展的无形网络。这个巨大无边、无形的文化网络海洋，儿童深陷其中并被湮没于其中，生命主权、社会与家庭地位非但没有得到合理的肯定，更谈不上在意识层面有实质性的开掘与发展。不仅如此，在漫长的儿童期，生活在家族中的儿童一直处在从属的位置，没有独立的人格，独立存在的意义与价值同样未得到成人的确认。在成人的眼里，他们是传宗接代、光耀门楣的工具。所以，不打破"长老至上"为主导的文化桎梏，不突破家族的限制，不凸显儿童对于自身与社会的价值，儿童就不可能被发现出来，实现真正的解放，儿童真正的身心自由以及全面发展，也终将成为无可企及的梦想。可见，思想观念的解

---

① 胡适：《慈幼的问题》，《见胡适文存》，远东图书公司 1968 年版，第 739 页。转引自熊秉真《童年忆往》，广西师范大学出版社 2008 年版，第 327 页。

② 殷海光：《中国文化的展望》，上海三联书店 2009 年版，第 89 页。

放显得多么关键与重要。这正如李大钊所深刻指出的那样，"一切解放的基础，都在精神解放"①。而这种精神或思想的解放，就欧洲来说，"乃在脱耶教之桎梏"②，对于中国而言，"乃在破孔子之桎梏"③。因此，人们只有突破封建专制礼教对儿童压制的精神束缚，成人的思想观念才可能得到解放，儿童也才有可能获得真正的自由，儿童才有可能真正意义上的成长与发展。而在新文化运动的过程中，先进的知识分子在深刻发现中国人乃是"非人"的同时，还惊讶地发现造成"非人"、吃掉孩子的恰恰是自己的父辈或父亲。针对于此，他们救赎的办法及发现孩子、"救救孩子"的方法便是深刻地去批判"孝道"，俨然与父辈文化、长者文化实行彻底的决裂。与此同时，他们不惜背着数典忘祖的罪名去"刨祖坟"，带着毅然决然的心情去"审父"。由此，也可以说新文化运动时期的"儿童的发现"，首先是从批判传统封建礼教、父为子纲的家庭伦理对儿童的束缚与限制开始的，是从批判吃人的传统文化开始的。在先进知识分子们看来，封建儒家思想的核心是"教人忠君孝父从夫"④的，"君为臣纲，则民于君为附属品，而无独立自主之人格矣；父为子纲，则子于父为附属品，而无独立自主之人格矣；夫为妻纲，则妻为夫之附属品，而无独立自主之人格矣。"⑤ 三纲五常是漠视与剥夺儿童作为人的独立性的罪魁祸首。正如鲁迅所言："我翻开历史一查，这历史没有年代，歪歪斜斜的每页上都写着'仁义道德'几个字。我横竖睡不着，仔细看了半夜，才从字缝里看出字来，满纸都写着两个字'吃人！'"⑥ 基于此，先进知识分子们意识到要发现与解放儿童，确保儿童的独立与自由，就必须"对于与此新社会、新国家、新信仰不可相容之孔教，不可不有彻底之觉悟，猛勇之决心；否则不塞不流，不止不行！"⑦ 这种提倡与认识，是与"伦理觉悟，为吾人最后觉悟之最后觉悟"的思想主旨是一脉相承的，它对于打破封建专制礼教对人们的束缚，推动人们思想解放，特别是唤醒人们头脑中的儿童意识，保障儿童的独立人格以及儿童的自由发展权利，保证儿童的幸福生

---

① 李大钊：《精神解放》，《新生活》第 25 期。
② 李大钊：《宪法与思想自由》，《李大钊文集》（上），人民出版社 1984 年版，第 247 页。
③ 同上。
④ 陈独秀：《旧思想与国体问题》，《新青年》1917 年第 3 卷第 3 号。
⑤ 陈独秀：《新青年》1916 年第 1 卷第 5 号。
⑥ 鲁迅：《狂人日记》，《新青年》1918 年第 4 卷第 5 号。
⑦ 陈独秀：《宪法与孔教》，《新青年》1916 年第 2 卷第 3 号。

活，具有积极进步的作用。受新文化运动中"儿童的发现"思想的冲击与传播，越来越多的人开始关注儿童以及儿童问题，于是，这种关注儿童以及儿童问题的现象形成了中国近代史上的一股"儿童热"，在此过程中，儿童问题受到了普遍的关注，以"儿童为本位"的儿童观作为一种社会的文明也基本上在理论上得以初步形成并有所体现。而且，从社会学的意义上而言，儿童作为弱势群体、边缘群体的地位与命运在社会层面上也有了一定程度的改善与提高，至少从儿童精神生活的角度而言是如此的，因为"儿童文学运动"中，众多儿童文学作家创作和翻译了不少的儿童文学作品来服务于儿童精神世界的诸多成就就是最好的证明，而它反过来又促使先进的知识分子不断地关心儿童与研究儿童，创作出更适合儿童的文艺作品。由此可见，观念的改变与儿童地位的改善是互为表里、相辅相成的。

但是，我们要清醒地意识到，两千多年来形成的传统儿童观或陈腐的儿童文化和"长老至上"的成人本位文化并不会随着"儿童的发现"的勃然兴起和新文化运动中先进儿童思想观念的传播与宣扬就会自行瓦解或自动、自觉地退出历史舞台。而且，即使在思想不断解放、开放与价值逐渐呈现多元化的 21 世纪的今天，在人们对儿童的理解与认识有了逐渐的改变与进步的基础上，它们依然有着强大的渗透力与影响力，并规范和制约着现实社会生活中成人对待儿童的方式以及教育儿童的方式。这一点，在我们生活的周围确实客观地存在着。针对于此，学者刘晓东有着异常的深刻理解与认识，借助儿童中心主义的观念而言，他不无感慨地说："在背负传统观念沉重包袱的中国，要想推行儿童中心的现代教育思想，要想从观念上实现儿童教育的现代化转化，其阻力多大是可想而知的。"①

从新文化运动开始到如今已经有了近一个世纪的历史，在此期间，中国早已经摆脱了民族危亡的局面，新生的中华人民共和国也于 1949 年宣告成立。新中国成立后，对儿童的认识与理解水平也有所提高，人与人平等的观念在社会上也有所增强，尽管儿童的性别、智力、家庭背景、经济状况、宗教信仰、民族出生有所不同，但国家都给予同样的保护与对待。而且，我们还可以欣喜地看到与鲜明地感受到，无论是在农村还是在城市，家庭、幼儿园与学校也特别重视儿童的身心健康、教育等方面的管理

---

① 刘晓东：《儿童文化与儿童教育》，教育科学出版社 2006 年版，第 282 页。

与照顾，这都促使儿童的生活、儿童的地位、儿童的权利获得了进一步的改善与提高。而尤让人称道和值得一提的是，20世纪90年代，中国正式加入了《儿童权利公约》①。到了1992年，中国政府依据《儿童权利公约》的具体要求，颁布了《九十年代中国儿童发展规划纲要》，并详细确定了到2000年中国儿童生存、保护和发展的十大目标。而到了21世纪初，国务院本着"坚持'儿童优先'原则，保障儿童生存、发展、受保护和参与的权利，提高儿童整体素质，促进儿童身心健康发展。儿童健康的主要指标达到发展中国家的先进水平；儿童教育在基本普及九年义务教育的基础上，大中城市和经济发达地区有步骤地普及高中阶段教育；逐步完善保护儿童的法律法规体系，依法保障儿童权益；优化儿童成长环境，使困境儿童受到特殊保护"的目标，于2001年5月22日庄严而神圣地颁布了《中国儿童发展纲要》②（2001—2010年），由此使儿童保护问题上升到了国家意志的层面。尽管如此，我们也要清醒地看到，政策法规上对儿童保护的规定与说明并不意味着现实中儿童就受到了如此美好的待遇。实际上，在现实的社会生活中，儿童依然未被成人所真正地发现，儿童并未获得真正的解放以及得到合理的保护与受到应有的尊重，儿童的生命依然受到成人的漠视。如若不然，在基础教育领域，学者张文质、林少敏就不会那么急于高声疾呼要"保卫童年"③以及张文质"重申保卫童年"④了，刘晓东也就不会热情地呼唤要"解放儿童"⑤；在儿童文学领域，朱自强先生也就不会发出"谁能告诉我，童年和儿童文学消逝以后，人类的生活是一幅怎样的景象呢?"⑥的感慨了！而这也恰恰从一个侧面体现

① 1990年8月29日，中国常驻联合国大使代表中华人民共和国政府签署了《儿童权利公约》，中国成为第105个签约国。1991年12月29日第七届全国人民代表大会常务委员会决定批准中国加入《儿童权利公约》。1992年3月2日，中国常驻联合国大使向联合国递交了中国的批准书，从而使中国成为该公约的第110个批准国，该公约于1992年4月2日对中国生效。
② 2011年8月8日，国务院依照《中华人民共和国未成年人保护法》等相关法律法规，遵循联合国《儿童权利公约》的宗旨，按照国家经济社会发展的总体目标和要求，结合我国儿童发展的实际情况，在《中国儿童发展纲要》（2001—2010年）的基础上，制定了《中国儿童发展纲要》（2011—2020年）。
③ 张文质、林少敏：《保卫童年，基于生命化教育的人文对话》，福建教育出版社2004年版。
④ 张文质：《重申保卫童年》，福建教育出版社2008年版，第19页。
⑤ 刘晓东：《解放儿童》，江苏教育出版社2008年版。
⑥ 朱自强：《童年：一种思想的方法和资源》，《青年教师》2008年第11期，第14页。

出学术界对儿童充满热情的研究与关注。所有这一切都在表明：儿童、童年、儿童问题缺乏受到重视的情况与现象在现实社会中依然普遍存在。探究原因，这除了受制于现实物质生活水平之外，受制于部分成人熏心的利益需要，传统的"长老至上"、"杀子"文化的保守性与惰性力量依然是重要的甚至是深层的一个方面，对此，我们可以从以下几方面来进行简要的分析。

第一，延续两千多年的"父为子纲"、"长尊幼卑"、"祖先崇拜"、"儿童是父母的产品"、"缩小的成人"、"小大人"、"小奴才"等伦理观念和旧的儿童观，依然深留在人们的潜意识中、表露在人们的意识中、显现在人们对待儿童的行为当中，并没有随着社会制度的变革、社会文明的进步、儿童地位的逐渐改变、人们对儿童认识的日益提高而最终退出历史的舞台。尽管在今天看来，社会现实中不少的家长和教师（成人）对儿童的认识比较科学、合理，认识到儿童独立存在的意义与价值，儿童应该有属于自己童年的幸福生活，这与传统陈腐的儿童观也有了根本的区别，但实际上，以"成人为本位"的文化并没有成为历史，相反，却依然蔓延在人们的实际生活中，积淀在人们的文化心理结构中，深深扎根在成人的心底。毫无疑问，这种过时的、陈留在成人头脑中的儿童观念，在成人与儿童交往的过程中，经由成人的言行表现，束缚和控制着儿童心灵与身体的自由以及影响着儿童的健康发展与成长。而在这种束缚与限制下成长起来的儿童，其独立的人格、健全的意识也难以真正地树立起来，结果是儿童成了附着的生物，依然没有走出成人高大身影的遮蔽。由此角度而言，强调对传统文化中旧的儿童观省思，加强对传统文化的改造，依然是今天摆在我们眼前的文化批判与文化建设工作。所以，刘晓东在20世纪90年代提出的"为了使儿童观在自己民族性的根基上实现现代化，我们有必要对传统文化中的儿童观做一番梳理"[1]，以及由此而提出的中国传统文化中儿童观在今天如何实现现代化的途径的努力与探索，就是在着手从事这方面的工作。无疑，他在这方面的细致研究工作以及所取得的成果对我们今天的儿童研究者、儿童教育者、儿童服务者在开展具体的工作时具有重要的指导意义与借鉴价值。

———————————

[1] 刘晓东：《中国传统文化中的儿童观及其现代化》，《学前教育研究》1994年第8期，第8页。

第二，当前，无论是家庭还是学校，家长和教师对儿童的角色期待依然是"听话"、"乖巧"、"顺从"。而这背后的观念，毫无疑问与传统封建社会中的"父为子纲"、"长尊幼卑"、"长老至上"的伦理文化观念是一脉相承的，"听话"、"乖巧"凸显出成人与儿童不平等的关系，也就是说，在成人与儿童的交往关系中，儿童要服从教师与家长的标准，生活在成人的控制之下，不要处处捣乱，而要服服帖帖。实事求是地说，在今天，依然有许多的父母都将孩子视为自己的"私有财产"，视为实现自己年轻时没有实现的目的的"工具"，而不是将自己的孩子当作一个同自己一样具有独立人格和与自己平等的个人来认真对待。而且，在不少的家庭里，许多父母并没有真正做到尊重孩子的意愿，倾听孩子内心真实的声音，而是随意剥夺孩子自由选择的权利，按照自己的需要、意愿与设想替孩子规划和设计他们的将来。与此相应，在学校里，孩子们的独立见解往往被教师视为异端邪说而加以冷嘲热讽，不少有个性的孩子往往受到老师和校方的歧视与冷遇。所有这些，显示的仍然是家长至上、师道尊严、崇尚家长、教师权威，崇尚专家的思想。毫无疑问，成人这种对儿童的心理期待势必影响着现实生活中儿童与家长、儿童与教师之间的平等交往，进而影响着生活中儿童独立人格意识的健全发展以及儿童独立人格的牢固形成。不仅如此，这还会造成儿童的自信心不足、怀疑精神的丧失和独立性极差，缺乏创造、创新的勇气和欲望，进而儿童会变的缺乏主动性和进取精神。从长远来看，这在一定程度上也必然影响着儿童生命的成长与儿童社会地位的提高。而在另外一方面，从实际情况来看，不少家长对自己的孩子又有较高的社会期望，希望自己的孩子能够在以后的社会生活中谋求高薪的工作，获得较高的社会地位，期望自己的孩子能够为自己的家庭作出更大的贡献，为自己的家族增光添彩。同样教师则希望自己培养出来的孩子能够过上较好的生活，能够独立自主地在社会生活中有所作为。而这就与前面的期望形成了一种矛盾，儿童就生活在这个矛盾的夹缝中，成为了"夹缝人"，直至成人，不少的"儿童"依然不能自理，不能自立，不能自力，还依靠家长的供给才能维持自己的生活。这种现象在今天依然是比较常见的，可以说，我们所看到与听到的"啃老族"就是其鲜明的体现。可见，现实生活中成人对儿童的角色期待以及将来期望在一定程度上还制约着儿童以及儿童文化的解放。

第三，儿童成为选秀的主角。最近几年来，随着"超级女声"、"梦想中国"、"我型我秀"等选秀节目在荧屏上的迅速走红，一些急功近利的主办方也开始把目光转向年幼的儿童，如"超级宝贝秀"、"童星风采大赛"、"寻找星光宝贝"等一系列大型儿童选秀活动，也相继在各地粉墨登场，轮番上演。如果成人处理不当、动机不纯，儿童选秀所导致的消极后果将无法弥补，商业化的运作甚至可能是导致童年过早消逝的直接动因。不仅如此，形形色色的儿童选秀节目，不仅过早地向未成年儿童灌输成人的社会价值观念，而且，对儿童的身心发展有害，还可能使我们的民族由深刻变的浅薄，影响国家未来的发展，这一点绝非危言耸听，因为儿童就是未来的国民。深刻剖析儿童选秀节目背后的原因，自然与一个"娱乐至死"① 社会的来临有关联，同时也离不开儿童选秀节目背后的利益驱动和一些电视台受"唯收视率马首是瞻"的因素影响有关。但从价值观念的角度而言，家长那种渴望儿童成名或者说儿童被当作光耀门楣的工具思想也是儿童选秀节目爆棚的深层诱因。由此可见，全社会要真正做到发现儿童、尊重童年，在一个消费至上和娱乐至死的年代里，仍然有很漫长的道路要走，而这同样意味着，传统文化中儿童观的转型在新的社会背景中也面临着新的问题需要去解决。

不容否认，今天以长者为本位的文化作为一种观念，已经出现了局部的（例如在教育领域中有关师生关系的探讨）被扬弃的历史，但是我们要清醒地看到，传统的惰性力量依然是强大的，至少在现阶段，人们还不能一下子从"长者本位"、"长老文化"的传统束缚中摆脱出来，也很难从"祖先崇拜"、"权威崇拜"的思想束缚中解放出来，从心灵的限制中、从情感的压抑中清醒过来。由此可见观念转变的艰难不易。这正如青年学者张永英所说的那样："若要使全社会都能对近现代立场的儿童观有所体认，那还要假以时日。"② 而这也使我们深刻地认识到：真正在全社会中发现儿童以及促进儿童的自由全面发展，还有赖于社会中以"长者为本

---

① 这里运用娱乐至死的概念，是受到美国学者尼尔·波兹曼《娱乐至死》一书的启发。他在该书中明确指出，现实社会（书中主要以美国社会为例）的一切公众话语日渐以娱乐的方式出现，并成为一种文化精神。我们的政治、宗教、新闻、体育、教育和商业都心甘情愿的成为娱乐的附庸，其结果是我们成了一个娱乐至死的物种。实际上，阅读尼尔·波兹曼笔下所描述的美国社会，再来反观中国社会的种种娱乐现象，可以初步判断，一个娱乐至上甚至娱乐至死的社会大幕正在缓缓开启，而生活在这个大幕下的孩子，也难逃被娱乐的命运。

② 庞丽娟主编：《中国教育改革30年·学前教育卷》，北京师范大学出版社2009年版，第85页。

位"文化的彻底变革，还需要对陈旧落后的儿童观念进行深刻的批判，并在变革、批判的过程中逐渐树立起"儿童本位"的文化观念，只有人人心中都真正树立起幼者与长者平等的意识和观念，树立起长者尊重幼者，幼者尊敬长者的平等、民主、和谐的文化观念，"儿童的发现"以及儿童的自由全面发展也才最终有可能成为社会的现实。而这也在清醒地启迪和警示我们，如果"中国人难于走出传统，那么，中国的现代化是不能计日成功的。"①

（二）儿童观转型的建议

由上面的叙述可以看出，传统文化中儿童观的改造或者说是转型问题，不仅对于儿童的成长发展幸福是极其重要的，而且对于中国现代化的成功也会产生极其深远的影响。所以，我们不能不结合现实对传统文化中的儿童观进行相应的改造。综合历史与现实的情况，从传统文化中儿童观的改造和儿童地位改善与提高的角度而言，笔者认为，以下六点是我们需要迫切注意的：

第一，在传统文化中儿童观的当代转型方面，首先"以'世界中心的文化观'作为观念基底，充量地、理性地、选择地'借取'、'吸收'西方文化的质素"②，即就儿童观改造的思想来源而言，我们要依据实际情况借鉴与吸收西方现代化的儿童思想以及观念。历史表明，科学的、现代化的儿童观念首先是在西方形成和不断发展以及逐渐成熟起来的，因此，我们必须在正视中国儿童生活的现实基础上，正视中国儿童思想研究现实以及研究儿童研究成果的基础上，充分、一心一意地接收西方先进的儿童思想与儿童文化观念，凡是有利于传统文化中儿童观的现代化改造的，凡是有利于改造工作完成的，我们都要予以汲取。这正如新文化运动的健将胡适所言，"无论什么文化，凡可以使我们起死回生，返老还童的，都可以充分采用，都应该充分收受，我们救国建国，正如大匠建屋，只求材料可以应用，不管他来自何方呢！"③ 其实，从更深层的角度而言，传统文化中儿童观的当代转型在一定程度上也意味着解救中国、改造中国

---

① 金耀基：《从传统到现代》，中国人民大学出版社1999年版，第389页。
② 同上书，第154页。
③ 胡适：《介绍我自己的思想》，《胡适哲学思想资料选》（上），华东师范大学出版社1981年版，第344页。

和发展中国。有鉴于此，我们没有理由不去合理吸收与借鉴西方成熟的儿童思想与儿童文化观念。合理吸收和借鉴西方先进的儿童观念，进而改造传统文化中的儿童观念，也是一种对儿童发展、对民族国家发展与进步负责的一种态度与情感。

第二，要对传统陈旧、落后的儿童观展开理性的批判。历史总是在继承中向前发展，然而向前发展的历史，并不是对以往的历史全面的继承，而是要在理性批判的基础上，对一些不合理的思想与观念展开理性的批判，对一些适宜时代发展的理论进行相应的继承，而这也是对历史的一种超越，它包含着对历史的反思。实际上，今天我们对传统文化中的儿童进行改造，实现传统文化中儿童的转型，离不开对传统文化中儿童的批判与继承。从批判的角度而言，我们的批判，也是一种继承，即继承新文化运动时期鲁迅、周作人、胡适等人的批判精神，即站在时代和社会发展的基础上，沿着他们的道路，结合社会发展的需要，对传统陈旧、落后的儿童观展开理性的批判。而继承方面，我们要超越他们，对传统文化中的一些对儿童认识较为客观的成分要加以继承。通过批判与继承，传统文化中的儿童观也会焕发出新的生命活力，并被越来越多的人所了解和认识，更为重要的是，要体现和运用到我们的教育工作和家庭中去。

对陈旧、落后的儿童观展开理性的批判，意味着对文化建设与发展的负责，更意味着对儿童的负责。为了做到双重的负责，我们一定要对传统陈旧落后的儿童观产生的背景、形成的原因进行细致全面的考察与分析，而不是知其然不知其所以然，否则，如果我们对传统陈旧、落后的儿童观进行批判，而缺乏对其背后基础的批判，那么我们批判的范围就是缩小的，批判的内容就是有些单薄的，而与之相应的批判力度就会减弱，批判的效果也就会受到影响。所以，全面、系统地考察和分析，也是我们展开理性批判的前提。

第三，要积极地利用多种宣传媒体，采取多样的形式，广泛、深入地宣传科学的儿童观，使广大的儿童家长、社会人士都能了解现代儿童观的基本内涵和内容，切实发挥媒体在提高儿童地位、确保实现儿童与成人平等方面发挥积极有效的宣传普及作用。现代社会是一个信息的社会，媒体在人们的社会生活中扮演着日益重要的角色，它不仅反映着广阔的社会与文化变迁，而且对社会的影响也越来越大。具体而言，它不仅影响着日常生活中个人态度、行为与情感的变化，影响着各种社会团体活动的有效展开，同时它对政府政策的制定与调整，甚至对人类历史的进程等方面能产生重大的影响。"在过去的十年信息技术的进展促进了超越国界的全球传媒网，并对公共决策、个人态度行为，尤其是儿童和青少年的态度和行为产生了影响。"1995 年第五次世界妇女大会通过的《行动纲领》以上述的内容指出了媒体在当代社会生活中所起到的重大作用。所以，在当代的中国，我们对媒体在人们生活中所起的作用绝不能掉以轻心或漠然视之。为了树立起以幼者为本位的现代儿童文化，发挥媒体在这方面的作用是不可取代的。对此，媒体要自觉地做好宣传普及工作，宣传科学的儿童观念；宣传儿童与成人具有平等的人格和尊严观念；宣传儿童与成人一样享有同样的权利和社会地位；宣传科学的教育观念以及科学的育儿方法。当然，在正面积极宣传的同时，媒体自身也需要提高认识，不能为了自身的利益考虑而不负责任地去替一些商家或个人宣传一些错误的儿童观念，以免在这方面给广大的家长造成误导。实际上，目前"'儿童读经运动'正如火如荼地展开，'千万不要输在起跑线上'等口号在儿童教育领域不断聒噪，以早期教育的所谓'科学'研究为名义的超前教育日益泛滥，教育市场里'把你的孩子培养天才'的允诺盛况空前……"① 这本身除了说明"中国迄今缺少儿童教育的近现代立场和观念"② 外，也与无处不在的媒体的推波助澜有一定的关系。所以，在此，改善与提高媒体人的科学儿童观念与素养也是刻不容缓的工作，唯有如此，媒体才可能积极有效地发挥正面宣传与报道的作用，才能在宣传科学的儿童观念方面对社会的进步与发展作出应有的贡献，并进一步为确保现代儿童观念在人们心目中牢固树立，而这些对于改善与调整成人与儿童的对立与冲突关系才有可能起到积极的作用，才有可能促进儿童的自由全面发展。

第四，加强大学生的儿童思想教育工作。之所以要加强大学生的儿童思想教育工作，是源于下面的认识。首先，就作为一个庞大群体的大学生而言，他们毕业以后，走向社会，大都会组建自己的家庭，成为人父人母。作为孩子的家长，尽管有较高的学历和知识，但如果缺乏对儿童科学的认识与理解，那么势必在教育儿童的过程中会出现不少问题，其对待儿童、教育儿童的内容、方式、方法、策略、评价等必然会影响孩子的健康

① 刘晓东：《儿童文化与儿童教育》，教育科学出版社 2006 年版，第 3 页。
② 同上。

成长与发展。所以，从这个意义上而言，加强大学生的儿童思想教育工作，帮助大学生认识、理解并牢固树立和形成现代的儿童以及儿童教育思想与观念，可以从未来新民的角度来防患于未然，这样做也算是未雨绸缪。上述也说明，儿童观的改造不仅体现到了观念方面，更体现到了行动方面，这是其一。其二，就教育而言，教育具有传递文化和创新文化的功能，是培育新人的其他无可取代的最重要的方式和途径。人，作为文化的产物，其形成的过程主要是通过教育的施加影响而实现的，所以，我们要充分发挥教育的这种文化传递的功能，从而深入地开展大学生的儿童思想教育工作，帮助大学生认识到树立科学儿童观的现实意义与长远价值。可以想象，教育有了先进儿童思想推进的保证，是有助于儿童观的改造与转型成功的，尽管这可能是一个漫长的过程，但我们不能因为漫长而放弃这种充满希望的努力。所以，为了保证传统儿童观转型的成功，有儿童教育专业的高校，应该开设相应的必修或选修课程，并安排教师去组织实施好这方面的课程与教育。

第五，将儿童地位改善的程度纳入各级政府的决策部门。从世界儿童保护运动历史发展的过程来看，儿童地位的改善并不是通过个人的努力就能实现的，不是通过各种社会团体和各种组织的协助与合作达到的，甚至也不是某个学者通过媒体的呼吁或社会舆论的监督就能够完成的，儿童受到真正的保护，而是由政府部门强有力的介入才实现的。例如，"1912年，美国建立了一个通过国会报告儿童福利问题的儿童局。该局目前是卫生和人事服务部的一部分。1935年，通过《社会安全法》。1962年，模范法取得了发展，要求儿童职业工作者向法律实施机构和儿童保护机构报告可疑的儿童虐待和忽视事件。1963年通过了第一部儿童受虐举报法规……1974年通过了《儿童虐待和忽视预防和处置法案》，1980年又通过了《收养援助和儿童福利法案》。"① 因此，我们将儿童地位改善的希望寄托于各级政府部门，即各级政府在制定社会性的政策方案或法规时，尤其在事关儿童的政策或法规时，要充分考虑到儿童所享有的各项权利和利益，不能以牺牲儿童的利益而去满足成人的利益。另外，在制定有关儿童的政策或法规时，尤其要照顾到欠发达地区、贫困地区儿童生活的实际状况，做到具体问题具体分析。尤其在今天，大量的留守儿童还生活在贫困

---

① 王雪梅:《儿童权利论》，社会科学文献出版社2005年版，第27—28页。

当中，他们的生活和学习比起城市孩子而言还有巨大的差异。所以，针对这方面的现实情况，国家要在政策方面给以必要的倾斜，从而保证中国不同地区的儿童在生存发展权利和享有机会面前实现基本的平等，做到对儿童负责，对人民负责，对国家的未来负责。尽管这是一个艰巨的工作，但却是各级政府和决策部门义不容辞和责无旁贷的。因为只有这样，儿童的生存与发展，儿童健康的成长才有一个良好的外部条件和法律法规保障。

第六，要通过形式多样、灵活多变的学习和培训，组织各级教育行政部门负责儿童教育工作的行政人员、教研人员、学校校长、幼儿园园长和教师认真学习和理解现代、科学的儿童观，并依据现代、科学的儿童观，制定计划、政策和组织教育活动，不断更新其儿童观念，并提高其儿童教育的能力。这里，之所以要更新和提高各级教育行政部门负责儿童教育工作的行政人员、教研人员、学校校长、幼儿园园长和教师的儿童观，是因为这些人员与儿童健康的成长与发展息息相关，与儿童的教育生活相关。假设一下，如果这些人员没有树立和形成现代、科学的儿童观念，或者对现代科学的儿童观念不加理睬，置若罔闻，那么他们在制定儿童教育政策、设计教育活动方案时，是不会把儿童以及儿童的发展需要当做一个重要的依据来认真对待的。而在此基础上，儿童教育政策的落实、教育活动方案的实施等也不会取得任何理想的效果，儿童的发展也必然会受到不同程度伤害。

传统文化中儿童观的当代转型，是一个多方面的工作，它牵涉一个社会的诸多问题。这也是为什么我们的建议会有这六方面的考虑。具体而言，上述第一方面，是要找一个参考的价值系统，因为这对于儿童观的现代化改造的方向保障方面不可或缺。第一、第二、第三方面，我们所侧重的是人们儿童观念改善的途径问题之一。第三、第四、第五、第六方面，我们所侧重的是实践方面的改善，即从行为方面来体现改造传统文化的精神。当然，我们要意识到，传统文化中儿童观的当代转型是多方面的，绝非局限在以上六个方面。例如，在《儿童教育新论》第一章第五节中，刘晓东就儿童观的现代化途径，即传统文化中儿童观的改造提出了四点建议："第一，应当对传统文化中的儿童观，包括儿童观的主流和支流作进一步的梳理，去其糟粕，吸收其精华；第二，应当站在时代的制高点上来观照各种文化中的儿童观，以便洋为中用；第三，加强国际合作，在法律上保障儿童的权利;第四,做好宣传普及工作,使现代化的儿童观深入人心。"① 总之,传统文化中儿童观的当代转型牵涉许多方面的力量与因素,需要各方的通力合作才能够实现。与此同时,我们还要清醒地认识到,要彻底改变传统文化中以"长者为本位"的文化观念,建立起以"幼者为本位"的文化观念,并非轻而易举的。这是一个长期而艰巨的工作,也是一个造福于儿童、民族与国家的工作。但我们相信,只要社会中关心儿童、热爱儿童、理解儿童的人多起来,并且媒体和政府在这方面也积极地参与进来,担负起自身的责任,积极主动、有效地宣传科学的、现代性的儿童观,那么,假以时日,人们就会逐渐在头脑中树立起新型的儿童观,"儿童的发现"最终会在社会中成为现实,儿童也终将会在中国的大地上站立起来。而这将是一种多么激动人心和让人振奋的现象呀!

最后,还是让我们用蒙台梭利有关"童年:一个社会问题"的深邃思考来结束上面的内容。她说:"为儿童的利益所作的孜孜不倦和真诚的努力,将使我们能够发现人类的秘密,正如科学的调查研究能使我们洞察众多的自然秘密一样。童年的社会问题也许可以比做一枝破土而出的幼苗,然而它的新鲜活力吸引了我们。它的根茎很深不易搬迁。如果我们挖下去,去掉泥土,我们将看到它的根茎像迷宫一样向四面八方延伸。"② 不仅如此,"童年的社会问题使我们能正确地理解支配人的自然发展的规律。她给我们一种新的自我意识,并使我们的社会生活有一种新的方向。"③

四 小结:"儿童的发现":一项远未完成的工程

"要想帮助和拯救世界只能依靠儿童,因为儿童是人类的创造者。"④ 如果我们认为蒙台梭利所说的儿童对于拯救人类世界具有重要作用的话语是客观的,由此我们也可以说,要想帮助和拯救中国只能依靠儿童,因为

---

① 刘晓东:《儿童教育新论》,江苏教育出版社1998年版,第63—64页。
② [意]蒙台梭利:《童年的秘密》,马荣根译,单中惠校,人民教育出版社2006年版,第22页。
③ 同上。
④ [意]蒙台梭利:《蒙台梭利幼儿教育科学方法》,任代文译校,人民教育出版社2006年版,第336页。

儿童是新人的创造者。实际上，依靠儿童则深刻地意味着离不开对儿童的研究与发现、对儿童的理解与体验，对儿童的尊重与信任等。实际上，这种研究与发现、理解与体验、尊重与信任的观念与行为已经在新文化运动中先进知识分子的身体力行中得到了全面的展示，尽管说因为历史的原因这研究与发现、理解与体验、尊重与信任有所中断，但历史发展到今天可以看到，社会对儿童的关注与研究已经逐渐体现出了上述特点。这也说明，就此中断的历史即发现儿童的历史慢慢续接起来，尽管这种续接隔着漫长的时空。实际上，我们今天对儿童的研究与发现、理解与体验、尊重与信任还是不够的，无论是在研究层面还是在实践层面。在研究层面，虽然一些儿童教育的学者和儿童文学理论的研究者开始把目光投注到儿童、童年、儿童文化方面，也取得了一些研究成果，但比起体现着西方"儿童的发现"的"那一排排、一架架研究儿童史、儿童哲学、儿童社会学、儿童心理学等相关的书籍"① 而言，我们仍然是滞后的。不仅如此，在实践层面，无论是在学校、幼儿园还是家庭，儿童依然处在一种生活与学习的残酷现实中，因为，从成人对待儿童行为方式以及对成人行为方式背后所持有的潜意识或意识中的儿童观作一深刻的反省与批判后就可以发现，儿童依然未走出成人社会的遮蔽，儿童依然没有被发现出来，儿童的重要价值还没有被发掘出来。而这也就深刻地说明："儿童的发现"在追求现代化的中国依然是一项远未完成的工程，研究儿童以及研究儿童教育的学者仍然有着重要的使命去肩负和重要的责任去承担。

---

① 刘晓东：《儿童读经运动背后的教育学之病》，http：//www. cnsece. com/news/2011425/n89499723_ 4. html。

结语　中国亟须一场新的"儿童的发现"运动

古人云："以铜为鉴可正衣冠，以古为鉴可知兴衰，以人为鉴可以明得失，以史为鉴可以知兴替。"由此可见，历史从来都是人们前进道路上的良师益友。而这也意味着学习历史是一件非常重要的事情，这种学习可以让我们知晓过去的历史，同时有助于我们走好脚下的路，做好当下的工作。事实上，研究中国新文化运动中"儿童的发现"这一历史也同样如此，其最终目的在于通过对这段历史的研究来思考如何使近现代的儿童观念在中国真正成为现实，如何使近现代的儿童观念深深地扎根在人们的心中，如何使近现代的儿童观念转化成民族文化的一部分，并最终如何在现实层面使儿童在中国的大地上站立起来。

从历史发展的实际情况与演变轨迹来看，新文化运动中"儿童的发现"在中国是一个具有象征意义的起点，因为从这一时期起，儿童开始被赋予特别的内涵。但起点永远不等于终点，新的局面的出现必然会带来新的问题，尤其在当代中国经济转型与社会迅速发展变化的今天。不仅如此，在这个日新月异的世界上，没有一劳永逸的事情。以此来看，新文化运动中的"儿童的发现"也是如此，尽管说在当时它产生了积极的影响并对历史的发展作出了一定的贡献，但"儿童的发现"在后来还是出现了消退的局面。所以，由此角度而言，"儿童的发现"对于当代中国社会文明的进步来说，仍然是一项未完成的希望工程。而在"儿童的发现"这项希望工程面前，历史还有自己需要承担的使命，社会还有更多的责任需要担待，与儿童密切相关的教育及教育工作者同样仍有许多的事情去做，有许多的问题需要去解决，有许多的任务等待着去完成。不仅如此，对于一个有着"父为子纲"、"长者至上"、"长尊幼卑"观念深存两千多年历史的传统中国而言，对于儿童生命、儿童尊严、儿童权利、儿童自由、儿童成长还得不到完全保障和受到成人社会根本重视的当代中国而言，对于大量生活在贫困地区与接受落后教育的农村留守儿童而言，对于给予儿童太多期待而又渴望国家富强、民主、文明的中华民族而言①，发现儿童、认识儿童、尊重儿童仍然有着不容置疑的重要价值与深远意义。所以，有鉴于此，我们仍需要把近现代的、科学的儿童观念注入到中国当今的社会中，增强全社会理解儿童，认识儿童、保护儿童、尊重儿童的观念并形成相应的意识，以及在日常的生活中体现出尊重儿童、善待儿童的行为。而要在社会生活中实现所有这一切，也就深刻意味着，中国亟须一场新的"儿童的发现"运动。不仅如此，笔者认为，儿童文学研究者刘绪源先生依据自己的经历所表述的一段话也可以作为我们发动一场新的"儿童的发现"运动的现实依据或缘由。2010 年，在参观完上海世博园后，他在一篇文章中写道，"这些国家的布展人员一定不会搞错，他们到上海来，是开世博会，不是开儿童博览会。但他们首先想到的，往往是关乎儿童的。他们习惯于通过儿童的语言来表述最重要的思想（如美国），也会毫无愧色地把献给儿童的艺术当作本国的最高艺术成就（丹麦），他们让全世界和自己一同享受童趣（如白俄罗斯），他们也都把儿童的创造性思维看做未来的希望所在。看来，只有到了这样的程度，才真正可以说是'发现'了儿童。"然后，对比中国当下儿童的处境和情况，他不无遗憾地感慨道："为什么在我们这样的国度，会本能地觉得儿童题材放不上副刊版面呢？因为本来就不重视。我们是把儿童排斥在自己生活之外的，觉得他们的思想、生活都是'不足挂齿'的。至于儿童文学，那是教育不懂事的孩子的，为的是让他们多懂点道理；或者就是哄孩子的，免得他们来干扰大人。这样的儿童文学，水平当然提不高，水平不高，当然进不了高档文学刊物，更遑论成为'国宝'了。这是一种恶性循环。"② 最后，刘绪源先生本着热爱儿童的信念向社会发出了强烈的呼唤："我们真的需要重新'发现儿童'——不是在学理层面，而是在整个民族意识的层面。只有在这样的'发现'之后，中国的安徒生、林格伦、诺索夫、兹德内

---

① 《基础教育课程改革纲要（试行）》的标题是"为了中华民族的复兴，为了每位学生的发展"，由此可见：中华民族给予了中国儿童太多、太重的期待与渴望，把儿童发展与中华民族的伟大复兴紧密地联系在了一起。

② 刘绪源：《中国需要重新"发现儿童"》，《文学报》2010 年 5 月 13 日第 9 版。

克·米莱尔……才会在我们的文坛自由驰骋。"① 虽然我们还不敢断定刘绪源先生为何会用"重新"两字来表达他发现儿童的真切和急切，但由此足以说明，儿童在中国还没有真正被发现。

如何发起一场新的"儿童的发现"运动？应关心什么问题或注意哪些事项？新文化运动中"儿童的发现"的鲜明问题意识和强烈的现实针对性给我们提供了一定的历史参考或依据。所以，掀起一场新的"儿童的发现"运动，要针对中国社会和教育中与儿童生存、儿童命运、儿童发展的诸多历史遗留下来的问题，儿童生活、儿童教育的现实问题甚至是长远问题。而从历史发展的实际过程来看，这场新的"儿童的发现"运动也是对新文化运动时期周作人、鲁迅、叶圣陶等人发起的"儿童的发现"运动的延续和深化，从更为宏大的历史层面而言，也是对近现代历史上新文化运动的延续和深化。固然，掀起一场新的"儿童的发现"运动需要以历史为线索、为依据，但与此同时，我们又需要在传承历史的基础上不断地去超越历史而创造新的历史，为了儿童的历史，或者说是儿童的历史。基于上述认识、理解、分析与判断，笔者这里试图就中国亟须发起一场新的"儿童的发现"运动提出一些初步的构想。

第一，一场新的"儿童的发现"运动在中国能否成功，它的基点是建立在怎样深刻认识与理解中国儿童存在、儿童生活与儿童教育的现实国情。如果说新文化运动中"儿童的发现"能够取得一定的历史成就，并对儿童的成长、儿童文学的繁荣、儿童教育的改善、对中国历史的进步与社会文明的发展作出了一定的贡献，那么其主要原因就在于先进知识分子们比较清醒与理智地把握住了时代的脉搏与当时儿童存在、儿童生活与儿童教育的具体国情，在于他们能够顺应历史潮流，顺潮流而动而非逆潮流而为所致。所以，就此而言，深刻认识与理解中国儿童存在、儿童生活与儿童教育的实际情况是我们在发起一场新的"儿童的发现"运动前首先要考虑与面对的基本问题，或者说首先要解决的是我们的认识问题。

中国儿童存在、儿童生活与儿童教育的实际情况，就是儿童存在、儿童生活与儿童教育的过去与现在，我们只有把儿童存在、儿童生活与儿童教育的实际情况了解清楚，分析明白，才有可能找出当今社会中存在的弊病，也才能决定我们从哪里去改变，改变什么以及如何改变。只有弄清楚

---

① 刘绪源：《中国需要重新"发现儿童"》，《文学报》2010 年 5 月 13 日第 9 版。

这些弊病的成因，我们才有可能提出相应的问题解决对策，做到治标又治本。这样，新的"儿童的发现"的运动才不会无的放矢，才有可能取得成功。在此基础上，经由成人社会的努力付出与诚挚帮助，儿童才可能拥有真正幸福的生活与体验快乐的童年和美好的教育。相反，如果我们在不了解儿童存在、儿童生活与儿童教育的实际情况下就盲目地发动一场新的"儿童的发现"运动，那么，我们努力的方向就是模糊的，与此相应，我们努力的效果就会大打折扣，甚至说，失败的结局就在不远的前方等待着我们。

第二，明确"儿童的发现"的目的、性质与核心宗旨。这一场新的"儿童的发现"的目的是为了打破人们头脑中"父为子纲"、"长者至上"、"长尊幼卑"、"孩子是父母的私有财产"等封建专制主义传统观念和落后儿童观念的束缚，使得人们在敬畏儿童生命、尊崇儿童天性、理解与改善儿童地位、保障儿童健康成长的前提下，力争在全社会形成尊重儿童、信任儿童、保护儿童生命、善待儿童生活、守护童年、正视儿童存在的现代儿童教育观念。并在此基础上努力将现代的儿童观念转化成为民族文化的一部分，将传统的、儿童被遮蔽的民族文化改造成有儿童存在、尊重儿童、信任儿童、保护儿童的现代民族文化。这一场新的"儿童的发现"运动的性质是一次思想解放运动和新的启蒙运动，也是一场保护儿童的运动，从更深的层次而言，也是中国的现代化运动和现代化运动的一种彻底体现。其核心的宗旨不是为了成人以及成人社会，而是为了儿童，为了儿童幸福快乐的童年生活，为了儿童全面健康的成长，为了中国的儿童早日生活在童话般美好的世界里。总之这个运动是以儿童为本位的，以儿童为中心的，出发点和落脚点都是紧紧围绕着儿童的。

第三，以中国文化（传统、近现代、当代）中优秀的儿童观和西方近现代的儿童观为思想资源和理论来源。论起中国传统的儿童观念，不少人觉得其中尽是糟粕的成分，其实不然，中国传统文化中也包含着前人对儿童科学的认识与理解。例如，老子的"复归于婴孩"的言论，王阳明的"大抵童子之情，乐嬉游而惮拘检，如草木之始萌芽，舒畅之则条达摧挠之则衰痿"[1] 的儿童与儿童教育见解，李贽的"夫童心者，真心也。若以童心为不可，是以真心为不可也。夫童心者，绝假纯真，最初一念之

---

① 王阳明：《训蒙大意》。

本心也。若失却童心，便失却真心；失却真心，便失却真人。人而非真，全不复有初矣"① 的童心论。这诸多关于儿童的理解与认识可谓真知灼见，也都可以作为这次新的"儿童的发现"运动的思想来源。不仅如此，在近现代的中国，周作人、鲁迅、叶圣陶、郭沫若、陈鹤琴、陶行知、张雪门、张宗麟等人提出的具有现代色彩的儿童观念也可以作为此次"儿童的发现"的思想来源。而当代，儿童教育学研究领域里刘晓东、姚伟、丁海东等人，儿童文学理论研究领域里王泉根、班马、朱自强、方卫平等人的儿童研究成果等都可以用来作为借鉴。

除中国外，西方近现代的儿童观念也可以被我们拿来作为此次新的"儿童的发现"的重要思想资源。例如夸美纽斯、卢梭、裴斯泰洛齐、福禄贝尔、杜威、弗洛伊德、皮亚杰、维果斯基、蒙台梭利、苏霍姆林斯基、马拉古齐等人关于儿童的思考与认识，都是相对成熟与科学的儿童见解，也于我们对待儿童富有启发教益。所以，我们应本着开放的心态、求实、求是的精神将其儿童思想的精华吸收进来，与此同时，借鉴20世纪初期欧美儿童研究运动所取得的丰硕成果，并结合中国的实际情况加以合理的运用。这里我们想补充说明一点的是，尽管说西方的儿童教育思想与观念比我们的儿童教育观念成熟与先进，但我们在运用时绝不能厚此薄彼，也无须妄自菲薄，把我们传统的优秀儿童思想看得一文不值。总之，在思想来源方面，我们应当坚持实事求是的精神与原则，不能贵远贱近，不能厚古薄今，更不能崇洋媚外，这样做也真实地显示出我们对待历史的态度以及我们为了儿童的信心。

第四，需要全社会的积极行动，要有强有力的领导部门，也需教育、医疗、法律、卫生部门、社会团体、各种组织的协作、配合，更需热切关心儿童的学术知识分子和广大民众的积极参与。"正如我们所看到的，儿童地位的改善并不是通过个人的努力实现的。"② 不止于此，西方谚语中也曾表达过类似的思想，即"培养一个儿童需要一个村庄"。由此观之，在今天，发起一场新的"儿童的发现"运动，仅仅单靠个人的力量是难以成行的。若想真正实现此次新的"儿童的发现"的目的，全社会都参

---

① 李贽：《童心说》。
② ［意］蒙台梭利：《童年的秘密》，马荣根译，单中惠校，人民教育出版社2006年版，第21页。

与进来是取得成功的最根本保证。这里，一个强有力的政府领导部门，教育、医疗、法律、卫生部门的广泛支持与合作，社会团体、各种组织的通力协作，广大基础民众和学术分子的积极、热情参与同样不可或缺。从近现代的历史上来看，任何一次进步、成功的社会运动，都离不开广大民众积极热情的参与和推动，也离不开知识分子的思想启蒙以及他们的自觉努力。如果缺少了民众的参与、推动与思想启蒙者的宣传与启蒙，新的"儿童的发现"运动若想取得成功是难以想象的，也是不可能的。这里笔者想重点谈一谈知识分子及其承担的责任。

随着中国历史的发展社会的变迁，我们可以看到，在当代，知识分子生活的时代背景与新文化运动时期的先进知识分子所生活的时代背景相比已经发生了翻天覆地的变化。而且，在信息传播迅速广泛的今天，他们也很难再像新文化运动时期的先进知识分子那样，以启蒙者的身份或角色自居，对广大的民众开展有效的启蒙。尽管历史的前后发生了巨大的变化，但知识分子不能因此而自我边缘化，局限在自己的专业领域内充当局外人的角色，更不能对儿童、儿童存在以及儿童生活、儿童教育的不利或惨痛现实闭上眼睛，沉浸在幻想与安逸的状态。相反，知识分子应当在深入探究专业的基础与前提下，担当起社会良心的责任。而这种责任就体现为，知识分子应具备一种宽阔的视野，用生命穿越专业，把体味与关怀伸向人间，伸向儿童以及儿童生活层面，加深对儿童的理解、尊重与同情。与此同时，对不利于儿童生长的生活环境、社会环境，对不利于儿童健康成长的教育行为方式以及对成人头脑中错误的儿童教育观念，对不利于儿童成长的教育体制等展开理性的批判与抨击。在此基础上，知识分子还要在发现儿童原有的基础上，从不断变化的社会中建构和提出新的发现儿童的具体内容，从而为儿童的健康成长营造一个良好的文化氛围与社会环境。这一点，正如余英时先生所认可与推崇的知识分子那样，即知识分子"除了献身专业工作以外，同时还必须深切地关怀国家、社会以至世界上一切有关公共利害之事，而且这种关怀又必须超越个人（包括个人所属小团体）的私利之上的。"① 总之，我们想说的是，任何时候，知识分子作为社会良心的责任都不能丢弃。

第五，要积极发挥媒体的宣传功能与舆论的监督作用。在当今信息无

① 余英时：《士与中国文化》，上海人民出版社1987年版，第2页。

处不在的社会中，媒体在人们的日常生活中扮演着越来越重要的角色。通过媒体这个渠道或窗口，人们能够及时、迅速地了解到国家民生大事、社会动态、世界风云变幻等。而媒体再通过宣传和报道，又会在社会大众中形成一股强大的舆论。由此可见，媒体和舆论是紧密联系在一起的。不仅如此，在今天，大众传媒在一定程度上作为公众利益和情绪的表达窗口，显得越来越重要，而它引发的社会舆论对于解决一些社会所密切关注的问题，也发挥了积极有效的作用。例如，《焦点访谈》在 2000 年所"揭露的拐卖到浙江打工的广西童工《非法使用童工法理难容》节目，在播出后，通过社会各方面的共同努力，如今这些童工已经安全回家，回到了学校开始了新的生活"①。除此之外，近期发生于南京的"徐宝宝死亡事件"之真相能够在短时间内被加以还原，便是在媒体的及时报道后，舆论合力"围剿"的结果，即"在这一事件刚开始在网络上曝光后，网议汹汹，沸反盈天，并提供了各种质疑和论证方式，形成了强大的舆论压力，随即在纸媒体的介入下，事态迅速公开化、公共化"②。由此可见，媒体和舆论的作用在今天人们的生活中起着越来越重要的作用。所以，合理有效地发挥和利用媒体与舆论的作用对于一场新的"儿童的发现"运动取得成功来说，同样不可或缺甚至是异常重要的。在这方面，媒体可以在宣传科学儿童观的前提下，及时迅速地报道一些大众比较关心的、重大的儿童教育问题、儿童命运、儿童生存与发展的热点甚至是尖锐问题，形成舆论的氛围，以此来解放大众的思想，丰富与改善大众的儿童观念、教育观念和调动大众参与运动的积极性、主动性，增强大众保护儿童、关心儿童的意识。从一定程度上而言，关心儿童，也是关心他们自己；关心儿童，也是关心社会的发展与进步；关心儿童，也是关心民族的前途与国家的未来。

综上所述，发起一场新的"儿童的发现"运动只是一种构想，而且上面的构想还比较粗浅和简陋，还带有理想、激情甚至是幻想的成分。尽管如此，为了能使以"儿童为本位"的观念在中国的文化中扎根，为了能使中国儿童的各项权益得到保障，为了能使中国的儿童有一个快乐的童年以及童年的幸福生活，为了能使儿童的生命不再遭到无情甚至人为的扼

---

① 代文莉：《焦点访谈》十周年特别节目《路上十年》，http：//www. people. com. cn/GB/14677/22114/32760/32766/2411849. html。

② 王石川：《徐宝宝之殇：迟到的正义也是正义》，http：//star. news. sohu. com/20091113/n268185692. shtml。

杀，为了使儿童神圣的尊严受到整个社会的重视，本书不揣浅陋，抛出此引玉之砖。但笔者深知，作为《儿童权利公约》缔约国的中国，作为对儿童充满了厚爱与热望的中国，真正要在全社会做到发现儿童、尊重儿童、善待儿童，真正实现和落实儿童的各项权利，保证儿童健康的成长，确保每位儿童能够拥有一个幸福快乐的美好童年，仍然有很漫长、很漫长的路要走。但笔者同时也深信，只要我们心怀儿童，心中有爱，心怀对儿童的爱，对民族国家的爱，努力认真地向前走，并不断地反思、总结、行动，就有实现上述目标的希望与可能，因为，路是一步一步走出来的。

参 考 文 献

中文著作

1. 《周易》。

2. 李贽：《童心说》。

3. 王阳明：《训蒙大意》。

4. 钱理群：《周作人论》，上海人民出版社 1991 年版。

5. 刘晓东：《儿童教育新论》，江苏教育出版社 1998 年版。

6. 刘晓东、卢乐珍等：《学前教育学》，江苏教育出版社 2004 年版。

7. 刘晓东：《儿童文化与儿童教育》，教育科学出版社 2006 年版。

8. 刘晓东：《解放儿童》，江苏教育出版社 2008 年版。

9. 刘晓东：《蒙蔽与拯救：评儿童读经》，江苏教育出版社 2009 年版。

10. 《1913—1949 儿童文学论文选》，少年儿童出版社 1962 年版。

11. 〔美〕列文森：《儒教中国及其现代命运》，郑大华译，中国社会科学出版社 2000 年版。

12. 袁洪亮：《近代人学思想史》，人民出版社 2006 年版。

13. 〔意〕克罗齐：《历史学的理论与实际》，商务印书馆 1982 年版。

14. 〔德〕曼海姆：《意识形态与乌托邦》，商务印书馆 1982 年版。

15. 宋恩荣编：《晏阳初文集》，教育科学出版社 1989 年版。

16. 伍启元：《中国新文化运动概观》，黄山书社 2008 年版。

17. 王跃、高力可编：《五四：文化的阐释与评价——西方学者论五四》，山西人民出版社 1989 年版。

18. 冯友兰：《中国现代哲学史》，广东人民出版社 1999 年版。

19. 〔美〕孙隆基：《中国文化的深层结构》，广西师范大学出版社 2009 年版。

20. 陈旭麓：《中国近代史》，高等教育出版社 1987 年版。

21. 周作人：《艺术与生活》，止庵校订，河北教育出版社 2003 年版。

22. 蒋风、韩进：《中国儿童文学史》，安徽教育出版社 1998 年版。

23. 孙建江：《二十世纪中国儿童文学导论》，江苏少年儿童出版社 1995 年版。

24. 王春燕：《中国学前课程百年发展与变革的历史研究》，教育科学出版社 2004 年版。

25. 高岚：《学前教育学》，广东高等教育出版社 2001 年版。

26. 虞永平：《学前教育学》，苏州大学出版社 2001 年版。

27. 姚伟：《儿童观及其时代性转换》，东北师范大学出版社 2007 年版。

28. 王泉根：《现代中国儿童文学主潮》，重庆出版社 2004 年版。

29. 李利芳：《中国发生期儿童文学理论本土化进程研究》，中国社会科学出版社 2007 年版。

30. 朱自强：《中国儿童文学与现代化进程》，浙江少年儿童出版社 2000 年版。

31. ［法］爱弥儿·涂尔干：《教育思想的演进》，李康译，上海人民出版 2003 年版。

32. ［意］克罗齐：《作为思想和行动的历史》，中国社会科学出版社 2005 年版。

33. ［英］柯林伍德：《历史的观念》，商务印书馆 1997 年版。

34.《爱因斯坦文集》第一卷，商务印书馆 1976 年版。

35. 郭湛波：《近五十年中国思想史》，上海古籍出版社 2005 年版。

36. 李泽厚：《中国现代思想史论》，东方出版社 1987 年版。

37. 余英时：《中国思想传统的现代诠释》，江苏人民出版社 1989 年版。

38. ［美］费正清：《剑桥中华民国史》，中国社会科学出版社 1993 年版。

39. 杨汉麟、周采：《外国幼儿教育史》，广西教育出版社 1998 年版。

40.《马克思恩格斯全集》第 3 卷，人民出版社 1974 年版。

41. 徐复观：《中国人文精神之阐扬》，中国广播电视出版社 1996 年版。

42. 许倬云：《万古江河——中国历史文化的转折与开展》，上海文艺出版社 2007 年版。

43. 许倬云：《风雨江山》，天下文化出版公司 1991 年版。

44. 梁启超：《饮冰室文集点校》，云南教育出版社 2001 年版。

45. 刘再复、林岗：《传统与中国人》，安徽文艺出版社 1999 年版。

46. 王雪梅：《儿童权利论》，社会科学文献出版社 2005 年版。

47.《马克思恩格斯全集》第 4 卷，人民出版社 1972 年版。

48. 加润国选注：《仁学——谭嗣同集》，辽宁人民出版社 1994 年版。

49.［意］蒙台梭利：《蒙台梭利幼儿教育科学方法》，任代文译校，人民教育出版社 2006 年版。

50.［意］蒙台梭利：《童年的秘密》，马荣根译，人民教育出版社 2006 年版。

51. 周作人：《知堂回想录》上下卷，安徽教育出版社 2008 年版。

52.《现代儿童报纸史料》，少年儿童出版社 1986 年版。

53.［法］埃德加·莫兰：《方法：思想观念》，北京大学出版社 2002 年版。

54.［法］谢和耐：《中国与基督教——中西文化首次撞击》，耿昇译，上海古籍出版社 2003 年版。

55.［美］周策纵：《五四运动：现代中国的思想革命》，周子平译，江苏人民出版社 1996 年版。

56. 张静庐辑：《中国现代出版史料甲编》，中华书局 1954 年版。

57. 冯自由：《中华民国开国前革命史》上卷，良友图书印刷公司 1930 年版。

58. 冯自由：《中国近代出版史料二编》，中华书局 1957 年版。

59. 邹容：《革命军》，华夏出版社 2002 年版。

60. 陈独秀：《独秀文存》，安徽人民出版社 1987 年版。

61. 李大钊：《李大钊文集》上下卷，人民文学出版社 1984 年版。

62. 胡适：《胡适自传》，黄山书社 1992 年版。

63. 许寿裳：《亡友鲁迅印象记》，人民文学出版社 1953 年版。

64. 钱理群：《周作人传》，北京十月文艺出版社 1990 年版。

65. 钱理群编：《父父子子》，复旦大学出版 2005 年版。

66. 吴丕：《进化论与中国激进主义》，北京大学出版社 2005 年版。

67. 王振宇：《儿童心理学》，江苏教育出版社 1996 年版。

68. 约翰·杜威：《学校与社会·明日之学校》，赵祥麟、任钟印、吴志宏译，人民教育出版社 2006 年版。

69. 钟淑河编订：《周作人散文全集》第 2 卷，广西师范大学出版社 2009 年版。

70. 方卫平：《中国儿童文学理论发展史》，少年儿童出版社 2007 年版。

71. 费正清：《剑桥中华民国史》，中国社会科学出版社 1993 年版。

72. 止庵编：《周作人集》，花城出版社 2000 年版。

73. 张香还：《叶圣陶和他的世界》，上海教育出版社 1995 年版。

74. 朱文华编：《叶圣陶散文选集》，百花文艺出版社 1992 年版。

75. 商金林：《叶圣陶传论》，安徽教育出版社 1995 年版。

76. 叶圣陶：《叶圣陶论创作》，上海文艺出版社 1982 年版。

77. 陈秀云、陈一飞编：《陈鹤琴全集》第一卷，江苏教育出版社 2008 年版。

78. ［美］A. J. 赫舍尔：《人是谁》，隗仁莲、安希孟译，贵州人民出版社 2009 年版。

79. 王泉根编：《周作人与儿童文学》，浙江少年儿童出版社 1985 年版。

80. 周作人：《自己的园地，雨天的书》，人民文学出版社 1988 年版。

81. 蒋风：《中国现代儿童文学史》，河北少年儿童出版社 1986 年版。

82. 《五四时期的社团》（三），三联书店 1979 年版。

83. 《北京女子高师半月刊发刊词》，《五四时期期刊介绍》（三），三联书店 1979 年版。

84. 《北京大学平民教育讲演团》，见《五四爱国运动》（上），社会科学出版社 1979 年版。

85. ［英］麦高温：《中国人生活的明与暗》，朱涛、倪静译，中华书局 2006 年版。

86. 胡适：《介绍我自己的思想》，《胡适哲学思想资料选》（上），华东师范大学出版社 1981 年版。

87. 朱智贤、林崇德：《儿童心理学史》，北京师范大学出版社 1988 年版。

88. ［美］泰勒·何德兰、［英］坎贝尔·布朗士：《孩提时代：两个传教士眼中的中国儿童生活》，群言出版社 2000 年版。

89. 叶圣陶：《我和儿童文学》，少年儿童出版社 1980 年版。

90. 丰子恺：《智者的童话》，团结出版社 2008 年版。

91. 金燕玉编：《茅盾与儿童文学》，河南少年儿童出版社 1983 年版。

92. 鲁迅：《灯下漫笔》，《鲁迅全集》第一卷，人民出版社 1982 年版。

93. 班马：《前艺术思想——中国当代少年文学艺术论》，福建少年儿童出版社 1996 年版。

94. ［英］大卫·帕金翰：《童年之死》，张建中译，华夏出版社 2005 年版。

95. 董操、陶继新、蔡世连编：《鲁迅论儿童教育》，山东教育出版社 1985 年版。

96. 鲁迅：《〈勇敢的约翰〉校后记》，集拾遗补编，人民文学出版社 1980 年版。

97. 林贤治、肖建国：《（1917—2007）中国作家的精神还乡史：故乡（小说卷）》，花城出版社 2008 年版。

98. 陈鹤琴：《家庭教育》，华东师范大学出版社 2006 年版。

99. 胡晓风等编：《陶行知教育文集》，四川教育出版社 2007 年版。

100. 高平叔编：《蔡元培教育文选》，人民教育出版社 1980 年版。

101. 凌冰编：《儿童学概论》，商务印书馆 1921 年版。

102. 《王统照文集》第一卷，山东人民出版社 1980 年版。

103. 胡兰江主编：《叶圣陶童话全集》第一卷，人民教育出版社 2006 年版。

104. 俞平伯：《忆，俞平伯全集》第一卷，花山文艺出版社 1997 年版。

105. 吴福辉、陈子善主编：《冰心·寄小读者·关于女人》，复旦大学出版社 2006 年版。

106. 《马克思恩格斯选集》第 1 卷，人民教育出版社 1995 年版。

107. 鲁迅：《鲁迅全集》第 10 卷，人民文学出版社 1981 年版。

108. 唐淑、钟昭华主编：《中国学前教育史》，人民教育出版社 1993 年版。

109. ［德］康德：《历史理性批判文集》，何兆武译，商务印书馆

1996 年版。

110. 宋恩荣编:《晏阳初文集》,教育科学出版社 1989 年版。

111. 朱自强:《儿童文学概论》,高等教育出版社 2009 年版。

112. 王稚庵:《中国儿童史》,儿童书局 1932 年版。

113. 〔法〕内罗杜:《古罗马的儿童》,张鸿、向征译,广西师范大学出版社 2005 年版。

114. 刘再复:《独语天涯》,上海文艺出版社 2001 年版。

115. 徐杰舜主编:《人类学教程》,上海文艺出版社 2005 年版。

116. 璩鑫圭、唐良炎编:《中国近代教育史资料汇编·学制演变》,上海教育出版社 1991 年版。

117. 周作人:《看云集·体罚》,见舒芜编《苦雨斋谈》,天津教育出版社 2007 年版。

118. 陈独秀:《王阳明先生训蒙大意的解》,见任建树等编《陈独秀著作选》第一卷,上海人民出版社 1984 年版。

119. 刘运峰编:《1917—1927 中国新文学大系导言集》,天津人民出版社 2009 年版。

120. 刘再复:《共鉴五四》,福建教育出版社 2010 年版。

121. 庞丽娟主编:《中国教育改革 30 年·学前教育卷》,北京师范大学出版社 2009 年版。

122. 阿德勒: 《西方的智慧》,周勋男译,吉林问世出版社 1987 年版。

123. 〔瑞士〕皮亚杰:《皮亚杰教育论著选》,卢濬译,人民教育出版社 1990 年版。

124. 〔捷〕米兰·昆德拉:《小说的艺术》,孟湄译,三联书店 1995 年版。

125. 〔德〕叔本华:《作为意志和表象的世界》,商务印书馆 1982 年版。

126. 金生鈜:《保卫教育的公共性》,福建教育出版社 2008 年版。

127. 〔美〕杜威:《我们怎样思维·经验与教育》,姜文闵译,人民教育出版社 2005 年版。

128. 〔美〕冈尼拉达尔伯格、彼得莫斯、艾伦彭斯:《超越早期教育保育质量——后现代视角》,朱家雄、王峥等译,华东师范大学出版社

2006 年版。

129. 熊秉真:《童年忆往》,广西师范大学出版社 2008 年版。

130. 殷海光:《中国文化的展望》,上海三联书店 2009 年版。

131. 李大钊:《宪法与思想自由》,《李大钊文集》(上),人民出版社 1984 年版。

132. 张文质、林少敏:《保卫童年,基于生命化教育的人文对话》,福建教育出版社。

133. 金耀基:《从传统到现代》,中国人民大学出版社 1999 年版。

134. 余英时:《现代儒学的回顾与展望》,三联书店 2005 年版。

135. 余英时:《士与中国文化》,上海人民出版社 1987 年版。

136. [苏联]苏霍姆林斯基:《育人三部曲》,人民教育出版社 1998 年版。

137. 胡从经:《晚清儿童文学钩沉》,少年儿童出版社 1982 年版。

138. 联合国教科文组织国际教育发展委员会编著:《学会生存——教育世界的今天和明天》,教育科学出版社 2006 年版。

139. [印]克里希那穆提:《一生的学习》,张南星译,群言出版社 2004 年版。

140. [英]维特根斯坦:《哲学研究》,汤潮,范光棣译,三联书店 1992 年版。

141. 王中江、范淑娅选编:《新青年》,中州古籍出版社 1999 年版。

142. 戴自俺主编:《张雪门幼儿教育文集》(上卷),少年儿童出版社 2009 年版。

英文著作

1. Farquhar, Mary Ann. Children's literature in China: From Lu Xun to Mao Zedong. New York: M. E. Sharpe 1999.

2. Susan Engel. Real kids. Harvard University press cambridge, Massachusetts · London, England 2005.

3. Janet Gonzalez – Mena. Foundations Early Childhood Education in a Diverse Society. McGraw – Hill Education 2004.

4. Morrison, G. S. Early childhood education today. published by Person Education, Inc, publishing as Prentice Hall, Copy. 2001 by Prentice –

Hall，Inc.

学位论文

1. 张丽：《儿童的发现与中国现代小说创作》，2002 年南京师范大学硕士学位论文。

2. 陶金玲：《私营幼儿园的问题与对策》，2005 年南京师范大学硕士学位论文。

3. 侯莉敏：《儿童生活与儿童教育》，2006 年南京师范大学博士学位论文。

4. 张琰：《论儿童的"发现"与二十年代中国新诗》，2008 年南京师范大学硕士学位论文。

5. 王黎君：《儿童的发现与中国现代小说创作》，2004 年复旦大学博士学位论文。

报纸与期刊

1.《成都 8 岁女孩退学专修全职太太》，《新华报业》2004 年 10 月 25 日。

2. 汪玲：《私塾五弟子语文学论语，英语读萨翁》，《成都商报》2009 年 12 月 22 日。

3. 梁启超：《本馆第一百册祝辞并论报馆之责任及本馆之经历》，《清议报》1901 年第 100 册。

4. 周作人：《祖先崇拜》，《每周评论》1919 年第 10 期。

5. 胡适：《我的儿子》，《每周评论》1919 年 8 月。

6. 褚东郊：《中国儿歌的研究》，原载《小说月报》1927 年第 17 卷号外。

7. 周慧梅：《五四时期的平民教育社》，《科学时报》2009 年 5 月 4 日 2—3 版"五四"特刊。

8. 丰子恺：《给我的孩子们》，《文学周报》1926 年第 4 卷第 6 期。

9. 孙银峰：《14 岁男生冻死宿舍外》，《鲁中晨报》2009 年 12 月 22 日。

10. 刘晓东：《我们为什么要解放儿童》，《中国教育报》2010 年 1 月 7 日。

11. 陈独秀：《新文化运动是什么》，《新青年》1920 年第 7 卷第 5 号。

12. 吴效马：《五四"儿童的发现"与中国教育的近代化》2005 年第 7 期。

13. 王逢贤：《儿童：一个仍待揭开的秘密》，《学前教育研究》2007 年第 4 期。

14. 吕兰清：《论提倡女学之宗旨》，《教育杂志》第三期，1905 年版。

15. 胡适：《易卜生主义》，《新青年》1918 年第 4 卷第 6 号。

16. 周作人：《儿童的文学》，《新青年》1920 年第 8 卷第 4 号。

17. 周作人：《祖先崇拜》，《每周评论》1919 年第 10 期。

18. 周作人：《人的文学》，《新青年》1918 年第 5 卷第 6 号。

19. 周作人：《儿童问题之初解》，《绍兴县教育会月刊》1914 年第 6 号。

20. 胡适：《新思潮的意义》，《新青年》1919 年第 7 卷第 1 号。

21. 一青年：《青年论》，《新青年》1915 年第 1 卷第 1 号。

22. 陈独秀：《近代西洋教育》，《新青年》1917 年第 3 卷第 5 号。

23. 发刊词：《妇女杂志》1918 年第 1 卷第 1 号。

24. 沈兼士：《儿童公育》，《新青年》1917 年第 6 卷第 6 号。

25. 陶行知：《评陈著之〈家庭教育〉——愿与天下父母共读之》，原载《新教育评论》1925 年 12 月。

26. 陈峰：《中国儿童图书馆学百年回眸与发展思考》，《图书馆工作与研究》2004 年第 1 期。

27. 郑振铎：《儿童世界第三卷本志》，《儿童世界》1922 年第 2 卷第 13 期。

28. 周作人：《成绩展览会意见书》，《绍兴教育会刊 9 号》1914 年。

29. 周作人：《儿童问题之初解》，《绍兴县教育会月刊》1914 年第 6 号。

30. 鲁迅：《我们现在怎样做父亲》，《新青年》1919 年第 6 卷第 6 号。

31. 陶行知：《创设乡村幼稚园宣言书》，《新教育评论》1926 年第 2 卷第 22 期。

32. 陶行知：《如何使幼稚教育普及》，《乡教丛讯》1928 年第 2 卷第 4 期。

33. 恽代英：《儿童公育在教育上的价值》，《中华教育界》第 10 卷第 6 期。

34. 李亦民：《人生唯一之目的》，《新青年》第 1 卷第 5 号。

35. 吴稚晖：《人生真义》，《新青年》1918 年第 4 卷第 2 号。

36. 王浩：《作为"存在的儿童"简论》，《教育学术月刊》2009 年第 12 期。

37. 张奚若：《国民人格之培养》，《独立评论》1935 年第 150 号。

38. 郭法奇等：《杜威与美国的儿童研究运动》，《教育学报》2008 年第 4 期。

39. 蒋梦麟：《什么是教育的出产品》，《新教育》1919 年第 11 期。

40. 朱自清：《教育的信仰》，《春晖》1924 年第 34 期。

41. 蒋梦麟：《历史教授革新之研究》，《教育杂志》1918 年第 4 期。

42. 蔡元培：《新教育与旧教育之歧点》，《北京大学日刊》1918 年第 15 期。

43. 蒋梦麟：《个人之价值与教育之关系》，《教育杂志》1918 年第 4 期刊。

44. 刘晓东：《论教育与天性》，《南京师范大学学报》（社会科学版）2003 年第 4 期。

45. 李大钊：《精神解放》，《新生活》第 25 期。

46. 陈独秀：《旧思想与国体问题》，《新青年》1917 年第 3 卷第 3 号。

47. 陈独秀：《一九一六年》，《新青年》1916 年第 1 卷第 5 号。

48. 鲁迅：《狂人日记》，《新青年》1918 年第 4 卷第 5 号。

49. 陈独秀：《宪法与孔教》，《新青年》1916 年第 2 卷第 3 号。

50. 刘晓东：《中国传统文化中的儿童观及其现代化》，《学前教育研究》1994 年第 8 期。

51. 朱自强：《童年：一种思想的方法和资源》，《青年教师》2008 年第 11 期。

52. 刘绪源：《中国需要重新"发现儿童"》，《文学报》2010 年 5 月 13 日第九版。

网络资料

1. http：//baike. baidu. com/view/1164571. htm.

2. http：//www. xici. net/b733450/d47702481. htm.

3. http：//baike. baidu. com/view/52618. htm？fr＝ala0.

4. 曹祈东：《我国儿童报纸史话》，www. bjd. com. cn。

5. 代文莉：《〈焦点访谈〉十周年特别节目〈路上十年〉》，http：//www. people. com. cn/GB/14677/22114/32760/32766/2411849. html。

6. 王石川：《徐宝宝之殇：迟到的正义也是正义》，http：//star. news. sohu. com/20091113/n268185692. shtml。

7. 《"天才"是怎样批量制造的》，http：//news. sina. com. cn/c/2005 − 05 − 25/11166743864. shtml，2005 年 5 月 25 日。

工具书

1. 《中华古汉语字典》，上海人民出版社 1997 年版。

2. 《现代汉语词典（第五版）》，商务印书馆 1996 年版。

3. 《柯林斯 COBUILD 英语词典》，上海外语教育出版社 2000 年版。

致　　谢

　　本书是在我博士论文的基础上修改完成的。写过书的人都清楚，每篇书稿的完成都是一件不易之事。对我而言，这篇投入了大量时间与精力的（书稿）博士学位论文亦不例外。现在，书稿初步完成，尽管一些摸爬、梳理、分析与论述还流于表浅，离最初的构想还有一定距离，但一种释怀与爱恋的感觉还是从内心涌起，这也许就是敝帚自珍吧！

　　这篇书稿记录着我人生数十年进步与成长的轨迹，而在数十年进步与成长的人生历程中，不少老师对我产生过重要的影响。实际上，对我产生影响的老师在我动手写博士学位论文之前已间接或直接地开始，他们所给予我的深刻的思想启蒙至今还在延续并将延续一生。这些人中，最为根本的是我的博士生导师刘晓东先生。从 2000 年进入河南大学读本科起，刘老师对我的启蒙就已开始。他的《儿童教育新论》一书，为我提供了理解儿童与教育的独特视角，拓宽了我对学前教育学的认知。不仅如此，2007 年，从陕西师范大学硕士毕业来到南京师范大学，成为刘老师的学生后，我更加意识到，他对我的影响是多方面的，远远超越了当初理解儿童与教育视角转换后给我带来的别样感受。这一点，在博士论文也即本书初步成型的过程中有着鲜明而深刻的体现。可以说，论文的每个环节都凝聚与渗透着刘老师的情思与心血。此外，刘老师的刻苦、勤奋、严谨、求实、谦逊、坚持与独立不移，为我点亮了一盏学术的明灯；刘老师的单纯、率性、幽默、风趣、宽容，为我树立了效仿的榜样。更为直接的是，刘老师又在美国访学的百忙之中抽出宝贵的时间为本书稿作序，更让我感动不已并深受鼓舞。在这里，请允许我带着感恩的心向刘老师真诚地说一声："谢谢您！"

　　同时，我还要真诚地感谢南京师范大学教育科学学院的张乐天教授、虞永平教授、许卓娅教授、吴康宁教授、刘晶波教授、边霞教授、顾荣芳教授、孔起英教授、邱学青教授、黄进副教授、王海英副教授，他们在课堂或学术沙龙上开启过我的思想与智慧，使我受益良多并在学习与探索的道路上少走了许多弯路。这里，尤其要感谢虞永平教授、许卓娅教授、刘晶波教授、边霞教授、顾荣芳教授，他们在本研究开题时给我提出了许多有价值的指导意见与建议。而黄进副教授在学前博士生学术沙龙上为本论文提出的具体指导建议，我至今牢记在心并在书稿修改的过程中做了相应的处理。

张华教授、陈时见教授、方卫平教授、刘晶波教授、虞永平教授、边霞教授作为论文答辩老师不仅对拙文进行了评阅和鼓励，而且在拙文答辩过程中提出了不少有价值的建议，他们对论文进一步修改和完善而提出的具体意见，在成书的过程中，我都一一的领会并力求体现出来，在此一并向评审和答辩委员会的所有专家学者致以诚挚的谢忱。

读博期间，同门师姐张永英、苗雪红、徐琳、孙晓轲，师兄王喜海，同门侯海凤、魏卿，师妹苗曼、杨艳、丁安睿、周渊、吴媛媛、刘建超，师弟张更立、杨日飞、李士彪、游达，都对论文提出了修正建议，这里一并致以谢忱。师妹张春珍在图书馆看到一本与本研究相关的书，及时送来，她的热情尤使我感动。此外，读博的近三年中，张永英师姐在生活上对我的关心与帮助也将永远感念在心。

这里，我还想感谢读博三年过程中在一起学习与生活的何媛、包玉姣、张斌、周红、朱玉江及其他亲密的学友。这段共同的学习与生活将会化作一幅美好的图画，为我一辈子珍藏并将久久温暖以后的生活、学习与工作。在此，我真诚地祝愿他们每一位工作顺顺利利，生活美满幸福！

借此机会，我向读硕士学位时的程秀兰导师、赵琳老师、彭海蕾老师及韦微师姐，向读学士学位时的关少化老师、叶平枝老师、岳亚平老师、李勇峰老师及王香平师姐、蒲磊师兄、王磊师弟报以诚挚的谢忱，我一点一滴的成长与进步也离不开他们热切的关心、真诚地鼓励与帮助。这里尤其要感谢关老师，是她把我引领入了学前教育这片充满思想与活力的领域，让我加深对学前教育认识的同时并体验到了学习学前教育的魅力与研究学前教育带来的幸福和欢乐。作为学生，我亦深刻体验到了她处处尊重学生、关心学生、爱护学生的情怀与品格。我也会努力地将这种情怀与品格坚持下去，将其体现、贯穿在我工作和学生学习与交往的过程中。

本书的修改、完成与完善，离不开我的工作单位即宁波大学教师教育学院刘剑虹教授和孙玉丽教授的热切关心与督促，尤其是孙玉丽教授，她为本书的出版付出了太多的时间与精力，这里特致真诚的谢意。本书能够顺利出版，得到了宁波大学教师教育学院的资助与支持，在此深表谢意。

在本书修改与完善的过程中，适逢我的儿子王一涵出生。儿子的出生给我带来了生命的喜悦，让我感受到了发现儿童的必要与重要；不仅如此，儿子的出生也让我体验到了为人父母的不易，所以，我要感谢我的父母亲和岳母，他们任劳任怨地操持家务保证了我修改的时间。我要感谢我的爱人杨晶晶，她在怀孕期间，直至今天，还不断地给予我鼓励与支持。最后，我还要对我的哥哥、嫂嫂表达我的爱意、敬意与谢意，感谢他们多年来对我求学的支持、鼓励、肯定与帮助，使我能够一路走来，一直走到今天。我想告诉他们，我会坚定地走下去。

王　浩

2012 年 2 月 8 日于宁波大学文萃新村